后现代文化娱乐化批判

比较文学文化研究
新视野丛书

张 进 主编

陈开举 — 著

知识产权出版社
全国百佳图书出版单位

图书在版编目（CIP）数据

后现代文化娱乐化批判／陈开举著．—北京：知识产权出版社，2018.12
（比较文学文化研究新视野丛书／张进主编）
ISBN 978-7-5130-5676-2

Ⅰ．①后… Ⅱ．①陈… Ⅲ．①后现代主义—文化哲学 Ⅳ．①G02

中国版本图书馆 CIP 数据核字（2018）第 241729 号

责任编辑：刘 睿 刘 江	责任校对：谷 洋
特约编辑：李兰芳	责任印制：刘译文

比较文学文化研究新视野丛书
后现代文化娱乐化批判
Houxiandai Wenhua Yulehua Pipan
陈开举　著

出版发行：知识产权出版社 有限责任公司	网　　址：http://www.ipph.cn
社　　址：北京市海淀区气象路50号院	邮　　编：100081
责编电话：010-82000860 转 8344	责编邮箱：liujiang@cnipr.com
发行电话：010-82000860 转 8101/8102	发行传真：010-82000893/82005070/82000270
印　　刷：北京中献拓方科技发展有限公司	经　　销：各大网上书店、新华书店及相关专业书店
开　　本：720mm×960mm 1/16	印　　张：17.5
版　　次：2018年12月第一版	印　　次：2018年12月第一次印刷
字　　数：262千字	定　　价：68.00元
ISBN 978-7-5130-5676-2	

出版权专有　侵权必究
如有印装质量问题，本社负责调换。

序

闭门当读书，开卷必有益。时值夏退秋来之际，我收到了南国陈开举先生的新作《后现代文化娱乐化批判》，于是秉烛夜读，蓦然拍首，心中原有的疑云慢慢消散，眼前一亮：对于"波兹曼问题"，陈开举先生提供了可贵的解答。

在没阅读《后现代文化娱乐化批判》之前，我被"波兹曼问题"困扰着，甚至染上了波兹曼的忧虑症，而且患病太久太深。

数十年前，美国时评家尼尔·波兹曼（Neil Postman）提出了一个问题，该问题就算不值得深思，也多少值得玩味：文化会蜕变成为一座监狱或者堕落成一场滑稽戏吗？

波兹曼说，只要当今浅薄的娱乐业继续霸占着文化事业，美国人的才智早晚会被瓦解、压制，直到被彻底摧毁。娱乐业并不带来智慧，只会消磨人的意志，让人因追求娱乐而变得越来越愚蠢。"娱乐致愚""娱乐致死"是美国面临的社会重病。

波兹曼有些悲观，他认为奥威尔和赫胥黎二人在其著述中已经预言了文化蜕变的两种模式。奥威尔笔调辛辣，心情沉重，预言极权主义控制下的文化其实质就是监狱；而赫胥黎玩世不恭，在嬉笑怒骂中暗示，文化将会成为一场滑稽戏。

大凡读过奥威尔的《一九八四》和《动物庄园》这两部著作的人，稍加深入思考就会感到，极权帝国已经面临监狱文化的迫害。在监狱文化模式下，人的自由精神会走向毁灭。奥威尔有如此警觉，虽然他并不是第一人，但他的作品中最可贵的一点就是，他一再强调，身处监狱中，不管看守人有良知还是无良知，这对于监狱中的人来说并没有差别。监狱永远是监狱，监狱的大门总是坚不可摧。极权主义的管制是如此森严，无以复加，到了偶像崇拜的地步，无知的百姓早已习惯了被管制。

奥威尔对监狱文化模式感到痛心疾首，不无悲观，赫胥黎却用貌似乐观的方式，鞭笞着文化的堕落。赫胥黎的《美丽新世界》刻画了一个距今600多年的未来世界：物质生活十分丰富，科学技术高度发达，人们接受着各种安于现状的制约和教育，所有的一切都被标准统一化，人的欲望可以随时随地得到完全满足，享受着衣食无忧的日子，不必担心生老病死带来的痛苦，然而在机械文明的社会中却无所谓家庭、个性、情绪、自由和道德，人与人之间根本不存在真实的情感，人性在机器的碾磨下灰飞烟灭。

赫胥黎认为在科技发达的时代里，毁灭文化、毁灭自由精神的人不一定就是心怀鬼胎、仇视社会的人，而完全可能是一个满面笑容的人。赫胥黎调侃道，"老大哥"并没有成心监视着我们，而是我们自己心甘情愿地一直注视着他，根本就不需要什么监狱看守人、监狱大门或"真理部"。

奥威尔悲，赫胥黎喜，他们的悲喜其实指向的是同一个问题。如果一个民族分心于繁杂琐事，如果文化生活被重新定义为娱乐的周而复始，如果严肃的公众对话变成了幼稚的婴儿语言，如果人民蜕化为被动的看客，如果一切公共事务形同杂耍，那么这个民族已危在旦夕，文化灭亡的命运早已在劫难逃。

美国人很乐观，有"商女不知亡国恨"的生活态度。因此，奥威尔的预言似乎无关痛痒，赫胥黎的预言却在悄然实现。美国正在进行世界上最有"抱负"的实验，其目的是让人们投身于电源插头带来的各种娱乐消遣中。这个实验在19世纪中期进行得缓慢而谨慎，到了20世纪后半叶以及今天，美国已经进入电视时代和网络时代，赫胥黎所预见的未来正在悄然到来。娱乐至上，成了一些人生活的目标。与此同时，文化不再严肃，主动媚俗、滑稽。

我对美国不太了解，对文化发展的潮流似乎也不完全了解。但是，当读到波兹曼的文章时，感慨良多。曾几何时，我们本着扬弃的精神，吸收西方文化，物质的、精神的都有。我们跟着他们跑了好久好久，现在终于跑步进入了电视时代、网络时代、数字时代、信息时代。"低头族"现象成为我们日常生活中最常见的现象之一。

"低头族"的文化模式是什么呢？这个问题值得思考，但愿不是一座无形的监狱，也不要是一场滑稽戏。

我总有一种感觉，电视时代和网络时代的价值观念已经变得面目全非。电视节目越来越媚俗，可那些俗里俗气的明星的收入倒是很高端。一个蹩脚艺人一天的收入足可以盖过一名科研工作者一年的收入。这在倡导什么样的价值观呢？30年前的少年儿童在表达志向时，多数人是要当科学家、医生、工程师、大学教授等，而如今的少年儿童几乎异口同声，立志要当影视明显，再不济也要当一个网络主播。

有人说，当唱歌者不再是为了艺术，而是看重背后的高收入时，那么，那些丢掉本职工作而拼命要当歌手的人其实已经是在卖春了。在田间种地的突然扔掉锄头，在餐馆洗碗的坚决丢掉洗碗布，开店的不好好做生意而总是惦记着要上电视台……于是，那穿大衣的、戴草帽的、系围裙的、工地上拉砖的……各色人等都想把歌唱。中国娱乐业的歌坛热，堪比美国西部昔日的淘金热。

每个人在业余唱唱歌，这是生活的美好，这很有文化。如果每一个人都只想当专业歌手而不想做其他行当，那么这世界会很无趣，不再有文化；文化监狱或者文化滑稽戏也就相应而生。

价值观念变了，文化当然就变了。

读了《后现代文化娱乐化批判》之后，心里一阵轻松，突然醒悟，我上述想法过于悲观，恐怕还有错误。

波兹曼先生让我染病，陈开举先生教我健心。现在想来，波兹曼先生是在警示，而陈开举先生是在指引。

陈开举先生说："全面地、历史地、现实地、面向未来地看待后现代文化的娱乐化特征，有助于正确理解其产生的根源、在社会现实文化生活中的作用和预测其未来发展。只有这样，才能循着社会文化进程的方向，发挥娱乐化的积极作用，同时抑制其中可能的消极因素，引导社会文化生活朝着应有的健康方向演进。"

在陈开举先生看来，文化的发展潮流已经涌入了转型时期，后现代文化模式正朝着娱乐化高歌猛进，娱乐化是后现代文化的典型特征。娱乐化不是问题只是特征，体现着文化之娱人功能从长期的受压制状态的解蔽，是当代文化转型过程中后现代文化特征的表现，在"文化+"时代还极可能进一步强化。

在文化娱乐化的过程中，我们应该始终保持一份清醒，读一读《后现代文化娱乐化批判》，力求获得对身处其中的后现代文化转型总体的理解。

是为序。

杜世洪

记于北碚紫云台

前　言

　　自古以来，人类便藉着祭祀神灵、庆祝收获之主题设置各种节日、假日，通过各种庆典、仪式的文化形式享受生活，同时文化也记录着人类快乐的过程。随着社会文明进步、文化发展，这种享受随之增加。文化传播手段的进步使得文化享受从神圣走向世俗，从极少的专司人员走向越来越广泛的民众。印刷的发明和应用、电影的发明和发展等对文化的传播和普及起到革命性的推动作用。电视的出现和电视业的发展，使人们对文化的享受真正普及化、日常化。其带来的文化娱乐泛化引起学界的担忧和批判，其中最具代表性的批判便是尼尔·波兹曼的"娱乐至死"理论。然而，文化娱乐化的现实并没有因为批评者的猛烈批判而收敛，反而随着科技的发展、生产生活的改善、传播手段的更新变得更加普遍而深入。尤其是人类社会步入后现代阶段以来，大众文化成为文化的主要样态，娱乐化成了文化的首要特征。针对后现代文化娱乐化的这种典型特征，本书展开相应的研究，旨在厘清文化、后现代文化与娱乐化之间的深层关系，系统地理解这种文化发展内在的原因，以回应波兹曼式的疑惑，对文化的娱乐性做出合理的解释，从而更好地指导文化实践，迎接文化的发展。

　　本研究围绕三组问题展开：

　　（1）后现代文化娱乐化特性已经弥漫在社会文化中，那么在主要的文化类型、文化样态中具体是如何呈现的？换言之，当今各种文化载体或媒体作为文化的主要表达渠道中如何体现文化娱乐化的特征？

　　（2）后现代文化娱乐化特性深层次的社会文化成因，或曰，为什么娱乐性成了后现代文化顶着像波兹曼之类的文化学者的尖锐批判未有改变，反而愈演愈烈？

（3）后现代文化娱乐化是不是真正的问题、是否会出现"娱乐至死"的恶果？它本身蕴藏着什么问题？究竟应该如何看待这种特性？

本书按照网络、智能化手机、电视、电影、广告、报纸、社会文化活动（含商业文化推广活动）等社会文化呈现的主要载体或媒体形式进行案例分析，解析文化娱乐化的实现形式和策略；专题分析其背后深层次的社会文化成因：社会文明形态的进步从根本上解决了物质需求问题，科技的发展促进了文化传播，实现了即时、立体、普及等特点，同时后现代主义思潮和当代文化研究对传统文化的多方位解构和批判起到解放思想、后现代再启蒙的作用，文化和人性的本性以娱乐化的形式充分展现出来，推动了后现代文化模式的转型，大众文化和娱乐化成为后现代文化的主要特征；娱乐化是后现代文化的重要特征，根本成因在于文化模式的转型，故其本身是结果，是表象。

后现代文化模式发生了转型，它是转型了的新的社会文明基础的必然要求，即后现代文化模式的转型趋势具有不可逆转性，体现了文化发展的方向。娱乐化特征是新的文化模式具有的特征。一方面，这种新的特征不以人的意志为转移；另一方面，娱乐性其实具有许多积极意义，如体现民众的主体性、民主属性、创造性、颠覆性、智慧性、狂欢性。所以，我们不用过于担心这种转型或新的文化模式的娱乐化特征，更不要人为地干涉其发展方向。

当然，后现代文化模式还处于形成之初级阶段，尚未形成成熟的自我约束机制，尤其是难以摆脱资本逻辑的控制。若娱乐性受着资本逻辑下文化工业的过度利用，可能造成一些消极意义，如肤浅性、文化独立性的缺失、传统文化难以传承、过度的逐利性、文化断层、思考力缺失、阅读能力缺失，等等。

全面地、历史地、现实地、面向未来地看待后现代文化的娱乐化特征，有助于正确理解其产生的根源、在社会现实文化生活中的作用并预测其未来发展。只有这样，才能循着社会文化进程的方向，发挥娱乐化的积极作用，同时抑制其中可能的消极因素，引导社会文化生活朝着应有的健康方向演进。

目　　录

第一章　绪　论 …………………………………………（1）
第一节　基本概念 …………………………………（4）
第二节　文化娱乐化趋势 …………………………（15）
第三节　研究问题 …………………………………（19）
第四节　研究方法 …………………………………（21）
第五节　主要内容 …………………………………（22）

第二章　后现代文化研究综述 …………………………（25）
第一节　后殖民研究 ………………………………（29）
第二节　女性主义研究 ……………………………（36）
第三节　弱势群体研究 ……………………………（42）
第四节　大众文化研究 ……………………………（51）

第三章　网络、电视、电影文化娱乐化 ………………（61）
第一节　网络文化娱乐化 …………………………（62）
第二节　电视文化娱乐化 …………………………（80）
第三节　电影文化娱乐化 …………………………（98）

第四章　其他文化形式的娱乐化 ………………………（123）
第一节　广告文化娱乐化 …………………………（123）
第二节　流行音乐的娱乐化 ………………………（139）
第三节　报纸文化娱乐化 …………………………（150）
第四节　亚文化娱乐化 ……………………………（161）

第五章　社会生活娱乐化 (177)
第一节　知识经济——信息时代的符号消费 (179)
第二节　日常生活文化化 (186)
第三节　行业符号化：以教育为例 (198)

第六章　文化娱乐化批判 (211)
第一节　关于批判本身 (211)
第二节　文化模式的转型 (213)
第三节　后现代文化娱乐化中的策略 (222)
第四节　积极意义 (239)
第五节　负面效果 (242)

第七章　结　论 (247)

参考文献 (253)

第一章 绪 论

人类社会现代性的演进从根本上解决了物质生产问题,从物质生活资料紧缺到丰富再到供大于求,20世纪60年代以来,主要发达国家渐次步入以消费为主导特征的后现代社会,与社会文明相对应的文化也发生相应的转型,即向后现代文化转型。中国自70年代末推行"以经济建设为中心"的改革开放政策以来,现代化进程快速跟进,产业经济的持续、快速发展使我国以令世人瞩目的速度渐次实现社会各方面的现代化;部分地域和人们于90年代后期开始,由北京、上海、深圳、广州等一线城市引领,亦渐次步入消费社会。如今,越来越多的地域和人们已经不可逆转地步入后现代社会的发展新阶段。同样地,后现代文化在我国也相应地出现。自我国加入WTO以来,全球化的迅速演进使得在西方发展得较迅速和全面的后现代文化在我国比社会的现代化和后现代进程更为迅速地展开。

前现代社会生活中人们的主体文化反映了从蛮荒时代[1]的天生天养(对于自然无能为力)到农耕文明下的天(地)人(人类以血缘谱系为纽带组织生产、生活)合一,遵循着自然逻辑,将人无法把握的自然之种种特性以神性(虽然以超自然的名义命名,实乃指未知的自然力量,

---

[1] 马克思将社会形态划分为原始社会、奴隶社会、封建社会、资本主义社会、社会主义社会和共产主义社会的做法对于社会学研究十分有利,但为了适应文化研究的要求,本研究采用西方多数学者对人类历史的一种简略划分法,即将人类发展史分为蛮荒时代、农耕文明时代、资本文明时代,以及当下所处的知识经济、信息文明时代(如:托夫勒. 权力的转移 [M]. 北京:中共中央党校出版社,1991.)。

采取的是膜拜的态度）表现出来，尊为意义的来源和生产、生活逻辑的标准（在自然经济的农耕文明时代又添加了与之一脉相承的祖先、宗族崇拜的要素），生活中以克己控欲，严肃地演绎着意义的延续性。在现代社会，人们摆脱了这种虚构的、对现实颠倒反映的宗教至上的神性控制，推崇理性至上、人类中心主义的认识和价值观。现代社会的尾期，即前文所说的20世纪六七十年代以来，随着部分发达国家和地区物质生产这个人类的千年难题从根本上解决，后现代社会便渐次展开，呈现着与此前人类社会极为不同的特征：生产的主体性地位让位于消费，莫可知的神性被彻底解构，理性至上的逻各斯中心也被解构，恒在的意义让位于即时的、变化多端的感性，宏大让位于琐碎……这就是后现代学者常常论及的放逐诸神（或曰上帝已死）、去中心化（中心边缘化、边缘中心化）、告别革命（没有神圣的革命目标值得追求）、消解意义等特征。生活感性化、碎片化了。

后现代主义主要是指不同于现代主义的文化产物，体现在文学、美术、建筑、电影诸多领域。（1）"后现代主义"的理论特征。后现代理论标榜透视主义和相对主义，认为理论只能提供有关研究对象的部分的观点，而且所有对于世界的认知再现都受到历史和语言的限制。（2）拒绝有关社会和历史的总体化宏观透视，偏好于微观理论和微观策略。（3）强调多元性和不确定性。（4）鼓吹一种去中心化的片段的主体。总之，后现代理论以攻击和破坏现代理论为能事，所以有人说，后现代理论是"破解"文化的一部分，其中的运作原则包括：解创作（decreation）、解立（disintegration）、解构（deconstruction）、去中心化（decentrement）、替换（displacement）、差异（difference）、不连续性（disjunction）、消逝（disappearance）、解组（decomposition）、去定义（dedefinition）、去神秘化（demystification）、去总体性（detotalization）、去合法化（delegitimation）、

等等。❶

反映在社会文化中，经典文化让位于大众文化，悲情的深度思考让位于娱乐的、瞬时的愉悦体验。这在后现代社会生发的各种艺术形态中体现得淋漓尽致：以往难登大雅之堂的日常生活片段（如家庭生活）被细致地展开供受众观看，几乎每隔十多秒、每两句台词中都要嵌入一个引爆笑点的包袱；主题电影、艺术电影让位于搞笑电影（如以周星驰、徐峥为导演代表的当代中国电影）；经典曲艺（如京剧）让位于相声、小品；舞台剧让位于晚会等一系列直接以收视率和票房为导向的文化形式。同时，生产生活活动愈来愈符号化，即嵌入文化要素，这就是所谓的符号消费或"文化搭台、经济（生产之核心要素）唱戏"，实现为物质生活赋予意义的文化/符号消费。简言之，生产生活文化化，文化大众化即娱乐化；反过来，文化也被广泛吸收、收编、借用到社会生活的各个方面。其中的后现代娱乐化特性彰显无遗。这种转变与后现代时代之前相比，已经发生难以想象的文化模式转型。

全球化的演进使得越来越多的国家和地区快速实现现代化，迎来后现代社会的消费时代。民众的注意力成为各行业竞相博弈的宝贵资源。为了赢取受众的注意力，各种营销手段纷纷采用娱乐化策略，以吸引受众的眼球，进而为自身的产品或服务赢得市场份额，换言之，社会文化生活中出现媒介文化民粹化、文化娱乐化的特点。鲜活繁芜的后现代文化生活中的娱乐化实践引起广泛的关注：一方面，传统的理性至上观和严肃的态度受到颠覆之后出现信仰、价值观的真空，对此，人们彷徨、错愕，本能保护性地展开批评，其中最理直气壮的深度批评以法兰克福学派为代表，直指后现代文化工业化、逐利的本质；另一方面，置身于后现代社会，包括许多批评者自身又都乐在其中，享受着后现代文化带来的无处不在的娱乐，从普通民众到文化学者对后现代文化的娱乐化特

---

❶ 李鹏程. 当代西方文化研究新词典 [M]. 长春：吉林人民出版社，2003：120-121.

性有着更加广泛的赞同，其中尤以伯明翰学派为代表。

笔者认为，必须警惕社会文化生活中各种过度解构、过度媚俗、极端民主主义的民粹化倾向。必须系统地反思、总结以厘清其发生的渊源、本质特征和演进规律，为已然弥漫在社会文化生活的后现代文化娱乐化转向提供理论上的清晰剖析。本书对当代文化大众化、娱乐化、媒体文化民粹化展开批评研究，对电影、电视剧、文学作品、歌舞等文化类型的这些特征加以提炼、总结，为当代社会文化生活把脉，厘析利弊，揭示资本逻辑对社会文化生活的异化；通过对大众文化的批判，保护优秀的文化形式、价值观的健康传承和发展。作为全书的铺垫，本章首先厘清本书涉及的基本概念和理论基础。

第一节　基本概念

后现代文化娱乐化问题关涉一系列基本概念和理论，本节选取几个关键概念和基本理论加以介绍：文化、大众文化、狂欢理论、法兰克福学派和伯明翰学派。"后现代"在前文已有比较详细的阐述，在此不赘。

根据《当代西方文化研究新词典》的定义，[1]"文化"一词来源于拉丁文 culrura，原意指农耕及对植物的培育，自15世纪以后，逐渐引申使用，把对人的品德和能力的培养也称为文化。在中国，"文"指文字、文章、文采，又指礼乐制度、法律条文等。"化"是"教化""教行"的意思。关于文化的定义至少有160种之多，其中较广为接受的是人类学家泰勒的定义：文化，就其在民族之中的广义而言，是个复合的整体，它包含知识、信仰、艺术、道德、法律、习俗和个人作为社会成员所必需的其他能力及习惯。文化哲学将文化看作生活方式的总和，包括物质文化、精神文化、生产生活方式。其中，物质文化包罗万象，如生产工具、物质生活基础如房屋、道路、桥梁，乃至于古巴比伦城市的给排水系统、

---

[1] 李鹏程. 当代西方文化研究新词典[M]. 长春：吉林人民出版社，2003：307-308.

埃及的金字塔、中国的都江堰、长城、故宫、十三陵、玛雅文化中的神庙等，所种植的稻、麦、菽、豆、稷，所饲养的六畜等，无不饱含人的智慧的结晶；精神文化是显性的、最没有争议的文化内容，涵盖文学、艺术、道德、信仰、法律、意识形态、思维方式等，看当代各种非物质文化遗产申报清单便知究竟；生产生活方式包括各种匠艺、具有族群特色的风俗习惯等。

综上可以提出，文化乃生活，尤其是有智力干预的生产、生活。这就排除了凭直觉反映的生产生活部分，如下意识地咳嗽、发抖、哆嗦等。显性的智力干预贯穿生产生活过程并形成相应的结果：物质文化乃人的生产生活形成的结果；精神文化属于文化之核心内容，以至于有人倾向于强调狭义的文化只限于精神文化内容；生产生活方式是人类活动的过程，涉及价值观、效益观、方法论等文化的核心内容，当然不能排除在文化的应有含义之外。

如果将生活的构成分为物质的和精神的两大部分，那么，文化显然重在指涉精神部分。或者说，具体的、具象的、物质的生活部分，如果没有意识和智力的参与和干预，就算不得文化。物质的生活内容一旦用符号表征，即可以进入人的精神领域，成为文化的一部分。经过符号化的表征（精神生活必须是符号化的，因此不必强调）就可以进行再加工，被更加有效地思考、评论、批判、设计以达到改进、提高之目的；同时，符号化的文化系统可以反过来检视生活本身的利弊得失，从这个角度讲，文化乃使人得以确证自身，使片段化的物质生活全面复现成为可能，当然，精神生活更是如此。通过文化，人类得以全面呈现自身、解释自身、评价自身、确证自身，也只有在文化中，人才能够完整、圆润地生活。❶可以说，经济社会越发展，人类越进步，生活中的文化含量越高，符号化程度越高，以至于后现代社会的生活被文化哲学、文化研究、解构主义等许多学者归纳为符号消费社会、知识（文化的重要组成部分）经济

---

❶ 关于文化的自我确证功能的详细研究，参见：陈开举，陈伟球. 文化意象，艺术镜像与自我确认［J］. 哲学研究，2014（7）：119-125.

5

社会、信息爆炸时代（信息基本都是由符号表征的）。文化越来越多地强势参与和干预社会生活的方方面面，如"文化搭台、经济唱戏"；APEC会议各届东道主竞相呈现自己的文化，其中之一是为与会各方领导人提供充分体现本民族文化特色的服装；2008年北京奥运会开幕式和闭幕式，简直是中华民族文化史与世界优秀文化对话、交融、呈现的舞台，赢得国际社会各界的广泛美誉，从一个方面说明文化主题抓住了当下的后现代时代特色，但这些留待后面相关章节详细阐述。在此，让我们重新回到对文化的一般性概念的厘清上来。

文化有高雅文化或经典文化与日常文化或大众文化之别。这也同样可以用智力干预程度来加以区分：一般地，与大众文化或流行文化相比，高雅文化生产过程耗时久远，意义上追求全面深刻，影响持久，具有多种解读的可能性，一般都经受过反复地挖掘、研究、批判（如中国文化中的四书五经仅各种注疏就汗牛充栋，形成浩瀚的文献集），投注其中的智慧含量高于大众文化（当然，不排除有反例或争议之处）。大众文化则体现了机械复制、工业化快速批量生产，借助现代媒体快速、广泛传播等特点，作品的意义多浅显易懂，对受众的接受度的追求远高于对作品是否能持续、深刻、久远地产生影响等诉求（如流行歌曲、歌舞晚会等），故大众文化中的大部分流行一时即成过眼烟云。当然，经典文化与大众文化之别也存在争议，因为经典文化如从未流行过，就难以广为传播，故难以成就其经典地位和影响力；同时，大众文化中不乏精品，当下的大众/流行文化❶有可能成为日后的经典文化（如近年来常有"经典流行歌曲串烧"等电视节目，可见部分流行文化正逐渐步入各种级别的经典文化之列）。但从生产过程、目标受众、意义层次、传播效果等方面来看，二者还是具有显著区别的。

文化学界对大众文化的研究影响最大的是法兰克福学派和伯明翰学派。

---

❶ 大众文化和流行文化基本同义，但也有学者细究其中的区别，本书暂不考虑二者之间的细微差别，当作同义词处理。

法兰克福学派❶是新马克思主义学派的一支，由以德国法兰克福大学的"社会研究中心"为中心的一群社会科学学者、哲学家、文化批评家组成。其主要人物包括第一代的阿多诺（Theodor Wiesengrund Adorno）、马尔库塞（Herbert Marcuse）、霍克海默（Max Horkheimer）、弗洛姆（Erich Fromm）、瓦尔特·本雅明、哈贝马斯等人。20世纪50年代以后，他们认为由于工业和技术的发展，资本主义社会已逐渐变成"富裕社会""发达的工业社会"，马克思主义的工人阶级贫困化理论已经过时，所以提出新的理论，认为工人阶级富裕起来以后不再是革命的动力，现在的革命力量是所谓的"新反动派""新左派"，包括怀有激进情绪的学生、青年知识分子以及某些受到排挤和被遗弃的社会阶层。同时认为现在的革命已不是社会革命，而是心理的或本能结构的革命，因为人的本能受到各种社会文化抑制，不能自由发展，所以处于"异化"状态，而要克服这些就要有非抑制的文化，建立一个没有冲突的社会。他们最大的特色在于建立了批判理论（Critical Theory），相较于传统社会科学试图以科学的、量化的方式建立社会经济等法则规律，他们则主张更进一步探讨历史的发展以及人的因素在其中的作用，通过对社会文化生活进行持续批判以非暴力的方式实现社会的变革，推动社会的进步。机械复制理论、文化工业理论、沟通理性理论等，都是批判理论的重要贡献。

　　法兰克福学派对文化工业化展开了全面深入的批判，尤其是资本逻辑对社会文化生活的异化。循着马克思主义，针对晚期资本主义社会的新特点，阿多诺、马尔库塞、本雅明等提出文化工业化问题，批判了文化生活受资本逻辑的影响而异化，蜕变成资本逐利的工具。这方面在国内哲学界、文化学界有着比较系统的引介和本土化研究。

　　机械复制是"本雅明对在现代科技迅猛发展背景下产生的艺术作品的特性的概括"。❷ 复制技术的迅速发展使得艺术品能够通过复制快速生

---

❶ 关于法兰克福学派的基本概况，详见 http：//baike.baidu.com/view/45308.htm。
❷ 李鹏程．当代西方文化研究新词典［M］．长春：吉林人民出版社，2003：138．

产出来，这就动摇甚至颠覆了传统艺术的评价观。本雅明以电影生产为例分析机械复制取消了有关艺术生产过程中的特权性技巧，使审美趋于大众化，这是机械复制的积极意义；但他同时指出，机械复制往往会牺牲艺术的韵味，使之趋于庸俗化。实际上，机械复制对艺术、文化的影响是多方面的：简化生产过程，大大提高生产速度，促成文化产品数量上空前的繁荣；通约化的技术手段大幅降低了艺术、文化行业的准入门槛，促进文化生产的普及程度；大大促进文化产品的存储、拷贝、播放、呈现等文化传播的各个环节，从而打破了文化作为少数人专享的文化传播传统，促进了文化的大众化、平民化，即为大众文化铺平了道路。但上述特征同时导致传统的、严肃的、深刻的艺术创作、文化思考显得不合算，在量上被大众文化包围甚至吞没。

如同其他产业一样，工业化的文化也体现了资本逐利的本质特性，这种特性与机械复制特点相结合，构成后现代文化工业的重要特质，也因此成为当代文化批判的中心内容。以经济效益或利润为评判标准，体现在社会文化生活中，受众市场份额、票房、收视率等成为评判文化产品成功与否的关键指标，一副十足的资本产业面目。这就必然导致文化的媚俗、民粹倾向，是大众文化饱受批判的关键所在。当代的"山寨"文化、低俗文化泛滥正是大众文化逐名逐利特点的具体体现。

受资本逻辑的宰制，大众文化也体现了资本对社会文化生活的异化。异化的概念原本是马克思在批判资本对社会生产的宰制过程中深刻挖掘的理论点，指由资本主导的社会生产不以满足人的基本需要为目的（这是对生产本来应该以满足人的基本需要这一目的的异化），而异化为以资本拥有者的高额利润为生产目的，进而造就人和生产活动本身之间关系的异化："工人生产的对象越多，他能够占有的对象就越少，而且越受自己的产品即资本的统治"。[1] 资本逻辑兜售着拜金主义和商品拜物教，以财富占有的多寡判别人的价值，形成异化了的物与人的颠倒关系。文化

---

[1] 马克思恩格斯选集（第1卷）[M].北京：人民出版社，1995：41.

作为人的创造物，本应为人的生活服务，因为人本身就是目的，而非其他，或曰"人的根本就是人本身"，❶ 而将目的倒挂为对市场份额、利润的追求，于是就形成一系列的异化，最终造成"人的本质同人相异化"，❷ 这又是后现代大众文化常常受到重点批判的一个典型特征。

以上仅介绍了部分与本书相关的内容。循着马克思对社会批判的理路，结合时代新的社会文化特征，法兰克福学派对现代性和后现代文化展开了一系列持续的批判，成果丰硕，其理论贡献对于认清纷繁芜杂的后现代社会文化生活具有极好的理论与方法论意义。

1964年，理查德·霍加特（Richard Hoggart）在英国伯明翰大学创立当代文化研究中心（the Centre for Contemporary Cultural Studies，CCCS）。❸ 霍加特、斯图亚特·霍尔（Stuart Hall）、理查德·约翰逊（Richard Johnson）和乔治·洛伦（Jorge Lorrain）先后担任该中心主任。20世纪80年代末，当代文化研究中心扩展为文化研究系，完成文化研究的学科化、体系化建设。伯明翰大学当代文化研究中心宣称其宗旨是研究文化形式、文化实践和文化机构及其与社会和社会变迁的关系。研究内容主要涉及大众文化及与大众文化密切相关的大众日常生活，分析和批评的对象广泛涉及电视、电影、广播、报刊、广告、畅销书、儿童漫画、流行歌曲，乃至室内装修、休闲方式等。在这些众多而分散的研究内容中，大众媒介始终是其研究焦点，尤其是对电视的研究极为关注。其研究方法最初受美国传播学研究影响，但在霍尔领导时期，吸收了阿尔都塞和葛兰西的观点，转向媒介的意识形态功能分析。当代文化研究中心的影响是世界性的。文化研究自"二战"后在英国逐步兴起，渐渐扩展到美国及其他国家，成为目前国际学术界最富有活力和创造性的学术思潮之一。在追溯文化研究的根源时，尽管霍尔认为并没有一个绝对

---

❶ 马克思.《黑格尔法哲学批判》导言［M］//马克思恩格斯选集（第1卷）. 北京：人民出版社，1995：9.

❷ 马克思恩格斯选集（第一卷）［M］. 北京：人民出版社，1995：47.

❸ 详见 http://baike.baidu.com/link。

的开端,但大多数学者认为,20世纪五六十年代出版的几部著作堪称文化研究的奠基之作。这些著作是霍加特的《文化的用途》(1958年)、威廉斯的《文化与社会》(1958年)、《漫长的革命》(1961年)、汤普逊的《英国工人阶级的形成》(1963年)。

与法兰克福学派相似的是,伯明翰学派是完全建立在马克思主义基础之上的,它是相当正统的马克思主义。1968年革命的年代,革命风暴席卷了西欧甚至美国。工人阶级、普通百姓和大批学生走上街头,他们异常乐观、积极和兴奋,然而结果并非人们所想象的那样,他们非常失望。大学的学者、理论工作者不得不反思自己。我们的分析错了吗?我们拥有正确的理论和广大的群众,但我们还是失败了。因此,这给人们留下巨大的思考空间,去思考马克思主义理论和传统,去思考如何适应现实的政治语境。

与法兰克福学派不同的是,伯明翰学派对大众文化总体上持欢迎和支持的态度,这种态度后来也影响了美国的文化研究。特纳在《英国文化研究》中引述威力斯的论述明确地表明了对大众文化的肯定态度:❶

> 后现代文化的重要特征就在于愈来愈走向大众文化、日常文化。社会生活最根本的悖论之一在于:当人们处于最自然、最惯常的状态,也就处于文化味最浓时;我们最寻常的角色是既有的、习得的,也是不显眼的(Willis,1979:184)。

特纳在整本书中也常常是从日常生活中的文化现象入手,深度解析其中的文化意义。日常生活中的诸多方面其实含有丰富的文化因素,具有多重意义,如服饰的选用、节假日的安排和庆祝方式实际上都充满了意义的选择,包含许多文化内容。同出一脉的美国文化研究也对大众文化持有鲜明的肯定态度,如在文化研究学界影响较大的菲斯克的《理解

---

❶ Turner Graeme. British Cultural Studies [M]. 2nd ed. London: Routledge, 1996: 1.

大众文化》就详解了多种生活中司空见惯的文化现象，指出大众文化的复杂性、娱乐性、参与性等，并试图建立一种日常生活中的大众文化理解范式。此外，费克劳、萨达（Ziauddin Sardar）等也从大众文化的意义、理解、策略、形态等多方面做了较系统的研究，并在我国得到相当程度的译介和接轨性研究。要言之，伯明翰学派及美国的文化研究强调文化研究向日常生活中的文化转向，即大众文化研究的转向。他们基本一致的价值取向是欢迎和赞许这一转向。

在我国，自 20 世纪 90 年代中后期以来，文化研究、大众文化研究、大众文化娱乐性研究发展迅速。当前，我国正处在前现代、现代化、后现代共存的特殊历史时期，随着现代化的快速演进和全球化进程的深度展开，一线、二线城市渐次步入后现代时代或消费时代，而中西部地区随着社会文明的产业化转型也加快了现代化的进程，有的中西部城市如成都已经出现相当明显的后现代社会文化生活特征。同时，由于传播手段的革新，尤其是电视、网络的一体化传播市场的推广，整个社会文化早就呈现出大众文化一统天下的格局：在电视为王的直面大众的传统传播模式中，几乎任何一个电视频道排列的日常节目清单中娱乐节目和广告（制作得越来越娱乐化）都占据大部分播出时间，甚至连新闻报道、专题社会调查、教育频道中的专题讲座等也纷纷加入诸多愉悦观众的要素；电台中的情况也大同小异：极力采取各种取悦听众的策略以维持其日渐不保的媒体地位，以各种热点话题的深度追踪和有奖互动节目吸引听众的注意力；报纸也尽力挖掘排版、标题、热点新闻或事件方面的娱乐性潜力，采取跟踪报道、扩充娱乐版等招数取悦读者，在雨后春笋般地冒出来的各种都市报、晚报的冲击下，就连严肃性报纸也不得不采纳对手的多种娱乐招数；至于电影，从类型到生产、发行、播放形式都发生了深刻的亲民性的变革以应对其他媒体（尤其是电视、网络）和对手（尤其是好莱坞）的竞争，而当代典型的后现代电影周星驰的《功夫》取得巨大成功以来，众多电影人争相效仿，过去那种启蒙性的、悲情的题材片已很少能见到；各类晚会更是充斥着媒体及媒体外的社会文化生活，如婚庆、生日、乔迁、入职、升学、开业、岁尾庆祝场面动辄就办成晚会：有主持人、各种节目，甚至精心准备的舞台、设备、服装道具等，就连各种大型商场在周末和节假日也总有许多晚会式的促销活动；至于现在已经发展蔓延到随处可见、完全可以称为一种文化样态的广告来说，与最原始的通知式的广告相比，已经高度发达的广告对于娱乐性的采用和处理简直达到专业的水平，以至于许多高明的广告看上去、听起来好像不是在卖产品，而是在全心全意地取悦受众，为大众服务，如"曼谷，我们不卖房子，我们出售的是健康与生命"。可见，后现代娱乐化的文化已经充斥社会生活的诸多方面。

当然，还必须一提的是作为人类重要组成部分的社会生产，如今也融入无处不在的娱乐性。本来充满各种严肃的条规管理、监控的主要生产环节，如今也深受娱乐性的影响或浸润：一直被认为最严肃的课堂，如今充满了配有动画效果的PPT，而在全靠市场认同的各类社会培训机构的课堂上，授课者往往每隔几分钟就要抛出精心准备的串场活动、笑话、段子以确保吸引学员的注意力；在各种企事业的生产车间、公共走道、办公场所，甚至厕所，以往随处可见的冷冰冰的训诫语（如"今天工作不努力，明天努力找工作"）换成了温馨悦人的提示语（如"来也匆匆，去也冲冲"等）；服务性生产场所，随处可以听见愉悦的轻音乐。

以上是对后现代文化娱乐性的简单揭示，结合实例的详细解读、分类、剖析将在下节进行。这里只简单指出娱乐性的操作奥秘：注意力。后现代文化成功的标准在于拥有民众的注意力。为了吸引眼球，不顾禁忌，甚至出现种种雷人的卖萌、自谑乃至夸张的恶搞现象，如芙蓉姐姐现象、Lady Gaga现象、凤姐现象等，恰如小品《公鸡下蛋》所讽刺的为了炒作而炒作的怪异文化现象。但只要把握住其中的注意力经济秘诀，一切又都马上变成了极易解释的文化现象。

"批判"作为本书的关键词之一，有着结构与建构并存之意，在此有必要加以诠释。文化研究中关于批判的理论首推法兰克福学派的批判理论（Critical Theory）和批判的解释学（Critic Hermeneutics）。❶ 批判理论由德国学者霍克海默，1937年在其《传统理论与批判理论》中首次提出。他认为马克思的著作主线起于批判，但后期及许多所谓正统的马克思主义者受到科学的诱惑，其理论体现了科学性的转向。他提出要恢复马克思主义的批判性本质。他指出，传统理论从固定不变的既定事实出发，得出和现实社会秩序相调和的"顺从主义"解释性理论；而批判理论则认为其主要目的是破坏既定性、事实性的东西，是旨在推翻现存社会再生产过程的否定理论。前者来自并用于专门化的科学，尤其是自然科学，其认识论基础是现代专门而细化的科学学科研究；后者把人看作其全部历史生活形式的生产者，把这样的人当作它的对象，其认识论基础是一种人道主义。前者是一种知识体系；后者首先是一种立场，其次才是一种理论。前者属于资产阶级时代，通过劝告资本及怎样更有效地发挥资本主义制度的作用来劝慰社会对资本主义制度的认同，从而帮助资本家；后者属于资本主义以后的时代，力图用革命实践去改变资本主义制度。经过法兰克福学派的阿多诺、马尔库塞、弗洛姆、施密特和哈贝马斯等学者的发展，同时吸收了存在主义、弗洛伊德精神分析学说的观点，批判理论广泛用于对现代资本主义社会进行深入而全面的分析和评判。

与检讨、反思、批评一样，需要辩证地、发展地看待批判。批判不是全盘否定，否则就否定了社会发展过程中进步的、合理的要素，变成复古主义，而这种文化保守主义正是中国几千年封建社会历史留给我们的沉重的文化发展教训。值得批判的东西，首先，必须是现象级的事物，而非昙花一现的偶然物；其次，值得批判的对象尤其是理论批判的对象，积极、正面因素应该多于消极、负面因素，否则已经沦为显然的、老生常谈的课题，且人们已经认识到问题的存在；再次，值得进行理论批判的对象往往处在上升时期，容易遭到传统的打压，已过黄金发展期，步

---

❶ 关于批判理论和批判的解释学，详见：李鹏程. 当代西方文化研究新词典 [M]. 长春：吉林人民出版社，2003：239-240.

入衰败期的现象，对它的理论处理乃是总结和评述；最后，批判的目的在于厘清其中的积极与消极因素，以利于其健康发展，正如马克思对上升时期的资本主义所做的批判一样，充分肯定了资本主义相对于过往社会形态的进步，指出其中的积极因素，析清消极因素，指出其发展轨迹，预测出发展的下一级目标——资本主义的消亡的和社会主义的到来本身就是资本主义发展的结果。❶

本研究视野下的后现代文化娱乐化问题，属于应该批判的对象。不同于波兹曼对娱乐化的惶恐和基本否定的立场，笔者认为应该剖析后现代文化娱乐化生成的社会、经济、文化根源，分析娱乐化的生成机制如社会文化语境的自然发展、文化工业化、资本运作的产业机制，明确大众的接受效果，预测这个特性的发展方向，对这个课题给出文化学理论上的解析，以回答相关的问题，达到指导社会文化实践之目的。

面对业已全面展开并发展迅猛的娱乐化的后现代文化，在看到其积极作用的同时，必须警惕各种过度解构、过度媚俗、极端民主主义倾向，对经典文化、核心价值过度消解所带来的负面效应。对于人们心中的困惑、迷惘乃至不满，学界有必要进行深入的研究，给出应有的回答。为此，本书针对业已取得巨大发展的消费时代的大众文化展开研究，契合传统文化向现代文化转型过程中的大众文化娱乐化带来的机遇与挑战进行理论研究，具有鲜明的时代特征，对整个社会现代化高速演进将带来的社会文化发展具有及时的理论指导意义。研究乃基于既有的对媒体文化民粹化的研究，进一步展开对当代大众文化娱乐化的批评性研究。对电影、电视剧、文学作品、歌舞等文化类型中体现的娱乐化特征进行提炼、总结，厘析其中的利弊，剖析资本逻辑对文化生活的扭曲性异化，为当代社会文化生活把脉；预测社会文化发展方向，并提出批评与建议，提倡对大众文化批判性地鉴赏和演进，确保优秀的文化形式、价值观得以健康地传承和发展。

---

❶ 笔者认为，宏观地、历史地理解马克思主义的相关理论，当今世界之西欧资本主义社会多已基本上进入社会主义发展阶段，实现了消灭无产阶级的社会发展目标。

综合运用文化研究、媒体文化研究、文化哲学等多学科相关理论对文化娱乐化这一课题展开多维度、跨学科的研究，为繁盛、复杂的社会文化生活提供理论上的解析，为这一学术问题的研究做出基础性的贡献。

第二节 文化娱乐化趋势

以上简要讨论了后现代社会文化娱乐化的主要特征，其实，关于这一问题论述最充分的当属美国文化学者尼尔·波兹曼和他的代表作《娱乐至死》。[1] 他批判了20世纪后半叶美国文化的重大变化：印刷术时代步入没落，而电视时代蒸蒸日上；电视改变了公众话语的内容和意义；政治、宗教、教育和任何其他公共事务领域的内容，都不可避免地被电视的表达方式重新定义。这就是当今人们常说的人类社会从读文时代步入读图时代。他深刻指出，现实社会的一切公众话语日渐以娱乐的方式出现，并成为一种文化精神。人们的政治、宗教、新闻、体育、教育和商业都心甘情愿地成为娱乐的附庸。

波兹曼认为，文化精神枯萎有两种途径，即要么让文化成为一个监狱，要么把文化变成一场娱乐至死的舞台。如果说传统社会中文化面临的最大挑战是文化监狱性的种种限制和禁锢，那么现当代社会文化面临的最大挑战在于过度娱乐化，从而消解了人们批判创新的精神，正是在这个意义上，可以说娱乐至死，在娱乐的糖衣毒药中沉沦消亡。由于电视的一般表达方式是娱乐，它让观众在娱乐中迷失且毫无怨言，甚至无声无息，好似温水煮蛙，沉湎于安乐中。最可怕的是由于人类的整个文化深陷其中，"其结果是我们成了一个娱乐至死的物种"。[2]

波兹曼的"娱乐至死"理论是他多年来一脉相承的研究结果。在他更早的研究中，曾提出"媒体即隐喻"的理论。他指出，媒体通过隐蔽却强大的暗示力量"定义现实世界"。媒体的形式很重要，因为特定的形

---

[1] 尼尔·波兹曼. 娱乐至死 [M]. 章艳, 译. 桂林：广西师范大学出版社，2004.
[2] 尼尔·波兹曼. 娱乐至死 [M]. 章艳, 译. 桂林：广西师范大学出版社，2004：4.

式会偏好特殊的内容，最终会塑造整个文化的特征。这就是"媒体即隐喻"的主要含义。

20世纪传媒技术的发展，使人类逐渐告别以印刷文字为中心的"读文时代"，转向以影像为中心的"读图时代"。其中电视图像已经成为当代支配性的传媒形式，它改变了社会认知与人际交往的模式，引发出深刻的文化变迁。在他的《娱乐至死》和《童年的消逝》中，波兹曼系统论证了这种深刻的文化变迁。所谓的"童年的消逝"是指"童年"作为一种特定的文化特征已经模糊不清。"童年"的概念来自与"成年"的文化分界，而这种区别并不是天然固有的，而是在历史中被"发明"出来的。首先，在中世纪的欧洲，社会传播模式以口语为主导，儿童与成人之间没有交往的技术性困难，彼此分享着基本相同的文化世界，因此"童年"并不存在；其次，在印刷技术普及之后，文字阅读开始成为主导性的传媒，儿童不得不经过相当长时期的学习和训练，在"长大成人"之后才能够获得属于成人的知识与"秘密"，这就在童年与成年之间建立起一道文化鸿沟；最后，电视时代的来临重新填平了这条鸿沟，儿童不再需要长期的识字训练就能够与成人一起分享来自电视的信息，两者之间的文化分界被拆解了，于是，童年便消逝了。但是，"童年"本来只是一种短暂的历史现象，我们又何必为它的消逝而担忧呢？或者说，童年的消逝在什么意义上是文化危机的征兆？

印刷术使得儿童和成人在阅读方面出现较大的差异，这样就创生了"童年"，同时也创生了所谓"新成人"（文字人）。这种以阅读为特征的新成人文化推广了一种新的思维方式和性格品质。线性排列的文字促进了逻辑组织、有序结构和抽象思维的发展，要求人具有更高的"自制能力，对延迟的满足感和容忍度"，"关注历史的延续性和未来的能力"。这对人类的宗教、科学和政治等多个方面产生深刻的影响，改写了中世纪的文明面貌。

电视时代使人类的符号世界在形式和内容上都发生了变化，不再要求儿童与成人在文化特征上有明确的分野。因此，童年的消逝——波兹曼明确指出——也可以表述为"电子信息环境正在使成年消逝"。在儿童与成人合一成为"电视观众"的文化里，政治、商业和精神意识都发生了"孩子气"的蜕化降级，成为娱乐，成为幼稚和肤浅的弱智文化（本书后面讲到的"反智亚文化"），使印刷时代的高品级思维以及个性特征面临致命的威胁。波兹曼关怀属于童年的自然与纯真的人性价值，但就整个文化的走向而言，他深切的忧虑主要不在于"童年的消逝"，而是"成年的消逝"，即克制的、严肃的阅读和深度的思考在电视文化面前"消逝"。这就是《娱乐至死》的主题。

波兹曼指出，这是文化精神枯萎的两种典型方式之一。如果说极权主义统治下常出现的禁书律令造就文化监狱，是对文化的窒息，是暴政下自由的丧失；那么，过度娱乐化会使文化在欲望的放任中成为庸俗的垃圾，堕入感官或观感的满足而放弃阅读和思考，集体无意识地沉沦在以电视为代表的后现代无孔不入的、娱乐化的媒体文化的汪洋。前者恐惧于"我们憎恨的东西会毁掉我们"，而后者害怕"我们将毁于我们热爱的东西"。这样，文化将成为一场滑稽戏，等待我们的可能是一个娱乐至死的"美丽新世界"，在那里"人们感到痛苦的不是他们用笑声代替了思考，而是他们不知道自己为什么笑以及为什么不再思考"。

如今电脑与互联网技术的迅速发展形成新的文化传播方式。波兹曼在《童年的消逝》结尾部分曾经设想，电脑可能是一种延续"童年"的传播技术。因为使用电脑需要学习一种人机对话的语言，要求某种特殊的训练，这将有可能使童年的存在成为必要。但他也指出，这仅仅是一种可能，取决于人们如何对待这种技术——是运用电脑来促进有序的、逻辑的和复杂的思维，还是被电脑所利用、被视觉游戏的自娱自乐所吞噬。20年过去了，电脑发展出高度视觉化的"视窗平台"，孩子并不需要长期的特殊训练就可以得心应手地使用电脑。人们还有可能幸免于"娱乐至死"的命运吗？意味深长的是，波兹曼自己也曾在互联网上开设论坛，开展公共讨论。他在回答网友的问题时曾指出，对于新技术的迅疾发展我们可能无能为力，但如果我们对技术的历史与社会心理学有更

清醒的理解，就有可能控制我们自己对技术的使用，而不至于完全被技术摆布。❶

近年来，基于电视、电脑、网络的新技术快速融合，涌现出比波兹曼时代更加快捷、方便、无处不在的智能手机及一系列的拍照、录音、上传、下载、聊天、搜索、购物、交友、抒怀等仅仅10年前还难以想象的新媒体技术和类型，越来越多的年轻人、少年，甚至部分中老年人纷纷变成低头族，满足于浏览、表述（琐碎的、顺势的感受），设想波兹曼如果现在还在世，碰上他的孙子孙女们来看望他，其间人人不说话，只顾戴着耳塞低头刷微信、推特之类，想必他对越来越深化、弥漫的娱乐化的新媒体文化绑架了的生活会做出社会文化生活"已经娱乐死了"的无望的论断！

波兹曼已于2003年辞世，然而他批判的后现代文化娱乐化趋势未因其批判而停止，反而愈演愈烈，继续的批判或深度解析的任务仍然摆在学者们面前。回顾越批越猛的文化娱乐化发展趋势，不免让人有种发怵的感觉。也许我们只能换个角度看待娱乐化问题：或许问题并不是那么糟糕，即人们一方面愈加娱乐，另一方面又没有停止思考、批评、创新。如果真是如此，则我们对文化的未来还可以谨慎地乐观着。其实，教育、生活、工作等社会生活主要组成环节由于新技术、新媒体的发展，越来越多的繁重而重复的体力和脑力劳动已经转由新的"奴才"替代了——人类一直试图找到替代性"奴才"完成必需的劳动，从极度欠发达时代中以人为奴到农耕文明发展过程中以牛、马、骡等动物为奴，再到工业文明中的以机器、矿物质燃料为奴，一直演进到信息文明中部分脑力劳动以电脑为奴。然而人类本身并没有停止追求，因此也就没有、也不可能停止思考、批判、探索和创新，果真如此，则我们可以额手称庆，因为波兹曼的担心虽然体现了学者的历史责任感，但犯了杞人忧天式的力

---

❶ 以上关于波兹曼的观点、论证过程和评述，主要参考和引用来源为：http://baike.baidu.com/view/228172.htm?fromtitle=%E5%A5%A5%E5%A8%81%E5%B0%94&fromid=10984979&type=search。

道用偏了的失误。这样的求解式的详细探讨要留到后面再展开，在此仅将娱乐化问题的学术来源交代清楚，为以后更深一步的学术讨论打下基础。

其实，在科技高度发展的当下，尤其是传播媒体日新月异的发展，对娱乐化的全面展开要从电脑和互联网技术的成熟和普及谈起才真正具有强大的说服力，波兹曼在电视时代就思考和批判娱乐化问题只能说明其具有作为社会文化学者敏锐的洞悉力和对社会文化较强的历史责任感。而且，对文化娱乐化问题的学术梳理与探讨远不能局限于一家之言，但在绪论部分，仅就凸显娱乐性成为后现代文化及媒体传播的关键特征和重要问题而言，讨论可以暂告一段落。本书将按照文化类型、文化样态，通过具体的案例分析文化娱乐化的具体实现路径、策略，解析背后的深层成因，然后讨论根治问题的办法，以求得出实实在在的令人信服的结论。

第三节 研究问题

前面以波兹曼的"娱乐至死"理论集中论述了后现代文化娱乐化的主要特性。应该说，与波兹曼所论的电视媒体文化娱乐化相比，电脑、网络、手机以及各种生产、商业活动文化化、娱乐化发展得更加精细、普遍，后现代文化娱乐化特性显然已成为当下文化的主要特征，所以有必要按照文化类型、文化样态的不同分析这一特性的具体表现形式。而且，如果说波兹曼论述娱乐性时还是前瞻性的学术探索的话，现实社会文化的发展已经使得该现象弥漫整个社会生活，如何看待这种社会文化生活转型，其中有什么问题，又该如何认识并应对这种变化以解析现实、预测或指导未来就已成为文化学界及相关学科应该直面的课题，因此，本书将问题细分为如下几个主要方面，并试图给出相应的深度解答。

后现代文化娱乐化特性已经弥漫在社会文化中，那么在主要的文化类型、文化样态中具体是如何呈现的？换言之，当今各种文化载体或媒体作为文化的主要表达渠道如何体现了文化娱乐化特征？

后现代文化娱乐化特性深层次的社会文化成因，或曰，为什么娱乐性成了后现代文化顶着像波兹曼之类的文化学者的尖锐批判未有改变，反而愈演愈烈？

后现代文化娱乐化是不是真正的问题、是否会出现"娱乐至死"的恶果？它本身蕴藏着什么问题？究竟应该如何看待这种特性？

针对第一个问题，本书将分别按照网络、智能化手机、电视、电影、报纸、书刊、广告、社会文化活动（含商业文化推广活动）等社会文化呈现的主要载体或媒体形式进行案例分析，解析文化娱乐化的实现形式和策略，使本研究建立在坚实的文化实践基础上；第二个问题，将在第一个问题展开的过程中有所涉猎，之后辟专题分析背后深层次的社会文化成因：社会文化主要有生产和生活两个部分，循着这两个组成部分的本质特性及其在后现代社会中的变化揭示这种顺应性的变化，而且由于电脑、网络等新媒体、新技术的发展，生产和生活在后现代社会已经趋向融合（如在家亦能从事生产过程中诸多环节的工作），这种变化顺应或满足了人们的哪些需要从而获得了强大的生命力；针对第三个问题，本书将在前人的基础上，重新审视娱乐化本身，厘清该特性是结果还是成因的问题；如果是结果，那么真正导致娱乐化的成因何在，由此得出应有的应对娱乐化的态度和策略，这对于当下显得莽撞的"头痛医头"式的"禁娱"论（持此论者有专家、官员、民众）有着重要的正本清源式的指导意义，从而完成本研究从问题到成因到求解的研究历程。

当然，由于研究的系统性，许多其他相关问题也会有所涉猎，如文化、文明、文明形态、文化模式、大众文化之依附性与颠覆性、各种大众文化具体形态等。总体说来，这些问题不是讨论的重点，故本书基本会采用既有的研究或综合已有的成果形成符合本研究要求的概念、方法等。

第四节　研究方法

　　对文化问题的探讨当然要用文化研究的相关理论和研究方法。本研究采用当代文化研究惯常的文献梳理与批判、案例分析法等进行学术理路清理，文化现象中的问题透析以及背后的成因挖掘，然后站在文化哲学的视角，历史地、现实地、面向未来地寻求相应问题的解决之道。

　　后工业化、消费时代的到来是后现代社会形成的标志，与之相伴随的社会文化领域经历了重要的思想解放，尤其是文化研究中的后殖民研究、女性主义研究、弱势群体研究、大众文化研究等一系列的反思、解构和批判，对整个后现代文化起到思想文化上的基础性作用，这是理解后现代文化变迁的关键所在，也是分析后现代文化现象、深度解析文化困惑与可能存在的问题的理论基础，是本书的框架性理论。其所用的文献深读与批判也是本研究采用的根本方法。

　　在文化研究的大框架下，根据具体文化现象和所研究的问题使用相应的大众文化、媒体文化传播理论对具体现象作文本细读式的案例分析，是理论结合实际的具体操作方法。笔者将依据不同的文化传播渠道，挑选各类型中具有代表性的文化现象做解剖麻雀式的分析，析出其中存在的娱乐性和可能的问题。

　　面对波兹曼式的对文化娱乐化的困惑和批判，面对法兰克福学派对文化工业、资本文化逻辑的指控，面对伯明翰学派对大众文化的热拥，随着网络技术的不断发展更新，文化娱乐化提速了、更普遍化且波及成人世界，面对与波兹曼等文化精英愿望相悖的急剧变革的社会文化实践，究竟应该如何认识文化娱乐化，有没有严重的问题，如果有问题又应该如何应对。显然，就事论事地讨论这个问题难以走出波兹曼式的困惑，也难以找到真正有效的解决办法，容易陷入主观的、事与愿违的、令人失望的空泛的牢骚式指控。为此，必须反思的不仅是文化娱乐化本身，还必须包括波兹曼等文化学者论证该问题的方法。因此，笔者认为，需要拓展视野至文化哲学的深度和广度,历史地(动态地)、现实地(直面实践)、面向未来地(具有前瞻性地)综合评价娱乐性的优缺点,进而探讨可能的解决办法。当然,结论的合理性应该看能否解释现实实践,也要看对未来的预判或指导是否经得起时间的检验。

这种研究主要是质的研究,当然,在进行文献综述、文化现象描述、个案分析等具体研究环节时,也会常常视必要性采用数据统计、分析的方法。

第五节 主要内容

本书始终围绕后现代文化娱乐化问题展开,第一章为全书的研究做铺垫性综述:首先厘清基本概念和理论,提点文化的本质属性,进而引出后现代文化的新特点,即娱乐化特性,这也是问题开始的原点;然后简介后工业、现代文化研究的主要流派即法兰克福学派和伯明翰学派(美国文化研究深受伯明翰学派的影响,故未单列);由于对后现代文化娱乐化问题研究得最集中、观点最鲜明的要数波兹曼的"娱乐至死"论,同时该理论也显然与现实社会文化实践的演进相悖,造成对该问题重新全面审视的必要,故辟专节简述该论的主要观点,引出本研究需要解决的几个核心问题和研究方法。之后各章按照文化研究路数对后现代文化娱乐化问题进行全面、系统的研究。

第二章后现代文化研究综述,包括后殖民研究、女性主义研究、弱势群体研究、大众文化研究、媒体文化研究等。当代文化研究的这一系列主题的展开是深刻理解后现代文化成因的基础,只有了解这些方面深度的思想解放,才能理解从传统文化的严肃性何以转向后现代文化的娱乐性;同时,这些理论将用于指导第三、第四章中按文化类型剖析后现代文化娱乐化的具象:网络文化娱乐化,电视文化娱乐化,电影文化娱乐化,报刊、广告等传统媒体文化娱乐化以及其他社会文化娱乐化等。第五章将论述扩展到整个社会生活:后现代社会符号消费、知识化、信息化特征，日常生活、节假日庆典中深刻的文化浸润，以及行业中系统的文化要素——以教育为例，后现代教育转型的方向之一就是娱乐化倾向。

第六章媒体文化娱乐化批判，综合、深入地讨论研究的中心问题是究竟应该如何看待后现代文化娱乐化问题。本章首先阐释批判本身的含义，说明批判的对象并非一定是非此即彼的是非问题，能够成为值得批判的对象本身只能说明问题重要，其中的积极意义往往大于负面意义。其次，综合提炼后现代文化娱乐化的积极意义和消极作用。最后，对于(笔者认为)有问题的方面，试图提出可能的改善之道，并得出本研究的结论。

第二章 后现代文化研究综述*

如果语言哲学可以断言"人别无选择地活在语言中",❶ 那么,从文化学的角度完全可以断言,人别无选择地活在文化中。如第一章所述,文化乃生活,尤其是有智力干预的生产、生活。人在生产生活过程中创造了文化,而文化反过来又滋润、规约、指导着人的生活。一如生产生活本身的创造性,文化并不会安于现状,总是随着人的思考和实践活动反思、创新和发展。用文化哲学的话语表述,现实生活实践和文化之间的这种相互关系即社会文明和相应的文化模式之间的关系:社会文明为文化模式的现实实践基础,而文化模式为社会文明的表达形式;两者相互作用,相互促进,总的来说,社会文明的演化决定着文化模式的相应变化。

20世纪五六十年代的西欧,随着经济、社会的恢复和发展,战争的创伤稍稍愈合,始终不安于现状的文化便又萌动起来,反思、批判、根治社会的痼疾,夯实社会发展的思想文化根基。"五月风暴"❷ 以后,这种反思和批判的研究迅速得到广大学者的响应,文化研究继承和发扬以往的研究传统和成果并积极创新,以前所未有的速度实现了系统化、专业化、纵深化发展,极好地解释、剖析和指导了社会形态从现

---

* 本章重点参考:陈开举. 当代西方文化研究述略 [J]. 西安外国语学院学报,2006, 14 (1): 91-93.

❶ 钱冠连. 语言:人类最后的家园——人类基本生存状态的哲学与语用学研究 [M]. 北京:商务印书馆, 2005:卷首语(略有修改).

❷ "五月风暴"指1968年5~6月在法国爆发的一场学生罢课、工人罢工的群众运动,对后现代文化和当代西方文化研究具有重要影响。

代（工业化）向后现代（后工业化）的转型实践。本章将对这些研究方向加以梳理，为第三章具体的后现代文化娱乐化研究做好必要的理论准备。

作为一种对社会文化持续不断的批判，当代西方文化研究多从马克思主义批判社会、批判现实的路数和基础出发，进一步对社会—文化—生活各方面展开更为细致、切合时代实践特点的批判。如果还原马克思学说的基点，基本可以用"劳动"或"生产"作为关键词纵观马克思主义的方方面面，说到底，马克思围绕人类生活中物质资料的生产构建了庞大的理论体系，其理论体系的建构目标是人的彻底解放，达到"人的自由全面发展"。为此，马克思批判了不同社会类型中形形色色的人剥削人、人压迫人、人奴役人的不平等现象。马克思主义理论体系虽然十分庞大，甚至无所不包，但在有限的学术生命中，他的研究基本上集中在生产领域——当然，这已经很伟大，毕竟生产是人的生活中最耗智力、精力和时间的部分，且生产力越低下情况越是如此。在此基础上，当代西方文化研究继承和发展了马克思对人类社会的批判，但重点转向了这种种剥削、压迫、奴役机制对人、对他人（他者）、对群体造成的恶劣的文化、思想、心理影响。正是在这个意义上，才能真正理解文化研究学界常说的当代西方文化研究的马克思主义理论渊源。文化研究就其涵盖的内容和研究方向来看，可以回溯到几个世纪甚至更早以前，除了西方，当今世界许多国家和地区都有学者从事文化研究，但本书通常用"当代西方文化研究"的表述：所谓当代，其实可以追溯到1952年法农（Fanon）的《黑皮肤，白面具》对殖民及其文化后果的学术批判（法农以心理学为出发点，其研究和结论却具有浓厚的文化学色彩），但真正具有学科建构意义的当代文化研究可能要从赛义德（萨义德）1978年的《东方主义》算起。这里先回到当代西方文化研究的学术运思理路上来。

可以用"力"这种简单、直接的思路纵观马克思主义和当代西方文化研究的理论思路。马克思主义围绕生产力的发展展开研究。前文提到，人类一直致力于寻找重复、枯燥、繁重劳动的替代者，或曰"奴"来替代生产过程中关键必需的投入。回头看来，以人为奴的反人性、反文化性显然已成为共识，其破坏性是巨大的，无论是"王侯将相、宁有种乎"的反诘（接着就是义无反顾地打破社会秩序的破坏行为），还是奴才思维（所谓奴才眼里只有两种人——奴才和主子，而奴才追求变为主子的梦想成真后，在他的眼里他人也就成了他的奴才），都是严重的社会文明秩序破坏的病灶；以动物为奴会造成对动物和土地的掠夺，这种掠夺从古代贯穿到近现代，可能应该一直算到以争夺人口、土地、市场、原材料等殖民性掠夺和秩序建构的第一次世界大战；以机器和矿物质燃料为奴使得物质生产发生工业革命，生产力极大地提高，物质资料的供应也基本得到解决，反思这个变化，实际上是人的知识技术的革命性发展，使得人类循着自然规律发展生产的结果；知识经济—信息社会中人的智力潜能更进一步开发，使得对机器的基本操控都可以由信息技术（电脑、程序）替代，劳动强度更低、生产力更强大，经济社会由紧缺时代步入消费时代。注意，这是一个颠覆性的变化：紧缺时代要求禁欲以使有限的物质资料养活广大的社会成员（而这种名义和实践具有如同"施粥济生"般的神性），而消费时代由于社会总体上供大于求，经济的发展要求释放欲望以刺激和扩大消费（这已经基本上成为消费时代老生常谈的论调）以寻求发展的动力；紧缺时代要求以严肃的态度应对艰难的生产过程中环环紧扣的工序与步骤，生活中的精打细算以满足基本所需，而消费时代繁重复杂的工序已让程序化的机器在电脑的监控中准确地重复执行，转为要求以愉悦的招数达到劝慰、说服公众购买可有可无的产品或服务；紧缺时代要求人们具有宏达叙事所要求的整体观，消费时代社会分工的细化使得生产、生活的各个侧面分工细化、琐碎化，做好某一点、形成特色即可以成功，除此之外可以尽情享受。生存状态的改善使得传统上严谨的宏大叙事失去必要性。长期挥之不去的对生存的担忧不复存在，物质生活的丰富使得禁欲主义成为过去，"日日如过年、天天像过节"，与之相应的必然是禁欲的、严肃的、高雅的思维和生活方式成为"装蒜"，滑稽可笑。聚会成为主题，开心快乐成了生活的主旋律。

生产生活实践的变化必然要求文化以相应的模式反应、固化这种变化。这就涉及一系列的思想上的变革。后工业化时代催生的后现代主义思潮广泛而深入地影响了当代西方文化研究。然而，社会生产生活实践造成的奴化、奴性思维、意识形态和文化影响不会自动消逝或改良，需要人们有意识地反思、批判、传播才能改善，而且这个变革过程由于必然冲击到既得利益集团或阶层，自然会遭到其调用所掌控的各种社会力量对变革性的努力进行不遗余力的压制，并挖掘传统文化的力量鼓动社会其他阶层以惯性思维和传统意识形态进行反制，故而该过程一定会复杂、艰苦、反复而漫长，或可以比拟性地套用哲学话语：变革是必然的，道路是曲折的。这正是当今文化研究的写照：一方面，学界的研究已经如火如荼地展开，西方媒体（如BBC电视第四频道）也常有深受欢迎的批判现实、批判西方霸权主义的节目；另一方面，以美国为首的西方列强又动辄祭起对其他国家和地区行使军事打击、经济制裁的新殖民主义利器。

总的说来，当代西方文化研究呈现出以下主要特征：研究的主要对象一改传统的以经典文化为主，逐步转移到以贴近日常生活的大众文化为主；研究方法从欣赏型的分析转向对社会文化现象背后深层的权力关系的解构；研究系统是开放性的或者说文化研究没有具体的明确的研究或建构目标。经过学界几十年的努力，该学科的研究已经呈现出方向多、成果新颖、时效性强等特点，在人文社会科学领域产生较大的影响。[1]根据伦特里奇亚和麦克劳克林（Lentricchia & Mclaughlin, 1995）在其《文学研究关键术语》中列出的词条，当代文化研究揽括了以下主要内容或范畴：文化、文学史、性别研究（gender studies）、种族、意识形态（ideology）、大众文化（popular culture）、多样性（diversity）、殖民主义（colonialism）、后殖民主义（postcolonialism）、帝国主义（imperialism）、

---

[1] Turner Graeme. British Cultural Studres [M]. 2nd ed. London: Routledge, 1996: 1.

民族主义（nationalism）、阶级，等等。❶ 研究视角很多，有的从哲学、心理学角度入手，如福柯（Foucault，1978）、德里达（Derrida，1967）、法农（Fanon，1967）、斯皮瓦克（Spivak，1987、1988）等；有的从学术和历史文献着手，如赛义德（1978、1993）、罗伯特·扬（1995）等；有的从文学作品特别是大众文化入手的，如伦特里奇亚和麦克劳克林（Lentricchia & Mclaughlin，1995）、菲斯克（Fiske，1989）、毛思慧（1999）等；有的从现实中的生活文化现象入手，如贝尔·胡克斯（1994、1995）等。虽然难以严格地对繁茂的当代西方文化研究做出严谨统一的学术分类，但为了研究的需要，可以按研究主题对这些研究进行大致的归类：后殖民研究（post-colonialism）、性别/女性研究（gender study/feminism）、弱势阶层研究（subaltern studies）、大众文化研究（popular cultural studies）和媒体文化研究（media and cultural studies）。在我国，自20世纪90年代以来，这些领域的研究也分别得到译介和发展。

第一节 后殖民研究

后殖民研究是当代文化研究中参与学者众多、成果颇丰、影响最广的学科分支。具有当代意义的后殖民研究可以追溯到法农（1925~1961）1952年的《黑皮肤，白面具》，后来（1961）他又发表了学理更清晰、影响更深远的《地球上苦难的人们》（The Wretched of the Earth）。在心理分析精神疾病的工作实践中，法农积累了大量的原被殖民地人们的心理和精神疾病病例，经过系统整理和观察，发现其中一个重要的普遍性病因：种族/肤色问题。职业的素养使得法农以冷静的心态分析了许多黑人精神疾病的共同成因。他从人究竟有何种需要、黑人又有何种需要两个问题出发，辛辣地揭示出将黑人肤色问题化的殖民文化之反文化特性。

---

❶ Lentricchia F, Mclaughlin T. Critical Terms for Literary Study [M]. University of Chicago Press, 1995.

肤色似乎注定是他们要摆脱的一个污点。他分析到，对黑人之"黑"的喜爱与因恨之而想要洗白是同一个问题的两种表现方式，真正健康的认识是黑人与其他人种的肤色是一样可爱的。但是从历史上一直到现在，实际情况是黑人梦想成为白人，而白人则通过奴役黑人达到自己高人一等的地位。这样，压服人的殖民机制导致了黑白两分的世界：有着种族优越感的白人和极力想向白人证明自己有思想、有智慧的黑人。黑人的终极目标只有一个：成为白人。这种人种上的高下两分也意味着社会地位高低、经济状况的贫富之别。结果导致黑人滋生经济和文化（身份）两个方面的自卑情结。这就是许多黑人精神疾病的病因。可见，这种黑白两分、种族优劣是作为殖民者的白人建构和压迫的结果。所以，法农说："黑人并非（天生地）自认为自卑，实则被压服到自卑"。[1]

黑人的自卑导致其人格分裂症。具体表现为在其他黑人面前和在白人面前两种身份；具体可以分为语言使用、性别关系、依赖情结等导致其精神分裂病的社会文化因素。

与白人打交道时，黑人必须极力显得其语言（一般为殖民者规定的官方语言）的正统性，含用词、口音、交际技巧等，极力显得有语言天赋、受过正宗的良好教育，即所谓的像白人一样的科班化，乃可用之才。实际上，每一个被殖民民族都面临语言问题。强加在他们作为原住的所谓未开化的民族之上的是殖民者高高在上的社会—文化地位。黑人只能通过否定其落后的种族特性将自身洗"白"，以求得在身份上无限靠近却不能真正变成高人一等的"白人"：这正像外语学习者那样，无论多么有天赋，无论多么努力，其外语学习水平只能无限接近而不能真正达到母语者的水平。而回到同族人中间，他们往往又表现出比同胞高出一筹的优越感，毕竟他们已经接近"白"，或者说他们再也不像原来那么"黑"。所以，在法农祖国的北非安提勒斯岛地区，他观察到，黑人以法国为向往地，以法语为目标语，鄙视当地的克里欧语。如果说法国人褒

---

[1] Fanon Frantz. Black Skin, White Masks [M]. Charles Lam Markman, trans. London: Pluto Press, 1986: 149.

奖一个人的语言能力时说"某人能像书本一样说话",那么,在法属殖民地法农的故乡,人们会用"某人能像法国人一样说话"来褒奖这个人的语言能力。

心理学上有一种观点:越是打破条条框框,眼界越能扩宽。黑人一旦登陆法国,就会欢呼雀跃,因为在这里他可以学到孟德斯鸠、卢梭、伏尔泰,享受到专业化的内外科医疗,接触到正宗的法语。而一旦从法国回到故里,他再也不屑于使用克里欧语。谈论的话题也往往是歌剧等殖民宗主国内也算得上高雅的话题,对待其同胞则持鄙视的态度。殖民者贬斥黑人时有一种说法,认为从物种进化的角度来说,黑人介乎猴子与人之间。黑人就这样生活在白人给他们定义的污名之下。像法国人一样讲法语是祛除污名之道。

由于殖民文化给白人贴上了美丽和道德的标签,而黑人被贴上了丑陋与低劣的标签,在两性关系上,嫁给白人或娶白人为妻就成了两个种族间通婚理想的不二选择:嫁给白人,意味着后代的洗白,而且这个女人已经获得了白人的认可,不再是个黑女人,她已经变成白人了;同样地,娶了白女人意味着一个黑男人娶了白人文化、白人的美丽和智慧,当他的双手抚摸着白人妻子的乳房,他就握住了白人的文明和尊严,故其白人女友可以这样开导自己的黑人男友:娶了我你就不再那么黑了,你顶多算皮肤颜色"特别地深"。

所谓的依赖情结指的是宣称自己是黑人的拯救者,或曰黑人需要白人的救赎;舍此无法获得新生。欧洲白人基督教文化的基本逻辑是人有原罪的,需要神灵的拯救,而黑人的原罪需要白人来救赎。这种思维通过社会生活实践中白人在政治、经济、文化上高高在上的统治地位得到印证和强化。长此以往,这种依赖心理便内在化、自然化乃至于合理化,仿佛这种依赖是与生俱来的,应该不假思索地接受。循着这样的分析,法农挖掘出许多黑人精神分裂的关键症结:殖民文化造成的难以根除的身份焦虑。

法农的这部从心理医学出发的著作之所以能成为当代西方文化研究

之后殖民研究的滥觞之作在于其选题的主题性、论证的严密和深刻性、鲜明的结论等,该作的许多经典分析和视角至今仍被广泛借鉴和引用。加上他1961年出版的《地球上苦难的人们》,对非洲被殖民史的控诉和批判使得法农成为后殖民研究的重要代表人物之一。

当代后殖民主义批评的代表人物首推爱德华·赛义德❶(Edward Said,1935~2003)。赛义德的专著《东方主义》(*Orientalism*,1978)的出版可以说标志着当代后殖民研究学科的成熟。概述通过检索大量翔实的文学文化作品,深刻揭露欧洲特别是近现代以来以自我为中心,对东方特别是对阿拉伯世界的主观的(甚至是想象的)、歪曲而荒诞的建构,是当代文化研究之后殖民研究理论和方法论方面教科书式的杰作。

> 东方主义包含三层含义:首先,它是一门学问,包括所有关于东方的写作、教学和研究;其次,它指一种思想风格,以东方和西方之间的本体论和认识论为基础;最后,指西方控制、统治并对东方进行建构和施加权力的一种风格……在东方主义的描述下,欧洲人都是理性、进化了的、道德高尚的、成熟的、正常的、合乎逻辑的;而东方人则与之相反,他们不理性、落后、野蛮、幼稚、不合乎逻辑、神秘莫测。❷

虽然人们很容易注意到《东方主义》中对西方白人殖民者的意识形态和政治宰制的揭露和批判,然而,从内容上和方法上,赛义德都敏锐且尖锐地批判了欧美殖民文化对政治、经济、军事殖民行为的强化和固化。所以说,东方主义不仅限于政治,还将地缘政治意识渗透到美学、学术研究方法、经济学、社会学、历史及文献学之中。东方主义的表征或再现通过西方白人的机构、传统、社会规约来实现并进行传播。东

---

❶ 详见 http://exb.artchn.com/integrate/197001/artchn_102104.html。
❷ 毛思慧,杨思. 种族、发声与文化挪用:从"后殖民"看电影《风中奇缘》对 Pocahontas 的想象 [J]. 中国比较文学,2002(2):42-53.

的构建是西方旅行者、探险者、远征军、商人、传教士、航海者、殖民者共同构建的，有的基于观察，有的基于自己对东方社会文化的解读，有的纯粹出于想象。在表征和传播的过程中充满了表征者的主观意愿，更充满了满足本国本民族读者群的喜好，故异国风情、对被表述对象的贬斥、本民族文化优越感时常裹挟进了表述文献。而在传播过程中，那些本民族喜好的扬己抑人的表述往往得到强化、放大、改写，终至总体上荒诞的东方主义文献体系。

严格说来，东方从地域到学说都是信奉基督教的西方一手建构的想象物。最早可以回溯到1312年维也纳教会设立专门席位，研究和对待所谓的东方，包括阿拉伯、希腊、希伯来、叙利亚等地域。基督教构建了近东和远东的地域概念，前者为他们所熟悉，后者则相对陌生。建构"东方"，将之排除在欧洲文明之外也同时意味着欧洲的自我封闭。

作为一个通用的术语，东方主义描述的是西方对东方的态度和立场，其主旨也可以统称为东方学，是西方对东方的一种系统的、学科性的发现、研究、表述和应对。故长期以来西方多种行业人士长久地建构着、传播着这门学问。它的加速发展则发生在西方殖民扩张时期，这也正是将赛义德的研究归属于后殖民研究的原因所在。东方学充满了西方对东方妖魔化的歪曲表征，如将阿拉伯人表述为骑着骆驼、鹰钩鼻、纵欲者、其财富是对文明的亵渎等。西方是主动的，东方是被动的；西方是观察者、裁判者，东方是被观察和被裁决的对象。

长期置身于白人世界的中心，运用良好的西方教育所养就的知识、套路，赛义德对西方的殖民文化批判具有多重反讽式的解构意义：对欧洲自我中心、白人种族至上、以欧洲之外的世界为他者的典型的殖民文化进行了深刻的解构；循着西方正统的学术之道批判西方本身，具有强有力的说服力和解构意义。可以说，《东方主义》为当代西方文化研究提供了理论和方法上的研究范式。赛义德在1993年发表的《文化与帝国主义》更深刻地指出文化帝国主义的危害性，对欧洲乃至任何本体文化以

及其他文化都是有害的,因为"每一种文化根本上都是(多种文化)的融合"。❶

帝国主义表面上意味着觊觎、占领或控制别人的领土,往往给当地人民带来无数的苦难;更深层次的,还意味着帝国主义实践、理论和态度,导致现实中的殖民行径。它意味着一种帝国对属国通过武力、政治、经济、社会、文化等手段实现控制关系。在当代,显性的殖民行为已基本结束,帝国主义殖民性控制的实施往往是通过具体的政治、意识形态、经济和社会行为来实现的。帝国主义也好,殖民行径也罢,从来都不局限于简单直接的显性行为,往往通过污名化被宰制、被殖民对象国或民族以使其宰制或压制合理化、合法化,如用"低等民族""落后民族""蛮夷""依赖""扩张""权威"等语词描述实施殖民行为和被殖民民族,日本污名化中国为"支那""东亚病夫"等亦属于此类。

从理论基石和研究方法上,后殖民研究学者大多借鉴了福柯关于知识考古学、话语—权力理论和德里达的解构主义方法对殖民文化现象进行深层次的解构和拷问。正如芭芭(Homi Bhabha,1994)所言,殖民话语以种族的差别将被殖民者定性为"他者"("Other"),目的是为殖民者的武力征服等殖民行为提供依据。另外,罗伯特·扬、贝尔·胡克斯等也都从种族入手批判了西方白人至上的殖民主义论调。贝尔·胡克斯总结了美国当代社会特征,将美国社会定义为"白人至上的资本主义父权制"社会。斯皮瓦克(Spivak,1988)就话语权与弱势群体展开研究,指出欧洲殖民者用掌控的话语权,以文化、文学、文献等话语形式肆意歪曲性地建构他者、美化自身。当然她及其他学者也敏锐地指出当代西方文化研究建立在西方文化霸权的话语体系基础之上,弱势群体没有话语权。关于这个问题留待稍后专题讨论。

综上,后殖民研究起于对欧洲殖民文化史的反思和检讨,进而引发对殖民历史的全面控诉。本节只是简要梳理有关对黑人(非洲)、阿拉伯

---

❶ Newton K. Twentieth-Century Literary Theory: A Reader [M]. 2nd Ed. Hong Kong: St. Martin's Press, 1997: 283.

人（东方）的殖民文化批判。实际上，帝国主义思维、殖民行径从广度而言还牵涉亚洲、拉美、澳洲甚至北美（针对原住民）广大后发展或第三世界国家和地区；从时间维度而言，显性的殖民宰制在20世纪五六十年代随着绝大部分原殖民地国家的独立和民族国家的建立基本趋近尾声，但这并不是说该问题已经不存在。一方面，仍有一些被殖民的岛屿、领土还未独立，而且如我国香港特别行政区等战略位置优势明显、发展较好的地区的独立或回归到祖国都颇费周折，几大运河、能源和重要的工业原材料产地如波斯湾地区、关键的海运通道如马六甲海峡等，第一世界居于霸权地位的国家更是始终不愿放弃自己的控制权，仍不惜使用包括军事在内的控制手段保持和强化他们的殖民者利益。

目前，更多的是通过隐形的控制手段实现对他国乃至世界的控制，即金融、贸易、文化、安全协定、政治共同体等手段。此外，还通过其话语霸权掌控各种国际社会组织，制定各种规则、标准等门槛，利用其知识技术优势以"服务"的名义统揽产品、项目的设计、制造、检测、运输、施工、验收、运营、维护等各个环节的收益高、权位重的岗位和工作环节。简言之，在经济全球化的当今世界，帝国主义以传统的军事、政治为支撑，以金融、知识技术为具体表现形式，牢牢地控制着国际社会大分工的权力格局、利益格局和运作秩序等，大部分表面上独立的曾经的殖民地以新的形式沦为西方帝国主义的附庸。除了以中国为首的少数国家外，这种依附关系短时期内难以看到较大改善的希望，这也说明后殖民研究依然任重道远。

后殖民研究具有重要的思想解放作用。传统文化的严谨、严肃、宏大叙事、神性追求、高雅、高大上等，其实就是维系大一统的社会秩序，这对于生产力不够发达的社会发展阶段来说至关重要，毕竟，"千万不要出什么乱子"，力往一处使，劲往一处鼓，方能维系人类社会整体上的基本生存所需。这就是最根本的安全问题。这个阶段生产的基本要素如土地、劳动力、原材料、市场、资本起着决定性作用，对这些资源的争夺最残酷的表现形式发生在资本原始积累阶段和资本主义自由竞争阶段，也是显性的以占有领土、原材料、市场等基本生产要素为目标的殖民罪恶最盛行的阶段。当资本主义社会由自由竞争时代步入垄断性的帝国主义阶段，垄断资本、知识、话语权份额逐渐取而代之，成为财富和权力的关键要素，有着先发优势的第一世界国家可以利用积累的这些优势资源加强其获取高额利润的能力，过去通过军事开路、以土地占领、原材料和市场攫取为直接目标的显性的赤裸裸的殖民掠夺不再必要。在信息时代，信息、话语权、资本、文化成为控制和维系其宰制地位的主要因素。但同时要看到，在后工业化时代，生产力高度发达，使人类社会步入消费时代，这种生存性的物质安全问题整体上不复存在（当然，我们不否认还没有完成工业化的许多国家和地区这种物质安全问题依然存在，如在埃塞俄比亚等，人们甚至还时常面临严重的饥荒问题），紧锁在人类社会身上的物质匮乏的绳索已然消失。社会生产带来的物质生活的重大变化反映到社会精神文化生活中，也是翻天覆地的变化，其中关涉安全的当代文化研究（种族、民族问题直接与人的安全尤其是安全感相关）对殖民文化的反思和批判对于思想解放、纠正身份焦虑（尤其是与种族、肤色相关的压制或被压制的歉疚或自卑感的洗礼）、健康自我的回归以获得自在感都极为重要，正是有了这样的思想、文化再启蒙，尤其是自在感的获得，收放自如地享受文化生活，娱乐才能成为常态，这就是娱乐至死的来源。这也正是本书花费较大篇幅追述文化研究之后殖民研究的原因所在。但这种娱乐化潮头汹涌，不以人的意志为转移地滚滚向前，波兹曼所批判的问题与后殖民研究的关联如何，则有待第五章详细讨论。

第二节 女性主义研究

女性主义（Feminism）又称女权（女权主义）、妇女解放（女性解放）、性别平权/等（男女平权/等）主义，是指为结束性别主义（sexism）、性剥削（sexual exploitation）、性歧视和性压迫（sexual oppression），促进性阶层平等而创立和发起的社会理论与政治运动，批判之外也着重于性别不平等的分析以及推动性底层的权利、利益与议题。

女性主义研究有多个方面与后殖民研究❶类似。第一，二者都有着坚实的社会实践基础：后殖民研究反思、批判殖民罪恶及相关文化恶果，女性主义反思、批判性别歧视尤其是农耕文明以来男性对女性的主宰和歧视；第二，二者都与社会—历史—文化实践密切相关：后殖民研究基于原殖民地人民争取种族平等的民族权利运动，女性主义追求性别平等或女性与男性平等的女权运动；第三，后殖民研究经历了从社会—文化现象到文献系统梳理批判的发展过程以至学科的成熟，女性主义研究也是如此；第四，二者均秉持理论联系社会实践，研究本身也发展、繁荣、衍生了多个分支，对社会实践起到了较好的指导作用。当然，最关键的还是"平等"这个概念和终极目标使得后殖民研究和女性主义研究共同成为当代西方文化研究的重要学科分支。

历史地看，"在关于女性的想象与构建之中似乎都充斥着男性的欲望和父权的霸道。无论是在理论上还是在实践中，女人的思想、语言、经历、命运以及痛苦与悲伤，在很大程度上都是由一种阳性逻各斯中心主义（phallocentric）的'真经'所构造的"。❷这种男性逻各斯中心主义受到自弗吉尼亚·伍尔芙以来无数女权主义者越来越深入的挑战。他们往往从文学文化作品中的女性人物分析入手，强调女性研究必须扎根于文学作品中体现出的审美观、道德观、性别观。通过解构经典作品，揭示男女性别的不平等，尤其是对女性的贬斥与主宰；并强调要关注女性作家对性别、对女性本身的视角、观点和对女性形象建构的努力，即从女性的视角批判和建构女权问题的各个方面，如肖沃尔特（Showalter）等。❸

---

❶ 关于女性主义研究及社会现象批判，可参考：陈开举. 论"水桶现象"的文化成因 [J]. 江西社会科学, 2005 (1)：187-190.

❷ 郭海霞，毛思慧. 父权、种族与女性存在——解读汤婷婷的短篇小说《无名女人》[J]. 外国语文, 2001, 17 (6)：34-37.

❸ Newton K. Twentieth-Century Literary Theory：A Reader [M]. 2nd Ed. Hong Kong：St. Martin's Press, 1997：210.

女权问题的明确提出最早可以追溯到1791年法国大革命的妇女领袖奥兰普·德古热的《女权与女公民权宣言》，或称《女权宣言》。该宣言开宗明义，明确提出："妇女生来就是自由人，和男人有平等的权利。"显然，《女权宣言》参考并发展了法国的《人权与公民权利宣言》和美国的《独立宣言》中关于"人权"（rights of man）的概念。因为那两则宣言中，"人权"只是指男人的权利，女人（women）被代表或忽略了。正是在这种背景下出现了女权运动，旨在声张女性的人权，使之从人权的边缘进入被关注的焦点，同时也发展和完善了整个人权的内容。虽然两年后这个宣言的女性作者被其男性同党送上了断头台，但宣言中的许多内容成了指导后来女权运动和女性主义研究的指导性理论。

与女权运动相配合的是有女权意识的女性作家如弗吉尼亚·伍尔芙（Virginia Woolf）在其创作中对女性权利意识的表述。但真正称得上系统的女性主义研究始于当代西方文化研究以话语、文本为批判对象的20世纪60年代末。西蒙娜·德·波伏娃（Simone de Beauvoir，1949）提出"人造女性"的论点，即女性是人为建构的而非如同社会文化传承那样让人以为女性天生就是男性的附庸，或者说，女性是第二性（对应于二等公民的种族、族群等级观念）。女性主义是女权运动的理性发展，女性主义批评家自觉地揭示和批判了社会文化及其传播与父权制传统"共谋"，将女性建构成为软弱无能、依附于男性的小女人，对父权制度的系统性批判最好从对父权制话语体系展开。

随着19世纪以来女性主义演变为组织性的社会平权运动，人们越来越清晰地认识到了女性在男性中心的社会中饱受着各种不平等待遇。作为理论指导的女性主义研究目的在于透析不平等的本质，研究的主题包括性别歧视、对女性贬斥的刻板化印象、将女性物化（尤其是关于性的物化或工具化）、身体（破除男权文化对女性身体想象性的表述）、压制与父权宰制。在理论指导的基础上提出性政治、权力关系、社会分工、性意识（sexuality）等方面更加切实可行的改善措施，使得女权运用更加有效地开展。具体地说，女性主义社会运动已经卓有成效地改善了女性在生育（尤其是有选择堕胎的权利）、教育、产假、同工同酬、政治（尤其是投票权和代表权［Representation politics］）等方面的权利。

女性主义研究和女权运动跨越了阶级和种族的界线，是所有文化都必须面对的课题。但在具体文化中往往又各具特征，如苏丹的性器割除（genital mutilation，亦称为女性割礼）、中国的女性参政（和企事业高管机会问题）、同工不同酬、流产、遗弃女婴、女童失学等问题，印度近年来常有强奸恶行，许多阿拉伯国家的一夫多妻问题，等等。

女权运动经历了三次浪潮：第一次浪潮是 19 世纪末的运动，可以简称为妇女解放运动或女权运动，基于两性在智力和能力上的基本平等，所以以要求性别平等特别是男女两性之间生命全历程中权利（尤其是公民权和政治权利）的平等为目标；第二次浪潮为 20 世纪 60~80 年代，强调家庭与社会分工中性别差异的自然性，致力于消除因性别所致的同工不同酬现象，启蒙女性自尊、自省、自爱、自觉、自理、自治，同时随着女权运动的自觉化，女性主义作为学术研究正式兴起，并形成诸多学术流派。各种各样的女性主义理论可以以一句话揽括其共性：实现男女性别间真正的、全面的平等。这些理论有的十分激进（甚至主张女性独立、排除男性的介入），有的心态平淡，主张在相互理解的基础上和谐共处，有的主张相对妥协。

其实，纵观人类历史，各个文化背景下的男性社会中也广泛存在压迫与被压迫、剥削与被剥削、歧视与被歧视、边缘化与被边缘化等问题，但是这些问题与女性主义所关注的核心问题有所不同：前者是因为阶级或阶层问题，后者源于性别。将二者割裂开来，各自争夺批判资源则会导致一系列的问题：白人男性面临白人女性和黑人（有色人种）女性从女性主义角度的批判，同时也有黑人男性的后殖民批判；白人女性一方面有对白人男性批判的诉求，另一方面又有面临黑人的后殖民批判，与黑人女性有着女性主义批判的同盟需求；黑人男性有着对白人（男性和女性）后殖民批判的任务，但同时又面临黑人女性的女性主义批判；黑人女性同时面临对白人的后殖民批判和对黑人男性的女性主义批判需求，但也有同白人女性结盟进行女性主义批判的需要。

将后殖民研究与女性主义研究结合起来无疑具有针对人类社会不平等现象最彻底的批判意义。马克思主义女性批判学者斯皮瓦克（1988）在其著名的"弱势者有话语权吗？"中首先批判了一批印度历史学者将农民暴动当作弱势者有效发声手段的做法，深刻地指出，在任何社会里都只有一套有效的话语体系，那种将其他形式的活动（她针对的是印度的农民暴动）当成有效的发声实乃一种误读，是长期受到良好西方教育的学者们一厢情愿的理解，无益于话语权的改善，这一点在后面的弱势群体研究中再详细展开。在该文的第四部分，斯皮瓦克剖析了印度寡妇殉夫的典型苦难，深刻地指出了在曾经的殖民地印度，女性遭受着种族主义和父权制的双重压制（double marginality），陷入万劫不复的悲惨境地，其真正的全面解放任重道远。美国黑人贝尔·胡克斯（1994、1995）分析了美国黑人女性的社会文化生态，也批判了种族主义、父权制对黑人女性的宰制。贝尔·胡克斯将美国社会文化特征总结为"白人至上的资本主义父权制"（white supremacist capitalist patriarchy）。她指出，该术语的多个方面形成一个一脉相承的整体。

女性主义理论有宏观与微观之分，上述派别属于宏观，即以世界和历史的眼界对女性的地位和际遇进行综观性的阐释、论述与批判，旨在构建统一的理论体系。这种宏大叙事的研究往往会将问题大而化之，如人类社会中心与边缘、权利配置关系等。其优点是将女性主义需要关注的问题放在一个较为清楚地框架下分析，形成脉络清晰的特点，但缺点是容易忽略女性主义的具体问题，从而失去对女权运动的针对性指导作用。与之相对应补充的路数是针对各种传统理论发展出来的各种微观理论，如应对假定人的理性是自私、相互隔离、无情感的交换理论，相应地，女性主义认定人应该是相互连接、利人且富有情感，这种女性主义从交换理论解释了女性的不平等地位：在政治、经济、文化及知识权利和资源的分配中，男性剥夺了相当部分女性应得的份额。网络理论认为，如果说人的社会地位取决于其社会关系的多寡，那么男性由于社会关系极大地多于女性（想想中国文化中的"男主外、女主内"），造就了权利的不平等和机会的不平等。角色理论认为，男女两性在社会分工中女性遭受同工不同酬，发展、升迁机会的不平等，家庭生活中婚娶、劳动、生育、财产支配等关键环节女性亦处于从属、被动、被忽略的地位。符号互动理论认为人的思想、诉求和社会都要通过符号表征才能出场，即进入人的生活中，即人生活在符号世界中，人不得不生活在符号世界中，人运用符号建构了人自身生活的世界，传统上女性受教育程度较低、参与符号化建构的程度也较低，导致其在整个文化中深深地处于被主宰的从属地位。

当代女性主义新发展取得较大成功的分支当属生态女性主义，将女性主义研究与发展迅猛的生态批评结合起来，拓宽了研究视野，同时也发展了相当多的学术交叉研究力量。生态女性主义将女性和生态的共性结合起来，即把女性和环境纯粹当作资源、工具等，认为他们只是实现目的的要素，不会在意他们有没有感受或感受如何。结果也会产生相似的负面效果：女性受到压制意味着人类近半数的能量、创造力、幸福总量的折扣，环境受到无限制的剥夺性利用导致了恶化，反过来严重影响人类的生活质量和可持续发展。尤其是在高速发展中的国家如中国，生态破坏十分严重，而由于农村青壮年男性普遍奔赴城市加入各种产业大军，留守妇女既要承担繁重的农活，又要赡养老人、抚育婴幼儿，同时面临飞速发展的工业带来的生态恶化，她们不得不成为直接的受害者和应对者，但有限的资源使得她们常常处于无助的状态。将二者联动考虑还有很好的考量因素：像对待妇女平权一样，尊重环境（生态神学、生态诗学甚至要求将自然、环境当作有生命、有权利要求的人一样尊重）、平衡人和自然各自的权利诉求方可从根本上解决生态问题，这不正是女性主义一直追求的目标吗？

女性主义研究已经取得良好的效果，也指导社会发展取得了相当傲人的成就。放眼西方国家，如今许多政府、组织、企业高位由女性承担，对女性保护的法律、制度、政策越来越完善。受女性主义研究和女权运动的影响，某些与性别相关、传统上也深受歧视和压制的人们的诉求也逐渐得到了满足，如越来越多的国家和地区已经将同性恋的婚恋合法化。

在中国，随着后现代思潮的引介和研究，女性主义研究也取得了相当的发展，表现之一就是学科化建设明显：专著、学术杂志专栏、专题学术会议、高校相关专业研究方向和课程的设置等纷纷出现。当然，相对于西方（如英国、美国等），女性主义研究和女权运动的发展，包括妇女权益保护法律、政策的制定等方面还有较大差距。❶

如果说后殖民研究对被殖民民族是一种精神解放和救赎，使之从思想文化上独立成为可能，对殖民民族也是一种精神解放和救赎——通过批判与自我批判达到类似"二战"后德国的反省与自我救赎的效果。不平等的枷锁不只是戴在受害者的身上，使之失去基本的权利安全与精神自由，也牢牢地锁住了施害的一方，同样使之失去了安全与自由（因为受害者可能的反抗）。这种反思和批判极大地改善了霸权文化下的二元对立格局，实现了宏观层面种族与民族方面的思想解放。那么，女性主义研究作为另一种反思与批判关涉的历史更长（几乎从人类社会有分工以来就有这个问题）、人群更广（几乎所有的男性、女性都与之相关）、层面更多（所有的公共生活与私人生活中都可能存在性别问题），因此这个问题更加根本，更加迫切。一旦这个解放得以实现，整个人类社会的思想解放就必然更广、更深，解放后的释然感、自在感、自由感也更强。这种批判带来的改变也为后现代文化娱乐化拓展了前所未有的空间。运思剖析至此，可以看出这种学术梳理对于本研究专题的意义，余不再赘。

第三节 弱势群体研究

前几节反复提到，社会文化娱乐化的前提在于人类思想文化解放，得以释放自由、自娱的空间。本节将讨论弱势群体问题。与殖民、性别

---

❶ 关于我国女性主义即女权问题，可参考：陈开举. 论"水桶现象"的文化成因[J]. 江西社会科学，2005（1）：187-190.

压制一样,形形色色的压制或主客观原因导致弱势群体大量存在,使社会仍然背负着沉重的解放这类不幸群体的重任。故而,没有消灭弱势群体现象,就想从传统严肃、苦闷的文化氛围中解脱出来,轻松、释然、愉悦地生活是不可能的。试想,在狂欢节到来的时候,由于战争、地震、海啸、疾病等因素大规模地强加给许多人苦难、不安,受苦难的众人是不可能真正愉悦地生活的。同时没有遭受苦难磨砺的其他阶层也难有真正愉悦的环境,不然就会有人咒骂"朱门酒肉臭,路有冻死骨";或者在你举杯欲饮之时,几只破碗伸到你面前,"行行好吧,给口吃的"等会使你扫兴、怜悯甚至深思如何拯救他们。因此,在为后现代文化娱乐化做理论梳理之时,很有必要讨论弱势群体、弱势性的成因、根治之道、后现代社会下该问题的改善,否则难以说明从传统的禁欲、严肃的文化特征何以可能转化到后现代时期泛化的文化娱乐化特性上来。

传统观点认为,弱势群体属于政治经济学的研究范畴,指的是社会生产生活中由于群体的力量、权力相对较弱,因而在分配、获取社会财富时较少、生活艰难的一种社会群体。弱势群体根据人的社会地位、生存状况、生理特征和体能状态来界定,它在名义上是一个虚拟群体,是社会中一些生活困难、能力不足或被边缘化、受到社会排斥的散落的人的概称。他们一般处于较贫困状态,比如工人、农民、农民工、残疾人等。文化学意义上的弱势群体指的是现实生活中的弱势现象反映在符号表征的文化系统内,将强弱之分合理化解释和普及化传播,以使得弱势群体的弱势性内在化,成为仿佛不能也不应改变的格局。这正像后殖民批判中常批判的殖民者将自身和被殖民民族之间的统治与从属关系解释的那样,我们强是因为我们本来就应该强,他们弱是因为他们本来就应该弱。这样的合理化阐释的文化毒害在于类似于鲁迅所担忧的弱势者逆来顺受、麻木不仁,形成了弱势者没有改善自身地位、状况之可能的死水一潭的窒息性文化。

弱势群体形成的原因很多,归结起来不外乎外在因素与内在因素。既然弱势群体、弱势性是相对于整体而言的,那么就应该从整个人类社会的宏观视角来看，可以简化为天灾人祸。天灾属于不可抗力性的自然原因，包括自然灾害如火山、地震、海啸、极端气候，传染性疾病如瘟疫等；人祸包括人为的抢掠、迫害、战争、妄为等。弱势群体之弱势性表现为贫穷和孱弱。

首先，让我们考察贫穷问题。虽然将弱势性用贫穷来考量有将问题简化的嫌疑，但是，毕竟贫穷问题首先关乎人类物质生活和精神生活，是弱势群体之弱势性最常见、最集中的表现形式。贫穷❶指物质生活资料极度不足，在日常生活中缺少衣食、钱财等必需生活品，入不敷出而且基本没有出路，生活质量低下的状态，是人类及人类社会长期以来努力但又难以根除的千年老题。无望的极度贫穷容易滋生火药桶效应，引发严重的社会动荡。其实"贫"和"穷"是两个概念：从语义上，"贫"字从"贝"、从"分"，"分"亦声。"贝"指钱财，在钱财稀少的时代，充当钱的贝壳一分裂失去了价值；"分"与"贝"的结合还表示"钱财的转移"，意指钱财摊薄。与"贫"相关的概念也基本表示缺乏和不足：贫寒、清贫、贫瘠、贫薄、贫微、贫民、贫民窟等。总而言之，"贫"表示该有的没有。"穷"的繁体字意指身体蜷在穴下，即处境窘困之意；简化的"穷"表示力在穴下，所以使不出来。表示尽极、完结。简言之，"穷"表示可以有的没有；没有办法，故要么消亡，要么会奋起反击，造成对既定秩序的破坏。"贫"与"穷"联合在一起，会导致生存条件恶劣而又没有改善办法的绝望心理，进而生成对社会生活秩序极为危险的"火药桶效应"（powder-keg effect）。其爆发具有颠覆性、破坏性。前文反复提到，安全的缺失会导致社会文化的紧张性，难以形成使人放松的社会文化环境。

贫穷的成因与范式，既有的研究成果已很多。致贫因素有个人因素、家庭因素、次文化因素、文化因素、社会因素、结构性因素等。从社会学的角度看（当代文化研究具有较强的跨学科性，其中社会学是文化研

---

❶ "贫穷"与"贫困"意义相近，本书不做详细的区别，视为通用。

究最相关的学科之一），关于贫困的研究有四种范式[1]：收入贫穷（income poverty）、能力贫困（capability poverty）、脆弱性（vulnerability）和社会排斥（social exclusion）。收入贫穷指某人的收入或者消费水平低于贫困线标准。这类人群的所得难以支撑其生活的基本物质需要，在生产方面亦难以为继，简单地说是没有解决温饱问题，是社会帮扶的重点对象。正如幸福的家庭大同小异，不幸的家庭各有各的不幸，收入贫穷者可能由不同的原因所致，并有暂时贫穷（如因疾病、投资、教育等）与长期贫穷（如因慢性疾病、生态恶化、生产能力缺失等）之分。但造成社会整体性的收入贫穷的最直接原因是生产力落后，如蛮荒时代的贫穷属于常见现象，这时的贫穷弥漫于个体与个体、群体与群体之间，没有多大差别，故而不会产生失衡感或激化较大的社会性矛盾，也不会产生组织内部大的动荡（但部落之间为了资源如狩猎范围等可能爆发战争）。由于人们可能改善生产工具、优化组织内部分工、变革生产内容（如减少稳定性差的狩猎，增加稳定性高的采摘和耕作）来改善物质供应，故多能催生社会生产力发展的积极效果。随着生产力的发展，剩余物质资料出现，私欲被激发，逐步形成财富分配不平均，这样部分人陷入了相对性的收入贫穷。相对贫穷的激化可能造成社会的动荡，且其名义如"等富贵，均田地"极具正义感和为了普罗大众的神性，故往往一呼百应，破坏性极大，严重的会导致充满血腥的改朝换代。这就是古训"国不患寡而患不均"成为资治箴言的原因。收入贫穷从贫穷的现象入手，解释力强，但过于浅显，未能解释致贫的深层的、真正的原因，故直接从收入入手难以根治贫穷问题，只能达到治标不治本的效果。20世纪80年代阿玛蒂亚·森提出的权利贫穷理论将贫穷归因于权利配置的不平等，包括生产权、交换权及继承和转让权等，而这些权利配置的不平

---

[1] 关于贫困的四种范式，详见：沈小波，林擎国. 贫困范式的演变及其理论和政策意义 [J]. 经济学家，2005 (6)：90-95.

等又可以追溯到政治、经济和社会体系的机制性原因。❶

能力贫穷由个人的行为、选择或能力缺乏所致，形成性原因有家庭因素（教养过程）、次文化因素（生活模式的智商或情商的不足）、生活模式（过度消费等，如东方社会中的高储蓄、低消费对比于西方社会中崇尚消费的生活文化）。抛开少数先天性能力缺失（如先天性弱智、残疾等），能力贫穷大多为后天习得性的原因所致，故可以通过改善教育、培训等手段提高个体和群体的能力，曰扩大其能力集（capabilities set），扩大其生活选择的权利和自由，达到根除能力贫穷的目标。这种造血式的帮扶强调激发贫穷者自身的能动性，利于社会创造力总量的提升，于贫穷者自身来说，是根本的脱贫之道。

脆弱性指的是突如其来的灾难剥夺人的财产甚至造成人身伤害，从而导致的贫穷现象。当然，面对不期而至的横祸，个体和群体有着不一样的承受能力，贫穷者因抵御能力低而显得更加脆弱。疾病、战乱、❷天灾、治安、投资、教育都可能导致一贫如洗。此类抵制风险、救灾救难的能力也检验着政府、社会、个人和群体的正义性和危机应对能力，如汶川地震、"非典"、禽流感等。在政权更迭之际，首善也应该是安民（如刘邦的约法三章、新主即位的大赦天下等）。

社会排斥从对待贫穷的态度入手，既简单明了，也说明了积弱积贫难以改善的重要原因。在实际社会生活中，赢者通吃的思维模式和游戏规则使得强者极力排斥他人达到独占独享的目的。教育、职场、公共服务、政治等社会生活的方方面面，只要有竞争，就会有排斥，且名目繁多，性别、年龄、种族、民族、宗教、地理位置、职业、疾病甚至出身、身高、长相、性格、性取向（同性恋）、体味（狐臭）等都能成为排斥的说辞。现代社会以破除封建、贵族特权和对大众的歧视与排斥，为资

---

❶ 关于阿玛蒂亚·森的权利贫困理论，详见：马新文. 阿玛蒂亚·森的权利贫困理论与方法述评 [J]. 国外社会科学，2008（2）：69-74.

❷ 对这类人祸所致的贫穷详见：吉银郎. 论近代中国社会贫穷与落后的总根源 [J]. 晋中师范高等专科学校学报，2000（4）：11-13.

本主义争取生存空间为始，取得了法律、政治、经济等方面的巨大成就。而当代文化研究以根除思想—文化等方面的不平等为己任，如消除种族、性别、弱势群体等方面的社会歧视和排斥。其理论批判和实践指导都已经取得较大的成就，如黑人奥巴马当上了白人世界的领头羊——美国总统；在西欧，许多女性走上了国家和政府的高位。诚然，长期的历史形成的各种社会排斥多种多样，许多还很隐蔽，根治还有待长期细致的研究、分析、批判和个体及群体自觉的反省。

其实，除了上述四种范式之外，还应该有发展性贫穷和生态贫穷。

发展性贫穷（developmental poverty）指的是由于社会和个体的发展导致的个体和群体性的贫穷现象。由于生产力的发展，社会的演进使得人类社会生活在越来越高的知识技术、资金、资源基础上进行，那些发展慢、水平重复的个体和群体会因为跟不上时代要求，逐渐落伍。我国20世纪80年代初期的"万元户"如果没能跟上产业转型，实现逐步且稳步地增收，那么曾经数年才能达到万元规模财富的家庭如今已经沦为困难户。教育的本质功能在于实现人的发展，但长期高额费用的投入如果不能带来最终的就业和财富创造，反而会使人陷入债台高筑，毕业即失业的尴尬境地，这就是当代屡屡出现的"教育致贫"现象，这也属于发展性贫穷——追求发展未果，反而陷入贫穷。其实，更普遍的是，地区、国家乃至于企业发展了，但由于资本逻辑的异化，"工人生产的对象越多，他能够占有的对象就越少，而且越受自己的产品即资本的统治"，[1] 资本拥有者发展了，而实现企业发展的劳动者更加贫穷了。

生态贫穷（ecological poverty）本质上与发展性贫穷有着内在的联系：资本主导下的生产实现了其增值的诉求，却以牺牲环境为代价，结果导致生态恶化如土壤碱化、水源污染、恶性疾病滋生等，使得广大受害者因为生活成本的增加、疾病的频发而致贫。生态恶化会影响到整个人类的福祉，而其中的贫穷者因其脆弱性境况只会更加贫穷。当然，生态恶

---

[1] 马克思恩格斯选集（第1卷）[M]. 北京：人民出版社，1995：41.

化所引起的问题还远不止此,如果不给予足够的重视,改善生态环境,最终致贫乃至毁灭的不只是弱势群体,而是整个人类。❶

综上,贫穷意味着物质匮乏,生活清苦。"物质力量(问题)只能用物质的力量来摧毁",❷根除贫穷首先必须靠发展生产力解决物质的供给。物质的创造是人们强意志力指引的结果,而长期无望的贫穷容易摧残人的意志力,造成对贫穷的恐慌和无助感,往往陷入对宗教——"一种超验的、颠倒的世界意识"❸——的追随乃至皈依。而宗教要么教化人放弃物欲(宗教一般都宣扬禁欲济世),要么教化人逆来顺受,转而追求彼岸的幸福,放弃此岸世界现实的、即时的幸福追求。行文至此,应该明白对贫穷问题的有效解决将导致精神上的解放。在生产力高度发达、物质供应总体供大于求的后现代社会,贫穷问题从人口总量上大大缓解了,尤其是随着社会保障体系的建立,因贫穷而造成的焦虑也大为缓解乃至消除,为后现代文化的娱乐化提供了相当的基础。

其次,关于孱弱问题。弱势者还可能是物质上不匮乏,却因种种原因陷入绝望的境地:绝症患者、面临暴力无法自我选择的孩童或人群等,可用一个"穷"字来表达(所谓穷途末路)。致弱的因素很多,如面对突如其来的火山、海啸、疫情、暴病等,无论个人或群体是贫苦还是富裕,可能都会陷入恐慌、无助,只能以"天灾""天谴"之类进行自我安慰或祈祷彼岸世界的幸福。天灾只能通过科学的发展来预测、防治,用社会救扶机制来赈济。然而,更多的致弱因素是人祸:第一,前述许多天灾越来越多地由人类生产生活行为失据所致,如过度砍伐导致植被破坏,引发泥石流,过度排放导致雾霾、酸雨、饮用水受污染等;第二,陷入无助的弱势者认知的灾难直接来自人的暴行或自以为是的愚昧的意

---

❶ 这方面的研究可参考:李惠梅,张安录.生态环境保护与福祉[J].生态学报,2013(3):825-833.

❷ 马克思.《黑格尔法哲学批判》导言[M]//马克思恩格斯选集(第1卷).北京:人民出版社,1995:9.

❸ 马克思恩格斯选集(第1卷)[M].北京:人民出版社,1995:135.

识形态，显性的暴行如侵略、匪患、社会治安等问题，隐性的自以为是的意识形态上的愚昧如单向度的家长制式的对下属、子女、无权者的宰制、剥夺等，典型的例子如奴隶主对奴隶各种权利甚至生命的生杀予夺，又如《孔雀东南飞》中婆婆对儿子儿媳的婚姻干预；第三，弱势群体或弱势性问题的真正可怕的根源在于弱势性是如何规模性地形成的。这恐怕还得追溯到私欲的激发与膨胀，以及与之相适应的社会生产生活机制的构建。私欲引发的残酷竞争必然导致强弱两分的二元对立，这往往被解释为社会发展的动力，但由此导致以他人为手段，违背了人本身就是目的的共善原则，而没有每个人的自由和解放就没有真正的自由和解放，以部分人沦为弱势群体为代价必然不能获得真正意义上的自由、解放、进步和幸福。

现实生产生活以符号的方式表征成为文化，或者简言之，现实以语言和话语形式表征成为文化。然而，斯皮瓦克（1988）在她的论文"弱势者有话语权吗？"中论述，在给定社会中只有一套有效的主流话语体系，且该体系向为强势者掌控，故弱势者沦为被表述的对象。如在以资本主义生产方式为主导的现代社会中，农民由于落后的生产方式沦为从属的弱势群体。正如马克思对德意志小农业主的论述：

> 小农业主"不能代表自己，一定要别人来代表他们。他们的代表一定要同时是他们的主宰，是高高站在他们上面的权威，是不受限制的政府权力，这种权力保护他们不受其他阶级侵犯，并从上面赐给他们雨水和阳光。所以，归根结底，小农的政治影响表现为行政权支配社会"。❶

文化上的弱势群体由于不能自我表述，只能成为强势者表述的对象，故弱势者往往不能指望获得满意的表述效果。如关于中国农民形象，传

---

❶ 马克思恩格斯选集（第1卷）[M]. 北京：人民出版社，1995：678.

统的表征基本为负面的:"负面的农民形象可以简要地概括为:小人、愚笨、蛮干、木讷,等等"。❶

正如前文分析的那样,弱势群体的形成与强势者的压制有关,故后者在表征弱势者时还有意识地将强弱之分合理化,形成类似于殖民者在表征其自身与被殖民者之间关系的那一套老生常谈之论调:我们强是因为我们本来就应该强,他们弱是因为他们本来就该弱,以此来构建弱势者对强势者的崇拜,消除弱势者对自身之弱势的不满,达成一种让弱势者安于现状、逆来顺受的顺从心态。

弱势群体研究直指弱势群体话语权的缺失,批判了文化中强势者压制性的建构。同时指出,话语权的获取需要知识、话语能力和表述渠道几个充分而必要的条件同时满足。❷ 而这些要件对于弱势群体来说,每一样都很难获取,故其话语权的改善也是一个长期而艰巨的工程,需要社会深刻的认识和有意识的安排,同时也需要他们自身不懈的艰苦努力。

弱势群体和弱势性无益于安全感的获得。强势者惧怕失势而沦为弱势者,同时惧怕弱势者"王侯将相,宁有种乎"般的诘问;弱势者各种权利的不保不可能使之生活得泰然,甚至难以有自在感。故弱势群体和弱势性的广泛存在无益于宽松、释然、和谐、娱乐的文化氛围的构建。

随着关于弱势群体、弱势性研究的展开,配合因社会的大力发展弱势群体状况的改善,后现代社会语境下正发生又一种从实践到思想上的变革。这种变革也为后现代文化的自在、自为、自娱、自乐创造了条件。

当然,当代文化研究涉及的研究领域还有许多,与后现代思潮和其他人文社科的发展一样,人们的思想、意识经受了与现代性语境相比难以想象的变化。限于篇幅和研究课题的相关性原则,这里只简要梳理了

---

❶ 详见:陈开举. 中国农民有话语权吗 [J]. 文化研究,2009 (1):335-345.
❷ 陈开举. 论语言的力 [J]. 学术研究,2009 (12):154-158;中国农民有话语权吗 [J]. 文化研究,2009 (1):335-345;话语权的文化学研究 [M]. 广州:中山大学出版社,2010.

后殖民研究、女性主义研究、弱势群体研究，旨在说明后现代社会演进的同时，社会文化思想也经受了深度的洗礼。正是在这种文化语境下，娱乐性成了后现代文化的主要特征，集中呈现于种类繁多、无处不在的大众文化。

第四节　大众文化研究

后现代文化主要特征表现在大众文化和日常文化的泛化，经历了由传统的高雅文化、精英文化向大众文化、流行文化的转变。

  后现代文化的重要特征就在于愈来愈走向大众文化、日常文化。社会生活最根本的悖论之一在于：当人们处于最自然、最惯常的状态，也就处于文化味最浓时；我们最寻常的角色是既有的、习得的，也是不显眼的（Willis 1979：184）。[1]

换言之，大众文化打破了传统的高雅文化、精英文化一统天下的格局，成了文化的主要表现形式。这里所说的文化主要指精神文化或文化的精神部分（从这个意义上基本可以统摄文化的含义：算得上文化的物质性的东西必须包含人的智慧，而生产生活方式更是包含人的智慧的主动而深度的介入）。这种转变当然会引起习惯于传统文化模式的人们的不解、疑惑、恐慌、批判。然而，这种变化何以出现？除了本章前三节综述的几种思想解放外，还有必要简述一下与人类所处社会实践相适应的文化是如何从传统模式嬗变到后现代大众文化的，进而顺利理解这种文化蕴含的娱乐化特征，最后才能对这种特征给出具有说服力的解释或批判。

生活中的现实、发展、流变、转型决定了文化模式的现实、发展与

---

[1] Turner Graeme. British Cultural Studies [M]. 2nd ed. London：Routledge，1996.

转型，这是我们讨论文化模式的基础。原始社会或莽荒时代，❶与艰难的生存环境、落后的社会生产相适应，以图腾崇拜为主要特征的原始宗教是该时代文化的主要内容，反映出人与自然之间关系的特点是先验的（所以也不必严谨的）庄严、敬畏、紧张、理想化（祈愿神灵按照人类的祷告降福祛灾）。农耕文明时代的奴隶社会和封建社会中文化因为生产力的发展、社会分工的出现得以繁荣，文化模式亦必是与农耕生产方式相适应的家族宗法制度延伸发展的结果，如"忠""孝""节""义"等确保血缘纯正的具有一定严谨性的核心内容。资本文明催生的文化模式促成了以职业化、专业化、职业精神、效率、效益等合乎资本对利润的严谨追求要求特点的现代性文化的转型。后工业化社会、消费时代的到来迎来了文化模式相应的转型，即大众文化的兴起。

  换一个角度看，原始社会的宗教文化是极小的小众文化，对于同一个部族来说所崇拜的对象即神灵具有同一性，掌握文化的人也只是带领族群祭祀崇拜对象的极少数神职人员。农耕文明时代的奴隶社会与封建社会，除了神灵以外，宗族祖先也被加入被祭祀崇拜的行列中来，但文化的掌控者、解释者依然是少数神职人员和家族长者，虽然比原始社会的人员规模有所扩大，但仍然属于社会中极少数的人群。资本主义社会随着生产对知识技术的要求，教育、培训的大规模发展及至普及，多数人成为拥有知识、文化的人，然而，知识、技术学科的细化使得真正拥有话语权的仍然是各学科的少数专家，文化话语霸权的格局依然没有根本性的改变。只有到了后工业化社会，随着知识经济的到来，海量信息的存储、发布、检索成为现实，一直处于被动、接受角色的广大民众成为各种信息竞相吸引的对象，民众的注意力成了各种信息角力的目标，于是大众社会到来了，大众文化时代来临了，谁能吸引大众的注意力，谁就获得了成功的可能。

---

  ❶ 虽然我们依然会按照恩格斯的论述，将人类社会分成原始社会、奴隶社会、封建社会、资本主义社会、社会主义社会、共产主义社会，但在西方社会学中，这种划分法存在相当程度的争议，故而还常参照其他划分方法。

有学者概括了大众社会成立的条件：（1）产业化的批量生产和大量消费者的存在；（2）社会的平权化和民主化的发展；（3）大众传媒的发达和大量信息、娱乐产品的提供；（4）生活水平的全面提高；（5）传统中产阶级的衰退和以"白领"为主的新中产阶层的扩大；（6）社会组织的官僚化的发展。❶ 陶东风总结了大众的特点：从人数上看，数量巨大，超过其他的社会群体或集团；从存在形态上看，具有极强的分散性和异质性，呈现出一种原子化的存在状态；从行动趋向上看，容易受到外部力量（国家或权力精英）的操控和影响。❷

大众文化是从西方译介过来的概念，英文为"popular culture"，也有人译为"流行文化""通俗文化"。如同"文化"一样，"大众文化"的定义有很多种，且涵盖的内容也还存在争议，这里采纳陶东风的定义：大众文化是一个特定的范畴，主要指随着现代大众社会的兴起而形成的、与当代大工业生产密切相关，以大众传媒为主要传播手段、进行大批量文化生产的当代文化形态。❸

大众文化中的大众在阅读、欣赏过程中并非全然地被动接受，而是具有一定的主动性和创造性：

> 日常生活乃由大众文化实践组成，其特征是，弱势者通过利用那剥夺了他们权力的体制所提供的资源，并拒绝最终屈从于那一权力，从而展现出创造力。对日常生活的文化所进行的最好描述，是有关斗争或反抗的比喻：战略受到战术的对抗，资产阶级受到无产阶级的抵制，霸权遇到抵抗行为，意识形态遭受反对或逃避；自上而下的权力受到由下而上的力量的抗争，社会的规训面临无序状态。这些反抗，这些社会利益的冲撞，都主要由快感所驱动：生产出属

---

❶ 郭庆光. 传播学教程 [M]. 北京：中国人民大学出版社1999：171；陶东风. 大众文化教程 [M]. 桂林：广西师范大学出版社，2008：1.

❷ 陶东风. 大众文化教程 [M]. 桂林：广西师范大学出版社，2008：11.

❸ 陶东风. 大众文化教程 [M]. 桂林：广西师范大学出版社，2008：17-18.

于自己的社会体验的意义所带来的快感,以及逃避权力集团的社会规训所带来的快感。❶

正是因为这种快感使得人们得以从程序化的紧张的社会化大生产链条中摆脱出来,舒散各种竞争带来的疲劳、不安和无助感。一句话,生产和这种生活结合起来形成有意思的两种状态:上班时拼命地工作、下班后往死里玩。

与所生成的时代适应,大众文化具有商业性、娱乐化、文本的模式化和复制性等多种特点和功能。大众文化❷包括娱乐电影、娱乐电视节目、娱乐和商业性的报刊、流行小说、流行音乐、广告文化等。大众文化借助现代媒体的快速、广泛传播,并以其亲民、娱乐、通俗等特点迅速吸引了广大受众,给传统媒体和文化形式带来极大的冲击,促使传统文化和媒体学习和借鉴大众文化及其传播策略以求生存,这就使得传统文化和传播方式与大众文化及其传播方式之间原本泾渭分明的界限模糊了。这一点在中国中央电视台的频道、栏目、节目细分细化,娱乐节目大幅度增加,严肃的栏目和节目增加了许多亲民、与观众互动、热点社会问题追踪等方面有淋漓尽致的体现;即使最严肃的党报如《人民日报》《光明日报》及各省市党报的新闻标题、内容、热点事件追踪、娱乐版乃至广告都精心设计,充分体现了吸引读者眼球的大众文化策略。

大众文化首先体现了技术性特点,这也是后现代社会最大的特点。可以说,没有各种高新技术的全面发展,就没有后工业化、后现代社会的到来,所以,技术性是该时代及其文化的最重要特征。以电影为例,高度发达的技术广泛应用于声音、色彩、摄影、特技、成像、蒙太奇、动漫模拟等各个方面。电影从最初卓别林时代的无声到有声再发展到立

---

❶ [美]约翰·菲斯克.理解大众文化[M].王晓珏、宋伟杰,译.北京:中央编译出版社,2001:58.

❷ 这里与陶东风的观点并不完全一致,陶文(2008:18)认为,"大众文化一般包括流行小说、商业娱乐性的影视、流行音乐、广告文化等"。

体声，一直到今天可以经过各种特效处理达到震撼的复杂的声音的处理，以至于地震、海啸、火山、爆炸等场面的声音效果能够给观众带来奇幻、震撼、栩栩如生的现场感；色彩从最初的黑白发展到彩色成像，再到特效处理，所达到的视觉真实感远非施耐庵笔下鲁智深拳打镇关西所能比拟，真正是百闻不如一见。加上各种复杂的摄影技术的发展、长短镜头的使用、高清成像的新技术运用，电影电视引领了读图时代的到来，给传统的平面媒体带来巨大的冲击。此外，由各种专业人士设计的特技（如电影《2012》中的各种自然灾害画面，没有特技很难想象那是出于虚构）达到各种奇幻效果，图像的处理技术也从平面发展到三维、立体效果，给观众带来各种刺激、冲击乃至震撼。不断发展的剪辑技术使得电影拍摄、制作更加高效，各种蒙太奇剪辑技术实现着画面与思维的跳跃，挑战着观众的理解，促使他们参与拼接画面背后的情节关系，体验着创作者的快感，或者说，技术的进步使观众不再完全被动，而是主动参与。近十多年来，飞速发展的电脑硬件、软件技术尤其是3D动漫制作技术更加保证了影视制作过程的高效和剧作、导演、制片意志的实现，并能提前部分地验证观众观影的效果。毫不夸张地说，没有高新科技的广泛应用，就没有如今大部分排名靠前的电影。

娱乐性是后现代文化的关键特征，也是本研究的核心内容。除了前面综述的几类思想解放为后现代文化娱乐化提供了可能性外，还应看到，娱乐化乃是后现代社会文化的时代需求。现代社会资本主义社会化大生产和科学技术的飞速发展促进了社会分工的细化，一方面造成模块化的孤独的产业群体和个人，使其劳动呈现了表面上的异质化，同时他们又相互依存。社会化大生产要求个人可能只需要擅于制造某个部件甚至螺丝钉的工艺或把握某个生产环节的技能即能实现自身的价值，但同时各个环节又高度依赖。生活中也是如此，曾经无所不包的基本生产生活技能现在都已经变得不再必要：看看如今许多女孩不会基本的钉扣子、织毛衣等在以往看来是生活的基本技能却能使全家穿着总是光鲜时尚便知端倪。模块化的人可能每天都需要与很多人打交道，但只为了实现最基本的功能或需求即可，如经常需要在快递员手中取回所订购的货物，而一旦签收，双方再无交往深谈的必要。另一方面生活已被产业化大生产格式化、同质化。试想一个小偷入室盗窃，按常识基本就知道了主人何时上下班，钱物各放在什么地方，惯犯甚至还可以从容地打开冰箱，做点吃的，洗个澡，换身衣裳，看一集电视剧，午休一会儿再行动，从容离去；要是碰到保安，还知道基本会问些什么问题，应该怎么回答等，这些都是千篇一律的生活带来高度同质化的具体体现。异质化的劳动和同质化的生活使得后现代社会的人们既相互依存（产业链意义上的）又相互排斥（不需要，如与快递员间的深度交流；同质化，如果真聊起来，由于信息的雷同又显得没有必要），生活优越方便却又内心孤独。对新异信息的需求使得人们纷纷低头浏览各网站上的海量信息、刷频表达琐碎的及时的感受，抬头在各种信息和刺激竞相角逐人们注意力的万象中寻找有意思、合胃口的东西。直言之，在信息与刺激供给充裕的情况下，娱乐成了最好的兜售手段。这是因为追求快乐乃人的本性。于是，各种文化样态殚精竭虑，挖掘着各种招数取悦人们，以期吸引其眼球，并实现自己的目标。无处不在的乐子引发了波兹曼之类的学者捻着胡须、皱着眉头，感慨后现代社会文化简直是要"娱乐至死"了。关于具体的文化形式中的娱乐性及其实现策略，将在下章分类型以案例分析的方式详解，此处不赘。

后现代社会本质特性之一就是市场导向，或直接被称作市场经济社会，故商业性乃时代的本质特性之一。作为与社会相匹配的文化形式，大众文化也就不可避免深深地烙上了商业性。实际上，大众文化的运作机制就是产业化、批量复制，其根本目的也是取得文化市场的认可，实现其预期的利润或经济效益，这一点与其他产业并无二致。由于加上了文化的标签，这种营利行为被裹上了一层美丽而高雅的外衣。也正因了逐利特性，大众文化往往受到激烈的批判，其中娱乐性由于成就了大众文化较高的接受度，冲击了传统的精英文化、高雅文化的市场份额故而饱受诟病。实际上，各种电视选秀节目、晚会、亲民生活类节目，无论制作多么精美、主持词多么充满诗意、为社会和大众服务的意义被鼓吹得多么崇高，那些隔十来分钟就冒出来的各种广告、冠名企业及产品、赞助商代表的亮相立刻将其背后的利益驱动暴露无遗。而电影从投资、拍摄、后期制作、发布、首映等各个环节都充满了资本运作清晰而精心的营销安排：有票房号召力的俊男靓女的选取、各种花絮的曝光（许多花絮、绯闻难免让人看出是苦肉计式的炒作）、影评（许多观影感文乃至影评暴露出"托儿"的共谋特点），遑论近年来出现的直接植入广告和票房推广过程中的一系列纯商业性操作。近年来热议的"山寨"现象中，"山寨"产品直奔高额利润而去，自不必多言，"山寨"文化以自娱娱人为名，实则通过逐名达到吸引眼球的效果，进而获利。❶ 这一问题后文中还有专节详细讨论，在此暂不展开。

模式化与机械复制是大众文化的又一主要特征，这一特点也与技术性、商业性相关。大众文化采用了工业化生产中的流水线模式，从主创、编剧、动漫分解、制作、表演到现场组织都实现了分工细化、专业化运作。以江苏电视台的大型生活类节目《非诚勿扰》为例，几乎每一期节目都循着相同的模式。男女嘉宾的选取、嘉宾资料的采集和录制、主持人和点评嘉宾的服装和化妆、现场道具的摆放、音响效果、灯光、舞台、摄影、录音、主持人台词的编写、男女嘉宾的出场安排等各个方面都透露出专业化、反复排练、复现等特色，难怪将演播地移到另一个城市甚至另一个国家，一切也井然有序，效率极高。模式化和机械复制的特点也是学界常常批判的内容之一，因为这种文化作品容易陷入缺乏创意、老调重弹、一切为了广告等经济目标而运作。现在，即使是电视连续剧的制作过程也体现了这一特点，以至于边拍摄边写剧本，短时间内拍完几十集电视剧的现象变得很普遍。甚至有些主题和类型的电视剧的故事内容、情节发展也模式化了，如网络上有诸多批评，认为抗日剧大多大同小异，看完一部其他的不看也基本

---

❶ 详见：陈伟球，陈开举："山寨"现象的文化学研究 [J]. 新闻传播，2014（4）：289-290.

知道究竟了。❶

从意识形态看，大众文化体现了依附性与颠覆性并存的特点。依附性指的是"文学/文化作品必须遵循和宣扬主流文化的某些方面，正如菲斯克（Fiske）所说的"大众文化中的意义和乐趣从来就摆脱不了（社会中）生成支配现象的权力"，❷ 我们称这种特征为大众文化的"依附性"。宣称对主流文化、传统文化中某些意识形态的遵循是大众文化得以生存的前提，也是其常用的策略，以求得通过各种文化的、政治的、传播的审查，获取发表、发行的机会。然而，替大众说话的颠覆性或批判性才是大众文化存在的真正价值所在，也是获得受众认同和支持、实现收视率和票房的秘籍。这是因为，"如果只有依附性是不可能成就大众文艺作品的，那样只会造就政治色彩浓厚的宣传节目。'大众文化作品的本质特性就在于其能够引发人们的反对、抵制、甚至改变（社会中）生成支配现象的权力'（Fiske，1989：134），从而激发受众在更深层次上的共鸣，这种特征就是大众文化的'颠覆性'（subversion）"。❸ 依附性与颠覆性的巧妙、有机结合是大众文化创作中的重点和难点，也是衡量作品思想水平高低的重要标准。

大众文化得以传播还必须归功于大众传媒的巨大发展。大众传媒使其作品可以通过网络、电视、晚会、舞台等媒介迅速、大量地传播开来，形成对受众的影响。大众媒介还包括报纸、杂志、书籍等传统的印刷媒介和广播、推特、MSN、QQ等通过手机、电脑即可实现上传、下载的新兴电子媒介。大众媒介极大地拓宽了大众文化的影像空间和传播的对象、范围、时效。异域异时的风情、物产，高水平的晚会、音乐会、体育比赛等，以往对普通大众而言遥不可及，如今通过电视、网络等可以实现

---

❶ 浏览相关网站，即可看到许多网友吐槽，认为《雪豹》开始还有点新意，但后来许多关于特战队、战术、爱情等情节落入了《亮剑》的套路。

❷ Fiske John. Reading the Popular [M]. London: Unwrn Hyman, 1989: 134.

❸ 关于大众文化的依附性与颠覆性，详见：陈开举. 从《红高粱模特队》看大众文化的依附性与颠覆性 [J]. 江西社会科学, 2004 (6): 181-184.

同步直播甚至同步互动。想想足球世界杯举办期间遍布世界各地的酒吧里热烈的气氛、紧张的竞猜，以及每年中国春节联欢晚会在全世界华人圈中的同步互动和拜年问候，都要感激新传媒技术。简言之，大众文化充分利用了现代大众传播媒介，批量制作、大量而及时地传输信息以吸引众多的受众正是其重要特点之一。可以说，没有大众传媒就不可能有大众文化在当下的繁盛。因此，在研究具体的大众文化样态时可以按照媒体传播方式对大众文化进行分类：如电影、电视、流行文化（音乐、舞蹈、晚会）、广告、青春亚文化、都市报与商业报刊以及新兴的网络及手机文化。本书也采用这种分类方法。

　　本章对当代文化研究尤其是与后现代文化娱乐化密切相关的研究做了简要的综述，为后面具体的案例分析和后现代文化娱乐性的评述做好理论上的准备。通过解构文化作品，剖析话语或文本背后的权利关系，关注社会权力中强势者对弱势阶层的宰制即不平等的权利配置与滥用的解构和批判。虽然当代文化研究广泛借鉴后现代思潮尤其是其中的解构主义，一般不主张强行建构，然而我们或可以说，对不平等的解构旨在建构社会文化中真正的平等，这一点可以统摄当代西方文化研究的关键特征。具体地说，首先，研究的主要对象由经典文学、文化作品转向大众文化。[1] 充斥于后现代社会文化生活中的影视作品、流行音乐、服饰乃至广告、口号、标语都可以成为文化研究的对象。在当今的读图时代，上述文化样态变成了文化的主要表现形式。随着电影、电视、网络、彩色刊物、报纸、富有创意设计的各种出版物的涌现，白纸黑字的传统文学文化作品难有以往的吸引力。对于处于教育、传播主体的规划、编写编排、传授从业人员来说也是如此。必须充分认识到多重呈现手段的重要性，主动跟上这种变化的潮流，才能获得接收对象的认可。其次，后殖民研究、女性研究以及弱势阶层研究本身关注的社会问题有着广泛而直接的现实基础，它们所关涉的不平等现象以其他形式更加广泛地存在

---

[1] 本部分参考了未以论文形式发表的感想部分，详见：陈开举. 话语权的文化学研究 [M]. 广州：中山大学出版社，2010.

于社会文化生活中，以大众文化的形式介入人们的日常生活，这种解构的洗礼最彻底，对于纠正传统的霸权文化，建构平等文化践行着基础性的努力。再次，文化研究既然针对霸权文化而兴起，必然带有浓厚的政治色彩。大众文化中的颠覆性直接讽刺强权的滥用，如2015年中央电视台春节联欢晚会中小品《投其所好》直接揭露官场腐败现象，对于正在进行的全社会的反腐实践有着重要的声援、动员、普及意义。最后，生活常新，与生活密切相关的大众文化有着取之不尽的题材来源。及时反映生活，表现生活，提炼其中值得发扬的内容，对于整个社会文明的演进具有十分积极的意义。

在接下来的以具体案例分析说明大众文化娱乐化的章节中，最常用的理论来自法兰克福学派和伯明翰学派，辅以后殖民理论、女性主义理论、弱势群体研究理论、大众文化研究理论尤其是其中的狂欢理论解析娱乐化的转向和实现策略，大致按照大众文化影响力的高低，分文化推介类型综合评论后现代文化娱乐化的利弊得失，以期得到对这种转向较为全面、综合的结论，回答人们的疑惑，指导大众文化的具体实践。

第三章　网络、电视、电影文化娱乐化

大众传播（Mass Communication）的发展是大众文化形成和发展的必要条件。大众传播是"由一些机构和技术所构成，专业化群体凭借这些机构和技术，通过技术手段（如报刊、广播、电视等）向为数众多、各不相同而又分布广泛的受众传播符号的内容"。❶ 相对于从口头传播到印刷传播的传统传播形态，大众传播具有几个新的特点：一是专业的或职业的传播者；二是可以大规模传播信息的媒介；三是为数众多的、不确定的受众，即大众。❷ 汤普森认为，这种传播形态的转变体现了以下几个重要的新特点：

一，受众不一定出现在信息生产、传播和扩散的现场，因此，参与信息生产、传播和扩散的人员就散失了面对面传播所具有的直接的、持续的特征，造成传播的"不确定性"，而这种不确定性促使传播者想尽一切办法减少它，引导受众按照自己的路子走，这里面就有了许多人为因素和控制机制。二，大众传播媒介信息的可储存性（如可书写到书上、存在光盘中等），这使得传播有了突出的耐久性，可以被延伸、被历史化，它们既属于过去，也属于现在，还属

---

❶ [英]约翰·B.汤普森.大众传播与现代文化：对意识形态批判理论的贡献[M]//博伊德-巴雷特等.媒介研究的进路——经典文献读本.汪凯，刘晓红，译.北京：新华出版社，2004：69-71.
❷ 陶东风.大众文化教程[M].桂林：广西师范大学出版社，2008：12.

于未来。它实际上已成为我们历史的一部分。三，传播信息的普遍商品化，即信息可以作为商品在市场上交换，可以赚钱。这一点在现代社会是很明显的。四，受众似乎可以无限制地获得信息，但信息的传播通过各种方式受到了限制和管理，受众实际上并不能自主获得自己想获得的信息，他只能获得媒介提供给他的信息。也就是说，媒介在传播信息的同时也会遮蔽信息。❶

实际上，大众文化总是以某种大众传播媒介为载体才能实现其影响大众的功能，而大众传媒作为表现渠道也影响着大众文化的表现形式乃至内容，所以大众文化的类型可以根据大众传媒的形式分为各种不同的类型❷：网络（及以网络技术为支撑的智能手机）、电视、电影、报刊、流行音乐（虽然电视是其载体之一，但通过网络、电台、舞台、音碟等也可以实现传播效果）及各种商业文化等。本章主要依据这种类型划分（加上少量该标准难以揽括的形态）剖析各种大众文化的娱乐化特点、表现形式、策略及相关成因。

第一节 网络文化娱乐化

网络具有多重含义，这里的网络指的是作为新媒介（体）的网络，可以溯源到1958年美国以发展军事科技为目的而提出和建设的"阿帕网"（ARPANET）。❸ 20世纪90年代初，随着苏联及华约的解体，"冷战"时代结束。1995年，随着NSFNET的私有化，网络技术从军用转向民用。短短20多年里，网络已经强势改写了人们的工作和生活状况，大

---

❶ 转引自：陶东风. 大众文化教程［M］. 桂林：广西师范大学出版社，2008：12.
❷ 对大众文化形态的排序直接关系到后面章节的处理顺序，这里最基本的原则是当下对大众的影响度。
❸ 详见：郭良. 网络创世纪：从阿帕网到互联网［M］. 北京：中国人民大学出版社，1998. 由于本研究重点在于后现代文化娱乐化，考虑到完整性和详略取舍，这里对于网络及其技术的发展，只是一笔带过。

众文化作为新生的与后现代社会相适应的文化模式，迅速抓住这一新媒介无可比拟的传播速度和影响优势，取得了飞跃式发展；网络也得益于与大众文化的联姻，从传播工具发展成了文化、娱乐的舞台甚至源泉，造就了繁盛的网络文化。

如今，随着网络技术和硬件的飞速发展及上网工具多样化、日常化（最常见、方便的可能要算无所不在的手机），网络文化俨然已成时尚，甚至是当代生活所必备的。离开了网络，基本的办公、写作、沟通都显得无助。生活中更是如此。比如，客人来了，你首先应该做的或他首先要问的不是中国传统文化中的敬烟递茶，不是西方人所说的厕所在哪，而是第一时间告诉他WiFi密码。几年前还是一种调侃，现在真成了待客之道。上班上学的车上、食堂和买票排队时、厕所里、刚刚躺上床或刚醒来、教室外，甚至法庭外，人们忙于浏览新闻，甚至在网络上读一段书、看一段影视剧等，以至于有人将这类网迷取名"低头族"。因为某种原因网络一断，到处是焦虑的眼睛、神色、疑问，仿佛是一群干渴久了的鸟儿在焦急地寻找水源。

究竟是什么使网络具备了如此的魔力？

连上任何一个网站，几乎马上可以产生如下的体验：即时的新闻、直播的各种盛会、迅捷的网际切转、无所不包的海量信息、瞬时的口头与书面交际效率、深度的专业知识查询、廉价的资料下载、可靠的查询和求助、随时在线的各种游戏伙伴、各种交友工具、各种感受和意见的发布、网络教育与培训、廉价快捷的网上购物、网上投资与捐赠……网络几乎可以满足你所有的求知欲，获得及时的快乐。通过网络还能以远远低于过去所需的投入完成大量工作和生活所需，这种成就感能产生更高级别的快乐。

网络文化指的是以网络为载体、具有网络社会特征的文化活动及产品，是以网络物质的创造发展为基础的网络精神创造及其成果，是人们在互联网这个特殊世界中，进行工作、学习、交往、沟通、休闲、娱乐等所形成的活动方式及其所反映的价值观念和社会心态等方面的总称，包含人的心理状态、思维方式、知识结构、道德修养、价值观念、审美情趣和行为方式等方面。网络文化虽然在虚拟的网上发生和传播，但对现实生活产生着越来越重的影响。韩国的网络歌曲"江南Style"简直影响了大半个世界好几年。在中国最应该有文化氛围的高校，近年来多位名校长在毕业典礼致辞中也频频使用网络用语。网络上传播的一些字如"囧"还能堂而皇之地进入语言的基本词汇（即使暂时未能被有些所谓权威字词典收录，笔者坚信它被收录只是个时间问题）。这就不能不说是对文化根基都产生了影响。网络文化可以依照地域（理据在于因地域不同而语言文字及负载的文化之不同）、网上服务（留言板、易物、资讯娱乐）、固有的社会和文化发展或其遗产（音乐、饮食、神话、政治、游戏）等方法进行归类。不过，娱乐化作为网络文化诸形态的共性，对它的分析可以按照具体网络文化样态之内容、功能和策略来分为两大类：娱乐型的网络文化和非娱乐型的网络文化。这样划分是考虑到很多网络文化形式如游戏、网络电影等，其娱乐性是不言而喻的，没有深度分析的必要；但表面上非娱乐型的网络文化，如果也实际上体现了娱乐化特性，那么整个网络文化娱乐化问题便可以完全确证。对非娱乐型网络文化中的娱乐性及其实现途径和策略的解析具有真正的研究价值。娱乐型网络文化包括游戏、网络文学、网络影视、网络选秀和造星等活动，网络交友等。非娱乐型网络文化包括知识信息、公共问题、发表、广告与网购、网络通信等。

网络游戏（Online Game）又称"在线游戏"或"网游"，是以互联网为传输媒介，以游戏运营商服务器和用户计算机为处理终端，以游戏客户端软件为信息交互窗口，旨在实现娱乐、休闲、交流和取得虚拟成就的具有可持续性的个体性多人在线游戏。网络游戏首先是一种游戏，而游戏的娱乐性不言而喻；其次，现实生活中的游戏是有代价的，如打麻将、下棋等，轻则关乎面子，重则关乎钱财（带彩头的游戏），而在网络上，这些责任都可以抛开，何况还有网络游戏运营商提供的各种廉价道具和奖励使玩家轻松地成为永远的得分赢家；最后，现实生活中的游戏总是受到时间和空间的制约，难以找到心仪的游戏伙伴，还要受到场地和游戏器材的限制，而这一切在网络上都不成问题。即使身在国外，只要连上网络，你都能随时找到甚至相邀比较理想的玩伴过一把中国象棋或"拖拉机"之瘾。此外，玩家还可以按照自己的喜好选择难度、级别、出牌或走一步棋的时间。当然还有其他特点如边游戏边聊天或工作等。这四点主要的优势，使得网络游戏免除了责任，变成无处不在的快乐。处在网络游戏中的玩家，几乎可以毫无顾忌、无止境地玩乐，此乃网络游戏之娱乐性所在，也是部分青少年乃至成年人难以戒除网瘾的根本原因。

网络文学指在网上"发表"的文学作品，是以网络为平台由网络作者发表文学作品供他人阅读的文化形式，包括那些经过编辑，登载在各类网络艺术刊物（电子报刊）的作品，电子公告栏（BBS）上不经编辑、个人随意发表的文学作品，以及一些电子邮件（E-mail）中的文学作品。其特点为风格自由，文体不限，发表和阅读方式较为简单，体裁以玄幻和言情居多。作为在网络传播之中形成的一种写作特征和行文方式，网络文学依照其商业化价值生存和发展（关于这一点的详细讨论留待"后现代文化娱乐化批判"中进行）。网络文学具有形式多样、互动性强和知识产权保护困难等特点。其形式可以类似传统文学，也可以是博文、帖子等非传统文体。实时回复、实时评论和投票是网络文学的重要特征。网络文学与传统文学之间有着密切的联系：传统文学通过电子化也成为网络文学的一部分，而且网络文学创作者都接受过传统文学的熏陶；通过出版，网络文学还可以成为传统文学的组成部分；二者均可以借助网络巨大的影响力，成为流行文化的重要组成部分，开创文学的新局面。随着一大批较有影响的文学网站如"文学城""榕树下""中文网络文学精粹""黄金书屋""碧海银沙""莽昆仑"等和一批较有影响的网络文学作品如《第一次的亲密接触》（蔡智恒著）、《小妖的网》（周洁茹著）、《告别薇安》（安妮宝贝著）、《旧同居时代》（张建等著）、《智圣东方朔》（龙吟著）、《点击1999》（顾湘著）等在传统优秀出版社的出版,有评论形容图书市场将由"读图时代"进入"读网时代"。

文学本身具有陶冶情操、交流思想和生活体验等功能,文学中蕴含的大美和创作、阅读中的运思极具艺术性,是一个民族艺术智慧、道德情操的重要标志,文学创作与欣赏、评述过程中的娱乐性远非游戏或一般的艺术实践所能比拟,成为有志的年轻人、有品位的成年人趋之若鹜但难以企及的对象,故无需多言。网络文学向广大有兴趣的读者提供了发表、评述、欣赏(低成本)的可能,其娱乐性又远超传统文学。如今,常会听到稍有思想的人说"这个问题,请看我的博客/微博";近年来兴起的微信、易信以更强更便捷的信息处理技术使人们可以随时随地拍张照片,配上感想,引用几句诗词或干脆自创,更便捷地享受网络文学带来的高雅的文学娱乐性。

网购和网销是1996年以来迅速发展的一种消费方式,可以说已经形成一种消费文化,特别是近几年来迅猛的发展势头已经使其成为一种不可忽视的社会—文化现象。但对这种现象的研究更应该从与消费最紧密相关的经济学、工商管理等方面入手,故在这里只是提一下,并不展开。

网络影视、网络选秀和造星、网络交友、网络广告也属于影响受众较大的网络文化形式,但由于本研究只聚焦于娱乐性,它们各自的特点、发展等就此略去。相比非网络形式的影视、选秀和造星、交友文化形式(在后面章节中还要分别详述),网络带来的额外的娱乐性与上面所述的两种文化样态类似,或已被包括,限于篇幅,在此也选择略去。下面围绕两个实际案例,就网络为人们带来的公共领域的拓展,使人们可以更方便、更广泛地参与公共事务这个特有的社会—政治—文化赋权做分析,研究公众如何利用网络文化参与公共事务并实现整个事态过程中的娱乐性。

"公共领域"(public sphere)由德国法兰克福学派哈贝马斯(Jurgen Habermas)在1962年重新提出并概念化,此后迅速进入欧洲主流政治、社会科学话语体系,指市民社会中一种介乎市民的私人利益与国家权力的机构性空间和时间。个体公民聚集其中讨论公共事务,形成较为一致的意见，以对抗武断的、压迫性的国家与公共权力形式，维护总体利益和公共福祉。

哈贝马斯认为当代大众媒体的兴起是公共领域衰落的重要原因之一。商业化的大众传媒把人们变成了信息和娱乐的消费者，而不是一个互动的民主进程中的参与者……权利存在于发送信息的媒体一方，而读者是被动的，不能在媒体上自由、即时发表自己的看法。所以可以说，传统媒体的商业化、与政治集团的联系，以及权力的严重不均衡窒息了公共领域的活力……互联网为网民提供了自由表达自己意见的空间……通过新闻组、BBS、网络论坛以及最新的网络视频库 You Tube，每个网络用户都可以发表自己的观点，发布身边的新闻，上传照片与视频……人类历史上第一次，公众控制了一个媒体，成为这个媒体的主人，权力的所有者。[1]

如此，网络重建了公共领域，加上网民往往是匿名的，难以跟踪和查出其真实身份，这个公共领域就成了网民爆发式的释放参与公共事务讨论热情的空间，对社会公共事务乃至于公权力产生巨大的影响。作为这个公共领域的主动参与者，其主体感、自我实现感充分得到满足，岂不快哉。

具体来说，网络上关于公共事务的话题几乎无所不包，其中尤以涉及小人物或弱势群体的遭遇、官员或明星等强势者的贪腐或性丑闻等刑事案件为甚，对案情的深挖、评论、适用法律、结果预测、审判程序等几乎各个环节都展开热烈的讨论，仿佛人人都是手握真理的专家，个个是豪气冲天的英雄，真好比一场场华山论剑，让网民们过足了快意恩仇的侠客之瘾。网民和公众热烈参与造就的舆情会对政府和司法部门造成极大的压力，最终严重影响司法独立，甚至改变判决结果。可以将这种

---

[1] 陶东风. 大众文化教程 [M]. 桂林：广西师范大学出版社，2008：227.

现象称作媒体审判。这里来看一个个案——邓玉娇案❶中网民如何通过网络这个公共领域发声并影响审判，从而实现其主体性的快乐。

2009年5月10日邓玉娇事件案发以来，迅速引发各媒体热议。对事件本身的回顾、对事态进展的近乎现场直播的密集跟踪报道、对涉案各方的深度采访、涉案人员各自的背景、案件的定性、相关法律条文、案件进展等各个方面进行了全方位地毯式轰炸性的报道。在很短时间内，与案件相关的关键词竟形成难以计数的网页。网民们仇官济弱的侠义热情极大地影响了案件的最终判决，并导致部分坚持司法独立的司法官员被降职或调岗。限于篇幅和研究的主题，这里只集中讨论在此事件中网络如何体现了其娱乐性的文化特质。

第一，扶弱济困、惩强济世的侠肝义胆深深地埋在每一个人的心中，在现实生活中，囿于沉重的代价基本难以实现。网络为人们提供了一个梦寐以求的场所和机会，发表议论甚至点击支持即可实现维护社会公平正义的梦想，即使不能成功影响事态的发展也基本没有代价，对于广大难有机会参与公共事务的人们来说，实在是机会难得，参与一把不亦乐乎？

第二，动辄几百上千万的网民扎堆围观同一热点事件仿若形成一场场盛会或集市，置身其中便自然获得一种身份认同感，符合大众的从众心理。由于相当多的网民不会满足于围观，而是挖空心思寻找可能的新视角、新信息、新解释、新预测、新观点，个中的新奇感足以满足发言者的出风头心理和众人的围观、起哄式的认知与现场体验感；设若所发表的意见被人转帖，所获得的成就感自然又会成倍地增加。

第三，网民们通过声援弱者、对抗强者，形成潮水般横扫式的壮观景象，将心比己，生活中自身曾经遭受过的不快或不公平对待（注：人

---

❶ 关于媒体审判，详见：Chen Kaiju, Zhang Xinhong. Trial by media: overcorrection of the inadequacy of the right to free speech in contemporary China [J]. Critical Arts, 2011, 25 (1): 46-57. 关于邓玉娇案，详见本节附录一和 http://space.k12.com.cn/?uid-957644-action-viewspace-itemid-35832。

心之不足常使其倾向于认为自己所受待遇不公）就这样通过移情的方式得到另类的满足，从而缓解和祛除心理创伤。这种阿Q式的心理苦痛的纾解是网络文化造就的这种公共空间为广大网民实现娱乐性的又一种方式。

第四，网络热议的刑事案件往往涉及明星、官员腐败、性丑闻等，满足了网民们猎奇、"仇官仇富"等多重娱乐心态。在普通民众眼里，涉事者本是社会的宠儿，却为官不贤、为富不仁，正应该被打翻在地再踏上一脚。面对这些生活中的强者，一般人本来没有挑战的机会，可如今机会来了，网络提供了打"冷拳"而又不用担心被报复的围猎机会，何乐而不为？而且财富、美色犹如鱼和熊掌，皆为人所难得之欲。对事件的来龙去脉不厌其烦地挖掘，大有俺吃不上猪肉能看到猪跑不也是一种快感？如今，得不到的东西却摆在面前给了众人一个破坏它的机会，又何乐而不为？这其中好奇心、破坏欲、复仇的快感便是网络文化之公共领域带给网民的又一种娱乐性体验。

第五，公共领域中的话题一般都为公众所熟知，这成就了一个共享的语境，可以仁者见仁智者见智，网民们各显神通，展示其专业知识、逻辑推演能力、扶危济困的大爱之心、文采飞扬的表述，所谓以文会友，好一座唐宋文人、梁山群英会的壮观舞台。除了扬名立万、结交好友以助其事业、社交圈以外，公共领域之我的领域我做主的自我实现感带来的是超乎寻常的娱乐性，设若因为自己的"真知灼见"带来出名或结交好友的机会，自然又可以成就意想不到的惊喜。

第六，与现实生活中的市民社会相比，网络上的公共领域使得网民为享有更充分的自在、自为、自我管理的高度自治式的主体性。传统的严肃、压抑的文化下人们是不自由的，而没有自由的民主是虚假的民主，没有自由的快乐是博得各种高高在上的主子赏识下的打赏，因而是有限的和不能确保的。长期处于压制性文化下的人们即使获得了发言和表现的机会，在话筒和镜头前也常常因过于紧张而忸怩作态，毫无自我表现、自我实现的快感可言（"我哪里说得好哟"）。打开了种种文化枷锁的钳制，充分享受自由的网民们在公共领域畅所欲言，享受到了真正的自主性和主体性。在充分自由的情况下，出场便是快乐。没有人是天生内向的人，所谓内向是被压迫了的结果。有机会，给氛围，疗好心灵的创伤后，谁都愿意阳光、外向、出场乃至助人，向周边及社会播散正能量（关于这一点，有假设的一面，欢迎批评讨论）。当然，几乎不受管辖的自由和民主也有恶的一面，如以情感为基础的网民形成的强大舆情最终迫使司法让步，破坏了司法独立性。这种表面上民主的胜利损害的却是民主真正的保护神——司法权，在社会民主进程中起了负面作用！然而，单就网络文化之公共领域的娱乐性而言，网民们着实爽了一把。

第七，值得一提的是，许多网民将网络公共领域当成了纯粹的泄愤场所，以求获得暂时的、不负责任的快感。不少网民对相关事件，没有客观分析的心态和缜密分析的能力，只以谩骂和暴力语言来表示关注，如动辄提出将某某人枪毙掉或者凌迟处死，有些人不能冷静客观地分析，直接辱骂发帖的其他网民；遇到重要的体育比赛等公众关注较多的事件时，由于与别人支持的对象不同，肆意给他人贴上羞辱性标签（如"科狗"意指科比·布莱恩特的粉丝、"屎罗"一般为绝对支持梅西反感C罗的足球迷），甚至在球迷或关注同一事件的网民中组织派系或地域间的侮辱性攻击。这种不负责任的愤懑宣泄对于社会文化来说是毒草，但对于网民而言，应该算是娱乐了一把，也体现了网络文化娱乐化的负面影响。

以上主要分析了网络文化之公共领域娱乐性的具体表现，至于其中的利弊得失，暂不讨论，留待后面专门分析。如果说上例网络文化公共领域对社会起着虚拟的、主观上的公平正义的匡扶作用，那么下例中的情况刚好相反，网络快速、高效、便捷的组织功能使之亦能快速聚集负能量，成为对社会产生极强破坏作用的利器。

网络和智能手机的联姻，使二者在通信功能、传输效果、经济效益和传播广度等各方面的文化功能相得益彰，互相借力实现大发展。如今借助手机终端，几乎可以随时随地上网实现一系列以往只能通过电脑终端才能获得的网络功能,同时网民/公众的公共领域和共享空间更强了,尤其是近些年不断涌现出来的各种社交媒体工具,如推特、黑莓手机的BBM、QQ、微信等,几乎瞬间即可联系到大量的有着共同兴趣或诉求的人们,聚集巨大的能量,对社会造成极大的影响。一方面,大大提升了人们生活的方便度:如今,如果感到有点无聊,你可以摇一摇手机就找到几百米以内同样有着交往意愿的陌生人;如果想搭出租车,点一下手机屏幕,几秒钟之内就能约到出租车。另一方面,骤然间就能聚起的巨大人潮有可能成为乌合之众,共谋危害社会的严重事件。这里就以伦敦骚乱事件为例说明网络技术进步带来的强大交友工具有可能对社会文化产生的巨大破坏作用。当然,事件过程中的参与者基本都抱着"和尚摸得,我为什么摸不得"的侥幸偷欢心理,狠狠地娱乐了一番(至于后来得到应有的惩罚,又另当别论)。

2011年8月6日始自英国首都伦敦的一系列社会骚乱事件,❶ 导火索是8月4日伦敦北部托特纳姆一名29岁的黑人男性平民马克·达根(Mark Duggan)被伦敦警察厅的警务人员枪杀,民众上街抗议警察暴行。至8月9日,骚乱已扩散至伯明翰、利物浦、利兹、布里斯托等英格兰地区的大城市。在这次伦敦骚乱中,社交媒体推特、黑莓手机的BBM成为骚乱者首先的通信方式再次成为关注的焦点,但基本是以负面形象出现。

事件过程中的打、砸、抢、烧始于有人在推特上发出帖子,称有机会可以上街去闯一闯,捞点好处如顺一双运动鞋之类的东西,结果立即得到不假思索的青少年和好事者的响应,短时间内大量的人涌上街头,想干什么就干什么,将几日来本来具有正义感的对黑人青年达根被警员枪杀的声援演变成了一群乌合之众严重违法犯罪的暴行。当然,社交媒体本质上是一种交流工具,骚乱者可以使用这种工具联合进行破坏,爱

---

❶ 本研究重在分析各种后现代文化娱乐化及其实现路径,并展开批判。基本的信息和评述大量参考了相关网站和文献。为方便读者,特将其中一小部分节录下来,详见本节后的附录二。

好和平的人同样可以利用社交媒体来传播正面信息、辟谣、提供帮助，在事件发展的后期即社区秩序的恢复上起到积极作用。值得注意的是，Harringay Online 一直在默默发挥着一种积极的作用：向受众传播真实的信息，澄清错误资讯，提倡冷静思考，对受害者提供心理安慰。这里，我们来分析网络社交媒体（尤其是以手机为终端的）的娱乐性及其实现形式。

第一，如前所述，网络赋予人们便捷、强大的娱乐功能，而网络与智能手机的联姻使人们随时随地可以实现"在线"，网络文化的娱乐性更加普遍，用户完全突破了时空的限制，通过手机网络功能即可实现全天候"虚拟"世界（注意，一直被称为"虚拟"世界的网络空间实际上越来越突破虚拟的局限，越来越多地成为了现实生活的一部分）的另一种生活。

第二，智能手机具有的拍照和传输功能使用户随时可以上传自己生活中的片段或者拍一段录像与亲朋好友分享（注意，手机中本来就储存的联系人的电话、邮箱地址、交友号等一般比电脑更全面、便捷），也可以通过交友工具上传到空间，供更多的人分享，其即时性、立体性、生动感、真实性（联系人之间一般可以立即回溯查知信息来源）所带来的乐趣又远远超过受到空间限制的电脑（包括手提电脑）。

第三，对于社会管理机构而言，如果说电脑发送信息可以通过终端回溯的办法迅速定位并获知发送信息者的身份，那么手机用户通过交友工具上的匿名或虚名设置，可以使自己处于更加隐秘的状态，这也应该是发出不负责任的信息号召伙伴们上街胡混的侥幸者妄为的原因所在。但若只是看娱乐性，基于智能手机的网络交友工具给了使用者更多、更广乃至缺乏控制的权限。

第四，面对激烈的市场竞争，智能手机厂商和网络运营商加速了软硬件的开发和对终端用户的服务功能开发。一方面各种费用越来越低，导致智能手机加速普及；另一方面，对于不断开创的用户终端的自由空间和强大网络文化赋予人们的近乎无所不能的功能，社会管理措施显得严重缺乏，被现实生活的加速度演进拉开了越来越大的距离，结果是网民们不断拓宽的自由空间。当然，仅就娱乐性而言，越自由，越快乐。

本节讨论了网络文化娱乐化问题。从上述分析中可以看到，报刊也好、影视也罢，包括广告，网络的出现和发展将它们统统归拢到传统文化形态中去了。就在 2015~2016 年，网络技术和以此为基础的产业取得了巨大的成就，对实体经济（如商铺）形成严峻的挑战，这就是 2016 年"两会"期间李克强总理所说的，站在互联网的风口，一头猪都能被吹得飞起来，或者广为热议的"'互联网+'经济/行业"。实际上，为了适应新的生存环境，各种传统的文化传播业也竞相与网络联手，开设自己的网站、网页（如报纸的网络版、电视台的网站网页等），以适应新媒体语境下广大受众的需求，保住自己的市场空间。这就是本书将网络文化列在首位分析的原因。由于传统文化样态在稍后还会分类具体分析，本节中只是分析网络文化拓展的新型文化形态即公共领域的建立和新兴的交友工具造成的对社会—文化的重大影响。低门槛、低成本、快捷、普及性、自主自由、（暂时的）隐身参与等特性为网络文化赋予了前所未有的娱乐性，这也正是信息时代（网络时代）的重要特征。波兹曼将后工业、后现代社会娱乐化悲愤地批评为"娱乐至死"，那么如果他能见证当今智能手机带来的网络文化的泛化和人们随时、无处不在地享受文化，不知道又该有什么新的感想。当然，这个问题我们不会回避，详细的讨论将在后面分专章进行。

附录一　一审宣判：邓玉娇免除处罚　当庭释放[*]

作者：九斤老太于 2009-06-16 11：52：44.0 发表

---

[*] 为了说明互联网创生的公共领域，网民的参与以及可能带来的对社会生活的影响，本书选取了一点关于媒体公共领域影响司法审判的内容，如 2009 年发生在中国的关于邓玉娇案，详情见网址：http：//www.infzm.com/content/39461。限于篇幅，这里只选取与网络媒体文化相关的一点信息供读者粗略了解。

73

邓玉娇刺死官员案一审宣判：免除处罚 邓恢复自由

2009-06-16 11：39：24　　　南方报业网

　　6月16日上午11时，备受瞩目的"邓玉娇刺死官员案"在湖北巴东县法院一审结束。合议庭当庭宣判，邓玉娇的行为构成故意伤害罪，但属于防卫过当，且邓玉娇属于限制刑事责任能力，又有自首情节，所以对其免除处罚。邓玉娇在法律上由此彻底恢复自由身。

　　据旁听人员介绍，庭审于上午8时30分在巴东县法院第一法庭进行。邓玉娇头扎马尾辫，身着白色T恤、深灰色七分裤，出现在被告席上。她身体略显虚弱，但精神状态还算良好。整个庭审期间，邓玉娇说话不多，声音也比较小，但思路很清晰。

　　公诉人同时称，案发后邓玉娇主动向公安机关投案，并如实供述案件事实。

　　起诉书载明：侦查期间，受公安机关委托，湖北省人民医院法医精神病司法鉴定所和武汉市精神病医院司法鉴定所，对邓玉娇进行了精神病医学鉴定，结论为"邓玉娇为心境障碍（双相），属部分（限定）刑事责任能力"。

　　公诉人认为，邓玉娇在制止邓贵大、黄德智正在进行的不法侵害过程中，致一人死亡，其防卫行为明显超过必要限度，属于防卫过当。依照《刑法》第21条、第234条的规定，犯罪事实清楚，证据确实充分，应当以故意伤害罪追究其刑事责任。但应当减轻或者免除处罚。同时，鉴于邓玉娇属尚未完全丧失辨认或者控制自己行为能力的精神病人，依照《刑法》第18条，可以从轻或者减轻处罚。其具有主动投案自首的情节，也可以从轻或者减轻处罚。

　　据旁听庭审的有关人士介绍，邓玉娇的辩护律师汪少鹏、刘钢为邓玉娇做了无罪辩护。他们强调，邓玉娇的防卫行为是适当的、适度的，并没有超过必要限度；邓玉娇的行为同时也符合《刑法》第20条的规定，具有无限防卫权，不应负刑事责任。

　　经过近一个小时的法庭辩论，法官于上午10时30分宣布休庭。经过合议庭合议后，法官于上午 11 时宣布了判决结果：邓玉娇的行为构成故意伤害罪，但属于防卫过当，且邓玉娇属于限制刑事责任能力，又有自首情节，所以对其免除处罚。……（另有报道说，邓玉娇当庭签署了"服从判决"，家人表示"对判决满意，并对死伤者家属致歉"。）

从早晨 7 时许，巴东县法院门口就开始有人群聚集。至庭审结束，有四五百人在法院外围观。巴东县有关部门特意在法院门口及街道两旁，布置警力维持秩序。

判决后，维持秩序的警察开始劝说大家散去。至记者发稿时，巴东县法院门口仍有群众聚集，但秩序良好。

第 468 条回复：

作者：zqazy 于 2009-06-16 17：19：46.0 发表

虽然不明不白，目前这样算是最好的了。有话以后慢慢说。

第 866 条回复：

作者：zqazy 于 2009-06-16 21：25：16.0 发表

有没有传受害人并证人黄德智到庭啊？

谢谢您的阅读，您是本文第 34852 个阅览者

第 294 条回复：

作者：zqazy 于 2009-06-17 15：06：03.0 发表

一楼水疗区五号房里究竟发生了什么？证人何在？！

谢谢您的阅读，您是本文第 60509 个阅览者

第 330 条回复：

作者：zqazy 于 2009-06-17 17：48：08.0 发表

心境障碍，嘿嘿，彼此彼此。

谢谢您的阅读，您是本文第 65711 个阅览者

第 457 条回复：

作者：zqazy 于 2009-06-18 11：20：01.0 发表

在那种地方，作为"服务员"，只有严重心智障碍者才会过激到用持

刀杀人来反抗。常客邓贵大等根本没想到会遇到一个疯子，傻了，可怜。这就是断案依据。公检法没错。

谢谢您的阅读，您是本文第75588个阅览者

第530条回复：

作者：zqazy 于 2009-06-21 19：03：59.0 发表

邓玉娇真的自由了吗？玄之又玄。

谢谢您的阅读，您是本文第80230个阅览者

附录二 关于伦敦骚乱过程中的网络及推特的作用 *

2011年8月6日在英国首都伦敦开始的一系列社会骚乱事件。导火索是2011年8月4日在伦敦北部的托特纳姆，一名29岁的黑人男性平民马克·达根（Mark Duggan）被伦敦警察厅的警务人员枪杀，民众上街抗议警察暴行。2011年8月9日，骚乱已扩散至伯明翰、利物浦、利兹、布里斯托等英格兰地区的大城市。

2011年8月4日，马克·达根（男，1982年生，非洲裔黑人，4个孩子的父亲）乘出租车在伦敦街头遭警方拦截，双方发生枪战，达根身中两弹，当街死亡。英国官方表示，反枪支犯罪警队怀疑达根非法持有枪械，于是布控拦截。事实证明，达根确实持有一支未注册手枪。拦截发生后他朝警方射击，一发子弹打中警察对讲机，警察受伤。但达根亲友解释说，达根收藏枪械"完全出于爱好"。

1. 伦敦骚乱

6日，约300人聚集在伦敦托特纳姆路警察局附近抗议，晚间演变为暴力事件，100多名"青年"在夜色中焚烧警车、公共汽车和沿街建筑，切断交通，占领高速路，劫掠数十家店铺。按《卫报》描述，数百名蒙面示威者在一座警察局附近朝警察密集投掷砖块、酒瓶、鸡蛋等物品。多辆警方巡逻车和一辆双层公共汽车遭纵火焚毁。暴力活动明显针对位

---

* 关于伦敦骚乱事件，详见 http：//baike.baidu.com/view/6259017.htm，这里只选取与网络媒体文化相关的一点信息供读者有个粗略的了解。

于一条高速路边的托特纳姆区警察局。一些示威者从附近市场推来大批购物手推车,"隔离"试图抓捕他们的警察。《卫报》称,示威者多为"年轻人"(迫于宗教压力,近年来西方司法机关倾向于隐去当事人的宗教身份,西方媒体不断因为指明"穆斯林"身份而败诉,因此一般只称为"年轻人"),其中以十多岁少年为主,年龄最小的可能还不到10岁。

2. 经过简介

当地时间2011年8月6日,一场在伦敦城北举行的示威活动突然演变为暴力事件,100多名青年在夜色中焚烧警车、公共汽车和沿街建筑,切断交通,占领高速路,劫掠数十家店铺。8月8日,骚乱蔓延至伯明翰。8月9日,蔓延至利物浦。

3. 事件详情

在当地时间6日晚间的时候,英国伦敦市中心发生了一起由抗议引发的骚乱事件。截至目前,有一栋楼房、两辆警车以及一辆公交车被损毁。这个事件的起因是6日下午,大约有300人聚集在市中心的警察局,对警察在两天前(上周四)射杀了一位名叫马克·达根的男子的行为进行抗议。这些抗议者要求警局为这个事件给一个合理的解释。下午,抗议变成了一起骚乱事件,至少有5枚汽油弹引燃了汽车、商店和公交车,伦敦警方随后出动了直升机等来监控事态的发展。

目前的局势暂时被控制,但是在晚间时候当地地方议员发表了一个声明,称这起事件并不代表托特纳姆地区的治安情况,也希望大家保持冷静。

4. 事态发展 警员入院

8月7日据英国广播公司报道,伦敦北部托特纳姆区6日晚发生骚乱,持续到7日凌晨,骚乱造成至少8名警员受伤。

据报道,大约300民众聚集在当地警局附近。一场要求"伸张正义"的示威,最后演化为打砸纵火的暴力犯罪。

伦敦急救机构称,大约有10人在骚乱中受伤,其中9人需要住院治疗。

5. 骚乱扩散

发生在6日晚至7日凌晨的伦敦北部托特纳姆地区的骚乱逐渐平息后，7日晚间伦敦多个地区发生袭警、抢劫、纵火等案件，警方已逮捕100多名肇事者，并谴责那些犯罪行为的"盲目模仿者"。

在伦敦北部恩菲尔德、沃尔瑟姆斯托等地区，7日晚上一些商店的窗户被砸碎，一辆警车被损毁；在东伦敦，警方进行抓捕行动时，警车遭一辆汽车冲撞，3名警察受伤；据英国广播公司报道，在南伦敦的布里克顿地区，有200多名年轻人抢劫商店，攻击警察；甚至在伦敦市中心的牛津街，也发生50多名年轻人肆意毁坏公物事件。

伦敦警方一位负责人表示，对于7日夜间伦敦多个地区发生的小规模暴力事件，警方已经做出迅速反应。

截至8日晚间，警方已经逮捕了100多名肇事者，而连续两晚的骚乱也导致35名警员受伤。9日英国警方称，伦敦至少5个地点爆发新一轮暴力事件。很多社区都能看到暴徒肆意破坏商业街设施或闯进大楼。

社交媒体成为此次骚乱事件中人们关注的焦点。❶

在这次伦敦骚乱中，社交媒体再次成为关注的焦点，但基本仍是以负面形象出现。英国警方表示，"在骚乱中利用推特等工具传播'危害信息'的人可能遭到逮捕"。随后，黑莓手机的BBM成为闹事者首先使用的通信方式，RIM立刻对此事进行公关，表示尽一切可能协助政府。

其实，社交媒体本质上是一种交流工具，骚乱者可以使用这种工具来联合进行破坏，爱好和平的人同样可以利用社交媒体来传播正面信息，辟谣，提供帮助，在社区的恢复上起到积极作用。

在伦敦骚动发生以后，一个本地的社交网络Harringay Online流量突然增加，它的推特账户更新也开始增多。

值得注意的是，Harringay Online在默默发挥着一种积极的作用：传

---

❶ 社交媒体在此次伦敦骚乱事件中的作用众说不一，这里仅选取一点与本研究相关的内容，为本书的讨论提供一些直观性的材料，详见http://www.ifanr.com/48882。

播信息，澄清错误资讯，提倡冷静思考，提供心理安慰。

在网站的警告帖和新闻帖之后，有类似这样的确认：

昨晚的推特上有人报道，一些土耳其人在店铺外持械保护自己。我现在正走过 Green Lanes 街道，我可以确认这个消息是正确的。

也有人对事件做出理性回应：

气氛非常紧张，我们需要特别谨慎，不要对昨晚事件的幕后主使进行任意猜测。对我们社区来说这是悲哀的一天。

由于站点充满争论，也不免有极端言论，导致管理员高度紧张：

我刚刚删除了一个呼吁以极端手段复仇的帖子。我理解其中的悲痛，但我不想这个站点被用来发布煽动骚乱的言论。

也有人通过社交网络提出一些建议和回应，对骚乱中的人进行保护。当有人在网站询问某个车辆号码的时候，另一个人很快做出反应，建议大家不要回答。

周一的时候，人们开始询问如何帮助在骚乱中受伤的人。❶

他们需要床铺、毛巾、衣服、玩具或其他可以带到那里的物品。在区委员会那里有紧急热线，可以询问具体细节。

如果英国政府看不到这一点，在此事之后反而加强了对社交媒体的控制，那不得不说是一个遗憾。

在英国爆发骚乱事件后，政府官员们曾批评"推特"微博和黑莓手机等社交媒介扮演了组织和煽风点火的角色。不过一些专家认为大部分批评是不恰当的。

英国官员指出，黑莓信使、脸谱网以及推特等社交媒介把犯罪分子组织起来，连日来在英国各地进行打砸抢烧等非法活动。

当地时间8月9日，来自因骚乱受损严重的伦敦城北托特纳姆区的议员戴维·拉米呼吁黑莓手机制造商加拿大动态研究公司（RIM），暂停它旗下的即时信息服务（BBM）。伦敦大都会区警察局助理副局长史蒂

---

❶ 详见 http://www.chinadaily.com.cn/hqgj/2011-08/13/content_ 13104506.htm。

夫·卡瓦纳说，那些具有煽动性的、歪曲事实的推特微博的传播是发生这场骚乱的主要原因。

类似的呼吁给那些社交媒介供应商带来了极大的压力。有人要求他们交出这些媒介的加密密钥，使警方和情报机构可以收听到私人对话。不过这一建议并没有得到民众的一致赞同，反对者称这种做法未能抓住重点。

"我们不能因骚乱而怪罪社交媒介，也不能认定它改变了骚乱的性质，它可能带动了骚乱信息的传播，不过证据表明，它也不过是个工具而已……参加骚乱的孩子平日里就使用这些媒介，现在发生了这样的事情，他们同样还会选择这些媒介。如果我们要指责这些社交媒介的话，那么24小时不间断的电视节目更应该受到批评。"威廉姆森在接受电子邮件采访时说。

还有一些人则表示，强迫社交媒体服务提供商提供"密钥"，是缺乏理性的"应激反应"。电子前沿基金会专家吉莉安·约克说："英国法律完备，警方无须要求RIM公开BBM网络密钥，也可通过法律途径获得民众的通信内容。"

此外，在组织民众抵制骚乱方面，有专家认为这些媒介还发挥了积极的作用。华盛顿大学在线社区研究员帕特里克·安德伍德在接受采访时谈道："我们曾通过脸书网和推特等媒介发出呼吁声音，如'朋友们，这是我们的家园，让我们团结起来，共同制止这样的行为'。"在此前的骚乱中曾见过人们的这种反应，但新技术掀起了一些新的波澜。（来源：中国日报网 欧叶 小唐 编辑：王菁）

第二节　电视文化娱乐化

电视（Television、TV、Video）指利用电子技术及设备传送活动的图像画面和音频信号，即电视接收机，也是重要的广播和视频通信工具，由英国工程师约翰·洛吉·贝尔德于1925年发明。同电影相似，电视利用人眼的视觉残留效应显现一帧帧渐变的静止图像，形成视觉上的活动图像。1953~1954 年彩色电视出现并迅速取代黑白电视，成为家庭的必备品。

与传统的文化传播形式如书籍、报纸、广播、电影相比，电视以鲜活图像所传递的真实感和现场感、信息实时无缝的连续传播、随时可以切换的频道和琳琅满目的节目、各种名人政要的出场和访谈等从时间和空间上实现了将世界呈现在观众面前。从时间上，可以回溯过去，并进行深度阐释，这就已经实现书籍、报刊、电影、广播的功能；可以图文并茂地呈现现在，这就超越了传统媒体（只有广播能部分地做到但仅限于声音传播）；可以预测未来，邀请各种专家专题预测未来，通过画面切换，甚至可以实现专家之间、专家与记者、民众间互动，这又是传统媒体望尘莫及的优势。从空间上，电视之 tele 和 vision 的联合体本来就是"呈现远方的图像"之意，即打破了空间的限制，这是传统媒体根本无法比拟的。所以，电视时代的到来简直使人类的生活发生了根本性的变化，使人们惊呼读图时代取代了读书时代。

后现代时代的到来恰逢彩色电视机的推广和普及，思想的解放和娱乐文化的繁荣、电视台之间激烈的市场竞争、新技术的使用等促成了电视业的飞速发展，各尽奇招抢夺市场份额。道理很简单，收视率决定经济效益。除了必须播出的新闻等严肃正规的节目外，各电视台挖空心思取悦观众，其中最有效的办法就是走娱乐路线，即大幅度增加娱乐节目所占的比重。

娱乐路线的办法包括从最初的引入电影故事片到电视电影再到电视连续剧，从热门体育赛事到怪趣体育（如大力士比赛），从音乐会到专题晚会和综合晚会，从奥斯卡颁奖典礼到诺贝尔奖颁奖典礼，从热点新闻跟踪到专题深度报道，电视迅疾攫取了无可争议的媒体霸权地位，受众也越来越远离各种传统媒体。人们逐渐对电视产生如此强烈的依赖感，以至于出现许多描述电视对人们生活影响的语汇，如"couch potato"，指那些沉溺于电视的人，整天坐在沙发上，吃着土豆条（片），眼睛盯着电视混日子的人,这对于电视迷的描述是多么形象。又如形容某人太爱看电视时说他/她一直看到"雪花飘"❶。

当代网络文化的兴起对电视文化形成强有力的冲击,迫使后者做出相应的调整,形成新的特点或比较优势,维系其在传媒市场的地位。这些变化包括形形色色的造星选秀节目、生活类节目、快乐主题节目、名人政要深度访谈节目、挑战秀等。这些节目深得解构主义之奥妙,要么约来文艺大腕,通过专题深度访谈还原其作为普通人的一面,满足普通观众对明星私生活的好奇心理,如中央电视台第三频道《艺术人生》和多家其他电视台的《鲁豫有约》节目;要么将原本普普通通的人请上台来,给予他们展示才华的舞台,而他们往往能够战胜强劲的对手甚至包括一些专业选手,实现一夜成名之梦想,加入名人的行列,如中央电视台综艺频道《星光大道》栏目推出的农民歌手朱之文、阿宝等;要么将精挑细选才男靓女聚在一起相亲选配,以供观众围观,如《非诚勿扰》。如今,几乎每家收视率排名靠前的电视台都充斥着大量的这类节目。下面以大型生活类节目《非诚勿扰》为例,简要分析其中包含的特别的娱乐性及其实现策略,然后重点深入讨论近十多年来电视文化传播中出现的一个新现象:审美中性化的问题。

《非诚勿扰》是江苏卫视的一档生活服务类节目,将男女征婚速配搬上电视。孟非主持,于2010年1月15日首播,每周六、日21:10播出。该节目由于极高的收视率,已经成为江苏卫视的招牌精品节目。节目中有24位经过挑选的单身女生以亮灯和灭灯方式来决定登台男嘉宾的去留,经过"爱之初体验""爱之再判断""爱之终决选""男生权利"等规则来决定男女嘉宾的速配,后增加"爆灯"和"心动女生"等环节。节目中还设有两位点评嘉宾或婚姻心理辅导老师。孟非2010年主持的《非诚勿扰》收视率在全国同时间段获得第一,2012年9月8日,孟非

---

❶ "雪花飘"指晚间看电视一直到节目全部结束。注:不像现在很多电视台24小时节目不断,20世纪80年代以前,中国大陆大部分电视台一般到凌晨0点前就结束一天的节目,这时,黑白电视荧屏上会一直跳闪着雪花一样刺眼的白点,催人关机睡觉。

获得第 26 届金鹰节最佳节目主持人称号。

《非诚勿扰》是当下后现代文化娱乐化的代表现象之一。节目诞生之初，还能听到社会上一些批评的声音，如谈个恋爱还要上电视，简直就是无聊的炒作等。而随着节目奇高收视率的延续、观众日常生活中津津乐道的观感回味、节目主创人员的成功（包括主持人的金话筒奖），《非诚勿扰》走过的娱乐之路简直就是波兹曼等学者对文化娱乐化的批判与社会文化现实中娱乐化我行我素地勇往直前演进所形成鲜明对比的缩影。以该节目为例仔细审视其运作过程，不难发现，其成功绝非偶然，它带给受众的娱乐性是精心包装、深度构建的。概括起来，有以下几点。

第一，后现代社会生活之重要特征之一就在于生活文化化，文化娱乐化。将普通人生活中必需的经历呈现出来，这本就体现了后现代社会去中心化，观看台上男女之间的故事，普通受众通过移情体验，获得了显性与隐性的身份认同感、文化认同感。简言之，这一生活类节目具有极强的受众认同文化心理基础，往大的讲，这种类型的文化生活体现了某种民主性。

第二，强大的主持、评点队伍集成了传播学、心理学、管理学、性别研究、剧本创作、表演等专业知识和技能，使节目具有相当的深度，现场把控得心应手，给观众一种驾轻就熟、稳重可靠的感觉。观众在不知不觉中，逐渐陷入只要随着现场主持和评点专家的步调，欣赏节目情节的发展即可。这种对节目"不会穿帮"安全感的心理暗示是观众安心享受节目的前提。孟非是多年来多个类似节目的优秀主持人，其伶俐的口齿、略显自谑的造型（总是光头）、适度的调侃❶（善意而基本没有歧视的玩笑）、各个步骤清晰的控制与衔接、对男女嘉宾情况的熟悉、对评

---

❶ 这一点其实很难，如果学养不够或背后团队深度不够，很容易出现赵本山幽默中的许多问题，如歧视妇女（"傻老娘们儿"）、儿童（"三岁的孩子都会而你不会"）、残疾（动辄装瞎子、瘸子、傻子）。但细观《非诚勿扰》多期节目，笔者基本没有发现节目中的主持人和评点人出现当代文化研究所批判的种族、性别、弱势性等方面有明显问题的霸权性话语。

点人角色和时间的合理安排、较强的语言驾驭能力和诙谐幽默等,使得他本人成了该节目的一个重大看点,以至于他获得了一个略显戏谑但又富含尊重的称号"孟爷爷"。如果说观众在影视节目的观看过程中持着角色投射心理,那么,大部分观众如果将自身与台上的孟非投射一体,做个那样的人,岂不很成功,人生岂不快哉?

第三,从时间和台词看,角色分量较轻的评点人其实具备了较深厚的与该舞台相关的专业知识和技能。点评人乐嘉、黄菡、于正、曾子航、宁财神、张嘉佳、佟大为、刘恺威要么是颇有成就的心理学家或心理工作者,要么是编剧、演员。每场两名,为男女嘉宾提供深层心理分析,有时还和他们一道同台展现才艺,通过直白的话语和近距离、现场即兴表演为场内外观众提供专业知识和才艺的享受。这个环节实际上对于节目的成功是如此重要,以至于当资深评点人乐嘉要离开《非诚勿扰》另谋发展时,栏目组和江苏卫视都竭力挽留。

第四,男女嘉宾的遴选和出场也十分有趣:24位女嘉宾来自五湖四海,打破了国籍、肤色的界限;台上的外国女嘉宾都说中文,也会一些中国文化艺术,很能满足中国观众刚刚恢复的民族自信心;高矮胖瘦、长相漂亮的和相貌平平的、才艺出众的和稍显神经质的(个别嘉宾对自己的描述)都有,欣赏起来观众会没有压力感(设想都美得可以参加选美大赛,普通观众当然会有压力:不是我的菜啊);学历深浅、职业各异,也不会对观众产生压力感,高学历(如女博士)往往由于学历太高不容易被选中反倒给了观众一种释然感和真实感;年龄跨度较大,有急于结婚的也有想先交友看看的;有很挑剔的,也有看上男嘉宾猛爆灯的……好像与生活现实景象别无二致,这种真实感让观众觉得自然,放松,没有多少高不可攀的神秘感。自然、放松的状态才能使观众得到真正的娱乐享受。男嘉宾方面,一般都经过精挑细选,来自各大网站或媒体的推荐,然后由栏目组专程前往收集他的资料,拍摄几段VCR(短片),反过来给女嘉宾挑选,男性站在聚光灯下接受女性一遍遍的询问、挑选,对传统的男尊女卑观念是不是一种彻底的颠覆?男嘉宾普遍表现谦卑，极尽讨好女士之能事：有精心准备礼品的（好多还专门给主持人和评点人准备了礼品）以示诚心并彰显才艺，有豪爽大方承诺可以给女方做孺子牛的，还有的是精心准备自己擅长的才艺，或高歌一曲，或热舞一段，或大秀肌肉武艺，甚至做上一两道菜或点心什么的，稍有轻狂，女嘉宾手指一按，灯灭一片，灰溜溜走人。这种景象对女性观众来说，大快人心，对男性观众来说（注意，一般男性难以达到上台男嘉宾的优秀程度，且即使优秀也因各种原因难有机会上台在花丛中求偶）也会产生找到平衡的快感。

第五，现场观众与舞台布置：作为节目背景，这两人因素也同样重要，直接影响节目效果。我们不知道现场观众的来源，有没有"托儿"❶ 的嫌疑，从电视上看，他们显得文明，对该节目高度认同，一般都懂得主持人、评点人提到的各种知识术语，懂得其中的幽默和话语策略，而且对于节目的进展和下一步骤的安排十分理解配合，所以该鼓掌时就鼓掌，该哄笑时就哄笑，该喝彩尖叫时就喝彩尖叫，直叫人羡慕、怀疑这么多理想且能逢节目就有的足够的观众来自何方。舞台的设置显然也经过精心的考量，让人多看不厌：24位女嘉宾席上恰到高度、颜色怡人自然、功能配置得体的方台，宽度适中（能满足简单的舞蹈、武术表演）的T字形的灯光走廊，供男嘉宾徐徐而降（注意：速度意味着悬念与期待）的升降机，加上全场明亮但可以变化的灯光，各种效果奇特清晰的提示音（配合着亮灯数量、灭灯、爆灯、成功配对或完全失败），主持人手中的道具（除了话筒，最显眼的就是聚焦电视观众注意力的主持人手中那个供男嘉宾挑选"心动女生"的神秘的iPad），以及专业水准的乐队和提前早已准备好的相关曲目等，至于开头结尾的节目主题曲好多观众早已耳熟能详。这些要素全部配在一起，是不是凑成了一场娱乐的盛宴？

第六，主要环节：主持人登场→女嘉宾入场→男嘉宾入场并自我介绍选择心动女生→女嘉宾对男嘉宾第一印象选择→男嘉宾简历短片→女

---

❶ 所谓"托儿"，是近年来时兴的流行文化语汇，指活动主办方雇人来到各种活动现场制造热烈精彩的现场氛围。

生再次选择→男嘉宾心目中的理想女生→女嘉宾选择→采访男嘉宾的好友短片→女嘉宾选择→男嘉宾最终选择或（都灭灯的情况下）离去，最终得出速配成功与否的结果。观众按照主持人的安排，随着一个个男嘉宾的际遇心潮起伏，体验了冰火考验的心路历程，穿插着评点人心理辅导式的劝慰或教诲，直似体验了一次次感情的奇幻旅游，动在其途，乐在其中。注意，其中也充满各种挑战，如男女嘉宾之间拷问式的（尤其是发自女嘉宾一方的）问答，男嘉宾感情或事业方面的困惑或心结等。从观众的投射心理看，这些挑战同样也指向观众。不过，正如游戏一样，没有挑战的游戏难以给人带来大的快乐，经历挑战→应对→闯关→成功的多个环节，才可能体会到基于成就感之上的较大的快乐。

第七，《非诚勿扰》栏目还定期回顾以往节目中的男女嘉宾，追踪其现在的进展，构建和确证栏目组的责任心和公益心，也为节目本身赢得社会和观众的认同感。在一片善心、善念、善为的氛围中，能使得观众心安理得地获得强烈认同的快乐感受，这种成功的程度是一般节目或栏目可望不可即的。

事实上，《非诚勿扰》节目极大的成功，加上其他几台精心制作的节目，使得江苏卫视已经一跃而成国内倍受欢迎、经济效益居前的电视台，成为其他多家电视台竞相模仿的对象，如今，许多电视台也先后开设了类似的相亲、交友、感情修复栏目。然而，纵观近一二十年来电视娱乐节目的发展，为数更多、影响更大的还是各类造星、选秀节目，涉及音乐、舞蹈、武术、智力（记忆力、数学）、特异功能等多个方面，不一而足。与上文中全面、立体式地分析具体节目方方面面的娱乐性及其实现策略不同，这里更多地从文化学的角度剖析一种文化学、美学意义上的娱乐化倾向。

文化生活中的巨大变化会导致文化深层次相应的变化，或曰文化实践的转变会导致深层次如审美观的变化。这里简要考察近十多年来的造星、选秀节目，从深层次上，即从审美标准上对传统文化的冲击，这就是后现代文化中的审美中性化现象。这是一种跨国界、跨民族的现象，在此选取一外一中两个例子加以说明，即以贝克汉姆和李宇春为例，考察后现代文化娱乐化在深层次上的表现乃至创建。

(一) 审美中性化*

随着社会节奏的加快和竞争的日趋激烈，人们比以前感受到更大的生存压力；同时，生活和工作环境的改善使得人们更加关注工作之余的时间安排，因此，如何放松减压、释放情绪成为人们关注的重点。此时，人们更需要一些娱乐的、消遣性的东西，于是越来越多具有娱乐因子的节目成了大众传媒传播的重点。媒介传递的信息一直影响着大众的审美、生活方式等。纵观现在的各类娱乐节目，不难发现，除了传统的俊男美女形象之外，"女生男相""男生女相"的娱乐形象屡见不鲜，且受到大众的欢迎和追捧，反映了大众在性别审美方面越来越偏向"中性化"。

审美中性化是消费社会和后现代文化背景下的文化娱乐化共同作用的产物。消费社会下，一切活动的最终目的就是购买和消费，尤其是当下的符号消费，社会大众对物品的消费已不再是简单的使用价值的消费，而是对符号的消费，这些符号由商家制造出来代表消费者的品位、身份以及形象吸引顾客。[1] 这一切都是依靠商家通过大众传媒的宣传实现的。虽然各类审美标准宣传着这些标准的合理性，仿佛本就应该如此，竭力掩盖其中的虚构性或建构性，正如当代社会文化流行的对女性的审美标准那样，"苗条、漂亮、时髦……通过将人类（女性——笔者注）身体病理化，社会使正常的身体和身体功能变成有问题的……38-18-34（英寸）"，其实应饱受批评。[2]

对于媒体而言，受众的需要也就是市场的需要，根本目的就是获取

---

* 关于审美中性化的具体论述部分，由茹英根据其硕士论文成果供稿。

[1] Baudrillard Jean. The consumer society: Myths and structures [M]. Chris Turner, trans. London: SAGE Publicatrons, 1998.

[2] 关于当代社会文化对女性的审美标准，详见：李银河.china.com.cn；而关于与女性审美有关的有关问题的成因，详见：陈开举.论"水桶现象"的文化成因 [J]. 江西社会科学，2005 (9)：187-190.

利润，文化娱乐化是消费主义时代的典型表现。媒体的大肆宣传和大众的泛娱乐精神是审美中性化这一潮流出现的主要原因。电视节目为了收视率、报纸为了发行量、网络媒体为了点击率主动配合商家将能带来更多娱乐争论和刺激性的话题传达给受众。中性化审美现象属于消费时代大众文化的范畴，并且与当下娱乐至上的社会氛围密不可分。在此我们采用大众文化研究理论作为依据，从性别研究和形象身份等方面对审美中性化取向进行分析。

（二）审美中性化的代表人物

为了更好地理解这一现象，下面对"男性中性化"和"女性中性化"分别选择代表人物进行定性讨论，分析其出现的诱因。

1. 男性中性化审美："都市美男"

代表人物：大卫·贝克汉姆（David Beckham）

（1）"都市美男"简介。

"都市美男"或"都市玉男"（metrosexual）由英语中的 metropilitan 和 homosexual 两个词糅合而成，最早由英国工作者马克·辛普森（Mark Simpson）提出，2003年被美国方言学会选为年度流行词汇之首。❶ 前缀 metro 指的是这类人群的都市化生化方式，后缀 sexual 来源于 homosexual 一词，意指尽管这些男士们通常是异性恋，但在审美方面跟男同性恋有很多相似之处。"都市美男"注重时尚，勇于展现自己"女性化"的一面，在广告界和时尚界引领男性潮流，并在社会上引起巨大反响。在如今全球的奢侈品消费市场中，很大一部分来自都市美男的贡献。据里昂证券研究，男人消费约占中国奢侈品市场的55%，远高于全球40%的标准。❷ 这与当下的消费模式密不可分。由此可见研究"都市美男"现象的重要性。

---

❶ 详见 "Metrosexual 都市型男"，载 http：//lady.163.com/14/1025/14/A9DIRBVF-00264N2N.html。

❷ 中国"都市潮男"激活奢侈品市场 [N]. 环球时报，2013-01-22。

后工业时代，商品大量过剩，导致商家必须给自己的产品找到附加价值，从而在同类商品中找到一席之地。"都市美男"作为新的广告形象代表，被通过各种途径广泛宣传，让大家普遍接受，创造商机。虽然"都市美男"也有潜在需求，但原本局限在很窄的范围内，是行销商的策划及某些偶像级人物的配合，使之扩大成为主流产品，甚至颠覆了男性的传统形象。在一个供过于求的商业社会里，行销和大众传媒的力量绝不可低估。从性别形象的角度看，性别特征的彰显或者模糊犹如时尚的摆钟，总是从一端摇摆向另一端。如今，它毫无疑问偏向性别单一（unisex）趋势。

（2）贝克汉姆的成功。

马克·辛普森将贝克汉姆作为"都市美男"的代言人。大卫·贝克汉姆的美男形象近几年内在全球随处可见。❶ 他是美国媒体和大众公认的"都市美男"代表，因为在他身上足球事业的成功和"女性化"特质完美地融合在一起。贝克汉姆的成功是当代大众传媒和全民娱乐精神共同作用的结果。1995 年的贝克汉姆只是一位普通的球员，服饰装扮也仅局限于球衣。1999 年，贝克汉姆与前"辣妹组合"成员维多利亚结婚，他的生活中除了足球之外增添了一些娱乐的色彩。然而，当时他不甚时尚的外表并没有打动广告商的心，他的价值也仅限于球场。他的妻子维多利亚为了改变这一局势，开始和贝克汉姆时常出现在米兰时装周或颁奖晚会上，贝克汉姆的曝光率激增。随后，贝克汉姆像许多艺人明星一样有了经纪公司 SFX，SFX 经纪公司在贝克汉姆中期的足球及所谓的"作秀"生涯中起到了非常关键的作用，是他们一手打造了贝克汉姆"全球偶像"的形象。在经纪公司和维多利亚的努力下，贝克汉姆的时尚足球运动员形象广泛出现于报纸、杂志和网络等媒体上。可以说，贝克汉姆是由其经纪公司主导、多种（家）媒体参与的造星的典型案例。当然，这里主要关注的是由媒体和他本人及其团队对男性审美标准的重塑。

---

❶ 关于贝克汉姆个人魅力的早期报道，详见：孙亚菲·足球"美男计"［J］. 新闻周刊，2002（15）：47-49.

(3) 贝克汉姆的造型。

当代大众传媒总是将明星、名人和时尚娱乐结合起来。而时尚是一种象征符号的运作与生产，一种文化偶像通过大众媒介进行的商品表演。这在贝克汉姆身上得到了完美的展现。自从1999年和维多利亚结婚以后，贝克汉姆便频频在各大电视台亮相，并开始登上各大杂志的封面，贝克汉姆的发型也通常认为是时尚的指针。最初的传统发型戴上了头巾和白帽子，后来又剃成了光头，虽然变得简单，但是耳朵上开始出现装饰物。自古以来，耳环、手镯、戒指等环状装饰物都普遍受到女性欢迎，这是女性装扮自己提升魅力和吸引异性的主要手段之一。

据统计，贝克汉姆八年之间换过12种不同发型。❶ 2001年，贝克汉姆的莫西干发型风靡一时。众多年轻人纷纷效仿，一位80岁的女粉丝也将自己的头发做成了莫西干发型，追赶潮流。2002年韩日世界杯之前，英国一赌博公司为贝克汉姆设计了8种发型。贝克汉姆的新发型"胭脂鱼"发式再度成为人们追捧的对象。2003年，曼德拉在约翰斯堡接见来访的英格兰国家队。贝克汉姆为了这次接见，安安静静地花费4个小时和450英镑的高价将自己的头发编成了20根小辫。这一发型十分女性化，甚至有英国媒体怀疑他是同性恋。2003年3月，贝克汉姆再次改变发型，头发太长，用上了女性的黑色发带。而这一造型也出现在了百事可乐曼联—皇马对决的西部片电视广告中。从贝克汉姆的发型改变可以看出，时尚元素在他的发型中体现得越来越明显，而且作为一个体育明星，也不刻意避免时尚元素中的女性元素。传统男性角色文化中，男性的发型基本是不变的，而且常常跟自己的志向、目标等联系在一起。而贝克汉姆的发型大都与上面因素无关，是从时尚和美的角度出发，这一点与女性对待发型的态度相似。这种种变化对于男性观众造成一次又一次的视觉冲击，对于女性又总是围绕着让她们认可大做文章。

贝克汉姆不仅发型在过去几年间发生了翻天覆地的变化，花样百出

---

❶ 关于贝克汉姆发型秀的图文可见于 http://sports.cctv.com/special/beckham/beckham/。

服饰造型也是媒体和粉丝不断追逐的对象。早在1998年,他曾身着裙子与维多利亚约会,婚后后者声称贝克汉姆喜欢穿自己的内衣。标新立异地表现这一特点在贝克汉姆以后的商业生涯中也得到了体现。2001年4月,他为一家杂志拍摄封面时涂了口红和黑色指甲;同年7月,他在参加一位女明星的孩子的洗礼时染了粉红色的指甲。2002年,他和妻子维多利亚一起同日本知名化妆品公司TBC签订合同,成为该公司美容化妆产品的代言人和广告模特。根据合约,贝克汉姆夫妇将负责推广的一系列产品包括眉毛夹、抗皱霜、洁面乳和护肤霜等多种女性用品。而在现实生活中,贝克汉姆也毫不隐藏自己的审美和喜好。他经常出入美发沙龙和美容店,喜欢购物,在记者采访时,32岁的贝克汉姆曾经说道:"能够被称为同性恋偶像,我很荣幸,也许是因为我喜欢打扮自己,所以有人说我女性化,但这也没什么。我不会过度在意的。"❶ 这些充分展示了贝克汉姆对自己外表十分关注,以求得在媒体和受众中新意迭出、创造并引领时尚的存在感。

虽然大众对贝克汉姆的各种时尚造型褒贬不一,但不得不承认他本身的"话题性"。因此,在接收到大众对贝克汉姆时尚形象的关注后,媒体不遗余力地宣扬贝克汉姆的品位、消费习惯和对外表的过度关注。通过一系列潜移默化式的巧妙宣传,媒体、经纪公司、贝克汉姆及"辣妹"、被代言产品实现了共赢:越来越多的男士效仿这一热潮,开始更多地关注自己的服饰和装扮,为相关产品拓展了市场需求,为媒体提供了吸引眼球的素材,为贝氏一家带来了巨额的品牌代言收入和广告费。❷

(4) 贝克汉姆的文身。

贝克汉姆的身体上几乎布满了文身,大大小小有30多处,其中至少

---

❶ 原报道见于2007年12月26日新浪娱乐新闻"小贝不怕当同性恋偶像,穿衣服辣妹说了算"(http://ent.sina.com.cn/s/u/2007-12-26/13581851609.shtml)。

❷ 如为百事可乐、Police 太阳眼镜等几个国际知名品牌代言;当英国队征战韩日世界杯时,贝克汉姆的魅力远漂至东流,印有贝克汉姆队服号码"7号"的英格兰队队服销售火爆,东京多家体育用品商店均告售罄。详见:孙亚菲·足球"美男计"[J].新闻周刊,2002 (15):47-49。

有 18 处具有特别意义。例如小贝在左臂做了 15 厘米的裸体刺青，其中维多利亚袒胸露臀，周围有很多小星星寓意着维多利亚是天使。左胸上方有三个天使将耶稣从坟墓中拯救出来的大幅刺青。画面中的耶稣形象就是贝克汉姆本人，寓意自己的三个儿子对他的爱。2008 年小贝专程飞到中国香港在身体左侧文了"生死有命，富贵在天"八个草书汉字，寓意经历风浪之后对名利的淡泊（同时还要注意华人巨大的受众群体）。在贝克汉姆的文身中，不管是为显示对家人的爱还是为纪念重要时刻或是对自己的勉励，布满了他的手臂、肋骨和背部。贝克汉姆的所有造型中，文身也扮演着重要的角色，尤其是贝克汉姆拍摄的内衣广告系列中，文身吸引了众多人的眼球。2013 年，贝克汉姆来访中国，在北大做演讲时，当众揭开衣服向粉丝展示自己的文身，引起轰动。自古以来，男性的地位体现在被人求，被人需要，被人高攀；而女性要做到被人喜欢，被人欣赏，被人欢迎。前者强调能力，后者强调形象。贝克汉姆作为一位时尚界宠儿的受欢迎程度远远超过了作为一名球星的受欢迎程度。前者的重要性体现在被欣赏，而后者体现在比赛场上的被需要，即大众对他外表的关注度远远大于对于他球技的关注度，其中的秘籍就在于对中性化审美标准的塑造与传播。

（5）贝克汉姆的商业价值。

2003 年，SFX、皇马以及贝克汉姆夫妇的另一家经纪公司"19 娱乐"对贝克汉姆展开了追逐战。他们看中的是贝克汉姆背后巨大的商业市场资源。皇马早期成功买下了贝克汉姆 50% 的肖像权，此后它在全球的影响力日渐提升，仅球衣销售就比以前翻了 3 倍。在这一场战争中，"19 娱乐"最后胜出，而其创始人正是打造"辣妹组合"之人。"19 娱乐"的胜出也在暗示，娱乐当道的今天，竞技成绩已沦为商业价值的基础，而高曝光的娱乐话题主导了贝克汉姆球场以外的所有生活，如他的发型、他的时尚品位等。与皇马解约后，贝克汉姆最终决定空降美国，酬劳 2.5 亿美元。当时 32 岁的贝克汉姆作为足球运动员来讲运动生涯所剩无几。美国人看中的是贝克汉姆身上的商业价值，他带来的广告收益不容小觑。除此之外，美国的造星运动❶也是重要原因之一。美国当代的快餐文化使得大众关注更多的是贝克汉姆球场之外的新闻，并且最重要的是新闻带来的娱乐效果。贝克汉姆标新立异的造型、绯闻、婚姻生活以及宠物都是人们茶余饭后讨论的话题，这些话题更将他推到了时尚的顶端。越来越多的广告商看中他的形象以及背后的潜在人群，贝克汉姆的美男形象和娱乐形象随处可见。

2. 女性中性化审美

代表人物：李宇春

当代媒体无孔不入，电影、报纸、杂志充斥着各式各样的性别形象，女明星所代表的女性形象也经历了不同的阶段。20世纪五六十年代以奥黛丽·赫本为代表的"淑女"形象是全球女性模仿的对象。90年代的"玉女"周慧敏等俘获了无数粉丝。经过中间的"妖女"（梅艳芳）、"熟女"（张艾嘉、张曼玉），女性形象在荧幕上一步步强悍、率性起来，再到现今的"超女"李宇春，从中可看出越来越多的中性元素。

（1）李宇春的成名。

李宇春的成名，"超级女声"这一选秀节目功不可没。2005年，湖南卫视主办的"超级女声"是当年的传媒热点，将真人秀节目推向了一个新的高潮，娱乐化运作也进入了一个新的阶段。节目通过海选、晋级、各赛区的决赛、复活赛、总决赛晋级赛，刻意地延长了节目的周期，吸引了大量的忠实观众。而现场参与、网络投票、短期投票等方式，一改过去选秀类节目的呆板，观众成为民意裁判和决定者。这类节目由商家、电视台和普通大众共同参与，是最能代表文化娱乐化的商业特征、消费特征以及大众文化症候的娱乐事件。

在"超级女声"一炮而红之后，李宇春签约天娱传媒。在经纪公司的包装和宣传之下，她的舞台不再仅属于歌坛，扩展到各种时尚杂志和

---

❶ 明星是大众媒体制造出的一种超级奇观，关于造星运动的根源详见：梁岩. 媒体奇观：电视媒体造星运动 [J]. 今传媒，2013（8）：55-56.

颁奖典礼。没有后现代文化娱乐化和各种媒体的联手打造、包装、推广，实在难以想象李宇春今日的巨大成功。❶ 与贝克汉姆的成功一样，其中的审美中性化应该起到了化弱为强的特殊功能。

（2）李宇春的造型。

2008年，李宇春被选为"四川第一美女"，她的形象却与传统的美女标准大相径庭。传统意义上的东方美女形象一直被塑造成骨架小、曲线多、瓜子脸、樱桃小嘴，长发飘飘，楚楚动人。而李宇春是典型方脸、下颌角较大、颧骨突出，这些体征具有男性的阳刚美。从身材上来讲，她非常清瘦，胸部平坦，因此显得男性化一些。在"超级女声"的舞台上，不同于其他女参赛选手，李宇春和周笔畅一直留着短发，穿着牛仔裤，装扮和外形都十分中性化。而李宇春自成名以来，一直以中性化造型示人。首先，她的发型永远是干净利落的短发，虽然尝试过多种不同风格，但长度从没有改变过。其次，不管是音乐专辑还是时尚活动，李宇春经常身穿裤装，而不是像其他女星一样，用各种裙装显露身材。但即使如此，李宇春的发型仍然是很多粉丝的效仿对象，她的短发成了一种时尚，2013年5月，李宇春参加戛纳电影节，身穿"战衣"引起轰动。这款礼服看似轻盈，实则做工烦琐，重达8公斤。虽然衣服有流苏，并且搭配露出脚趾的小细跟裤靴，增添了女人味，但是"战袍"主题和8公斤的重量，确是跟男性元素紧密相连的。尽管李宇春从曝光以来其总是引起争议，其大众文化商业上的成功却总是使批评者大跌眼镜。2014年3月，李宇春为杂志《时尚芭莎》拍摄封面，❷ 照片摩登，风格酷帅，裤装依然是主打，表现中性美。这一组图片引来网友和粉丝的一片大赞。

（3）李宇春的商业价值。

李宇春的粉丝众多，而消费力强大的粉丝们除了购买李宇春的专辑

---

❶ 杨丽媪. 掘金"李宇春品牌"[J]. 营销学苑, 2006（5）: 54-56.
❷ 图文见于2014年3月25日网易娱乐新闻"李宇春登杂志封面穿露脐装 头戴羽翼香肩诱惑"，载 http://ent.163.com/14/0325/09/9062PCNQ00031H0O.html#p=9O620-2FP00B60003.

之外，其代言的产品成了追逐的对象。2011年开始，李宇春代言凡客。根据第三方机构做的调研报告，女性用户占凡客总用户的52%，李宇春的主要受众也是女性，凡客用户的年龄段集中在21~35岁，占总体比例的84%，李宇春的受众年龄段也集中在20~39岁。这些粉丝中的绝对主打力量的文化心理着实值得深入思考。[1] 李宇春在100位最具商业价值的明星排行榜上列第16位，可见其粉丝的忠诚度相当高。自公布李宇春为其形象代言人以后，凡客广告海报中李宇春所穿的T恤、衬衫的销量增加5~10倍。凡客是互联网快时尚品牌，具有生产、制作、开放容易等特点。而李宇春的成名，虽然有传统传媒的传播，但显然是她在互联网上的话题性使她被选为凡客的代言人。如今，李宇春代言过的品牌超过20个，遍布消费品、电子产品等多种行业。2010年，天娱传媒与李宇春续约五年，并赠送价值千万元的豪宅，可见李宇春背后的商业价值。这些价值，仅仅作为一个歌手是无法达到的，她所代表的新兴的"中性化的美"应该是成就其明星身份，赢得庞大的粉丝团和凸显的商业价值的重要原因。天娱看中的正是李宇春背后强大而忠实的粉丝团和潜在的消费力。

审美中性化这一有趣的审美观变化有着深刻的社会文化变革的意蕴。在后现代社会的当下，越来越多的女性接受高等教育，步入知识型职场，经济上改变了对男性的依赖。随着自身能力的提高，很多女性不再满足于束缚在家庭之中从事琐碎的家务劳动。这些变化逐渐带来相应的社会变化。独立、富裕且自信的女性更倾向于欣赏同样的女性以及那些外表悦人、着装考究、温文尔雅的男性。女性地位的提高，也意味着女性不再只处于"被看"的地位，也开始参与"看"的过程。女性开始参与娱乐，关注娱乐话题，无疑给娱乐化创造了更大的空间，甚至改变审美标准这个娱乐化的深层基础。这大抵就是"审美中性化"的社会文化现实背景。

---

[1] 相关研究见：杨玲. 超女粉丝与当代大众文化消费 [D]. 北京：首都师范大学，2009.

"中性美"的风靡，可以从现代媒体传播、商业操作和全民娱乐的角度来分析。媒体大肆渲染这一人群的特点，宣扬他们的审美和品位，吸引了大众的关注。在当下娱乐至上的大氛围下，体育运动员也成了娱乐的附属品和可以包装销售的符号，人们关注的并非贝克汉姆的职业技能，更多的是他的外表和时尚，这造就了贝克汉姆除了体育事业以外的商业成就。以他为代表的"都市美男"们在媒体的拥簇之下，带动了新的消费类型，也使得越来越多的男性大胆展露自己"美"的一面和"女性化"的一面。同时，在当下信息爆炸的时代，媒介的最佳表达方式是娱乐化。"一切公众话语都日渐以娱乐的方式出现，并成为一种文化精神。一切文化内容都心甘情愿地成为娱乐的附庸。"❶ 全民娱乐精神将"超级女声"推上风口浪尖，而李宇春富有个性、与众不同的形象受到广泛关注。接收到这样的信息，广告商和媒体看中了李宇春背后的商业价值，她从而才有机会和空间不断展现自己的中性美，引起新的潮流。无论是以贝克汉姆为代表的"都市美男"还是以李宇春为代表的中性美女，媒体和商家选择他们、包装他们、推销他们为大众所消费的文化对象，最终还是为了销售其产品，实现自身的经济利益，尤其是明星代言人为其商品带来的额外高附加值。

附：《非诚勿扰》评点人简介

心理点评专家乐嘉是中国性格色彩研究中心创办人和性格色彩创始人，著述颇丰，是上海大学悉尼工商学院和西北大学的客座教授、湖北省心理咨询师协会高级顾问和多个 EMBA、MBA 及各类总裁班和心理咨询专业讲座者。他既做过类似节目的主持人，还出演过电影《非诚勿扰2》。

黄菡系南京大学社会系社会心理学博士，江苏省委党校行政学教研部教授、主任，硕士研究生导师，江苏省社会心理学会副会长，江苏

---

❶ 尼尔·波兹曼. 娱乐至死 [M]. 章艳, 译. 桂林: 广西师范大学出版社, 2004.

省领导研究会副秘书长，主讲过《管理心理学》《领导者心理调适》等多门课程，并发表过多篇学术论文。

于正是一位职业编剧和制作人，成功的作品很多。

曾子航是国内首席情感畅销书作家，主持人，还在重庆卫视、四川卫视、吉林卫视、黑龙江卫视、北京电视台等全国多档电视节目担任情感心理专家和媒体评论员。

宁财神于1991年以少年大学生的身份考进华东理工大学金融系，2002年担任电视连续剧《武林外传》总编剧，该作品获得巨大成功，并为网友追捧。2010年宁财神编剧，朱延平执导，本山传媒投资的《大笑江湖》于2010年12月3日上映，率先开启贺岁档的高潮。2011年5月24日，宁财神受聘担任SMG尚世影业创意总监。

张嘉佳，1980年6月22日出生于江苏南通，作家、编剧。毕业于南京大学。毕业后担任过杂志主笔、电视编导等。2005年，出版首部长篇小说《几乎成了英雄》。2010年，出版小说《情人书》。2011年首次担任电影编剧，凭借《刀见笑》获得第48届台湾电影金马奖最佳改编剧本提名。2013年，出版书籍《从你的全世界路过》，上市6个月后销售超过200万册，并入选第五届中国图书势力榜文学类十大好书。2014年7月21日出版的《让我留在你身边》预售当天夺得预售榜单第一名。

佟大为，1979年2月3日生于辽宁省抚顺市新抚区，中国内地影视男演员。2001年毕业于上海戏剧学院。2003年出演《玉观音》，凭借《玉观音》夺得第22届中国电视金鹰奖观众喜爱的电视剧男演员奖和第五届中国电视艺术"双十佳"奖。

刘恺威，1974年10月13日生于香港，中国影视男演员、歌手、电视剧制片人。2008年凭借《凤穿牡丹》中霍冬青一角获"最受观众喜爱的男演员奖"。2010年主演电视剧《国色天香》。2011年主演电视剧《千山暮雪》，饰演莫绍谦。2012年刘恺威制片并主演了刘恺威工作室承制的都市商战悬爱剧《盛夏晚晴天》。2013年担任主演电视剧

《一念向北》制片人。主演《一念向北》《风云天地》《千金女贼》《抓住彩虹的男人》等电视剧。

第三节　电影文化娱乐化

电影是一种视觉及听觉艺术,利用胶卷、录像带或数位媒体将影像和声音捕捉,再加上后期的编辑工作而成,根据视觉暂留原理,运用照相(以及录音)手段把外界事物的影像(以及声音)摄录在胶片上,通过放映(同时还原声音),用电的方式将活动影像投射到银幕上(以及同步声音)以表现一定内容的综合的现代技术。

1895年12月28日,在巴黎卡布辛路的大咖啡馆,法国摄影师路易·卢米埃尔用活动电影机首次放映了一部仅有一分多钟的宣传片《工厂的大门》,再现了法国里昂卢米埃尔工厂放工时的情景。虽然该片内容、拍摄技巧、剪辑等各方面都极为简单,但这种艺术形式使人耳目一新,立即获得了巨大的成功,被认为标志着电影的诞生。作为世界上第一部影片,在电影史上占有重要地位,并成为大学电影艺术研究生的必看片目。❶

1905年,北京丰泰照相馆摄制了中国第一部无声电影《定军山》,该片为谭鑫培主演的戏剧纪录片,它标志着中国电影的诞生。1931年,由胡蝶主演的中国第一部有声电影《歌女红牡丹》诞生于上海。1948年,华艺影片公司在上海摄制了由费穆导演、梅兰芳主演的中国第一部彩色电影,戏曲片《生死恨》。

电影自诞生以来,便迅速以其栩栩如生的画面、(稍后)与画面同步的声音、(再后)绚丽的色彩、优美的音乐、观众间相互感染的观影氛围形成强烈的现场感、真实感,这种无可比拟的优势很快超越了在它之前的单一功能的文化传播模式,成为最受欢迎的娱乐文化形式和

---

❶ 关于电影的诞生,尤其是第一部电影的内容、播放效果及其在电影史上的意义等,详见 http://www.todayonhistory.com/12/28/ShiJieDiYiBuDianYingDanSheng.html。

最有影响的文化样态。可以说，电影开启了读图时代的先河。具体说来，电影主要具有以下文化传播特征。

第一，即时性。与以往的印刷媒体相比，电影擅长表现和反映当前发生的、时效性强的事态与情状的性能，如（时事）纪录片。其实，电影即使拍摄的是当下现实中发生的事情，经过剪辑、配音、拷贝等技术处理环节，播放时已经有了时间差，但与传统的书刊、报纸相比，电影以鲜活的图画给观影者带来的生动感往往能使之相信影片中发生的事就是当下的现实。电影内容的故事性与观众的现实生活有着紧密的联系，便于观众的联想和理解，增加了观影者的兴趣。

第二，普及性。其是指影视的广泛传播范围，由于影视具有"时效性"，其节目在表述内容和表述形式上不可能过于复杂，而要求清晰、简明、单纯、通俗，这就使影视节目的传播与接受范围比传统媒介大得多。有声电影的发明更使得文盲都可以看（听）懂电影所表达的内容和传递的思想，达到了雅俗共赏的效果，使文化向全民传播真正具有了可能性。而全民普及性的信息获取扩大了人们间的认知语境，通过交流观影感受甚至讨论与影片相关的问题能提升人们相互之间的文化认同感。

第三，直观性。通过直截了当和形象鲜明的手法传播信息图像和声音，并直接作用于人的两个重要感官——视觉和听觉，使之符合人类感受客观事物的习惯。将当二者结合起来，辅以背景音乐，多重信息输入就使得理解的难度大幅度降低。根据认知心理学，人们在意义理解过程中所耗费的脑力成本的降低意味着快乐感受的大幅度增加。

第四，愉悦性。不同于报纸，电影呈现的图像和声音通过刺激人的眼睛和耳朵，进而影响人的大脑。影视图像虽然没有报纸文字所特有的严密逻辑、深邃内涵，但具有文字所无法表现的形象、生动、直观的优越性。这样，无论是内容还是形式都能更好地娱乐观众。实际上，一部好的影片往往能使人反复回味，使即使只能记住其中几个特技镜头的观

众也禁不住相互交流观影的心得，获得认知效果的提升。❶

第五，教育性。电影文化具有高度的示范性和导向性，社会教育功能和政治宣传功能的发挥使其在很大程度上代替了传统媒介。从纪录片到现在的微电影，创作者脑中总是预先就有某种目的，希望在观众中达到某种效果，这就是电影的教育性。但凡教育，总要给接受者施加某种压力，而压力是对趣味性的挑战。相比其他教育形式，电影呈现信息的多角度和直观性可以舒缓这种压力。因此，现在的教学大量采用了电影类技术（包括PPT呈现、类似于镜头切换的超文本链接等手段）。

其实，可以将电影简单地看作讲故事，然而任何故事的讲述总是带有目的或寓意的，即寓教于乐。传统电影的这种教育意义总有一种"板起面孔教训人"的味道，在后现代社会，受到电视的剧烈冲击，加上电影业自身激烈的市场竞争，电影走上了商业化、娱乐化的道路。❷采取了层出不穷的招数发挥其制作精美、画面奇幻、音响效果以及与电视相比的先发优势，加上各方面专业人士的共同努力，使得电影总还能获得一定的市场份额，顽强地生存下来。然而，好莱坞电影帝国商业化、娱乐化的一统天下式的成功，迫使各国竞相走上娱乐化道路。娱乐化是票房的保证。

---

❶ 喜剧电影带给人们愉悦性不言而喻，但获得观影愉悦并不仅限于观看喜剧电影。事实上，最早对审美愉悦进行阐释的是亚里士多德针对悲剧提出的"katharsis"（净化、宣泄、陶冶），认为"悲剧是对于一个严肃、完整、有一定长度的行动的模仿……模仿方式是借人物的动作来表达，而不是采用叙述法；借引起怜悯与恐惧来使这种情感得到陶冶"。（亚里士多德. 诗学 [M]. 罗念生，译. 北京：人民文学出版社，1962：19.）与戏剧相通，电影亦以情节的展开和矛盾的发展为主，通过观看悲剧电影，观众以"共情"为基础，宣泄日常生活中不良情感，以此获得愉悦。

❷ 以中国主旋律电影为例，越来越多此类电影借鉴好莱坞大片的商业制作模式，注重内容的重构与形式的创新，"有意识地将主流意识形态话语和大众、市民文化话语相结合，具体表现在影片中，即在影片的艺术形式和风格上改变了以往僵化、严肃的风格，融入了民间诙谐文化，将严肃、庄严的正剧制作成'庄谐结合'的新体主旋律影片"。（祁丽岩. 主旋律电影的狂欢化叙事——以《建国大业》《建党伟业》为例 [J]. 电影文学，2012（4）：89-90.）

观察电影类型的发展变化便可以基本了解电影的娱乐化发展趋势：动作电影、奇幻电影、喜剧电影、恐怖电影、冒险电影、爱情电影、警匪电影、科幻电影、战争电影、灾难电影、温情电影、史诗电影、实验电影、微电影、微动漫电影、悬疑电影、音乐电影、黑帮电影、纪录电影、公路电影、意识流电影、动画电影、惊悚电影、西部电影、人物电影、飞车电影、家庭电影、超级英雄电影、超大银幕、动感球幕、水幕、水幕电影、环幕、3D、P2P网络电影、角色电影、4D电影等。从这些类型可以看出，受众的各种情感体验需求、观影地点需求、观影方式需求、新奇感需求都被一一满足了。可以说，只要观众喜欢，什么样的电影形态都可以被开发出来。

以上综观性地概述了电影的娱乐性，但真正达到较深入且具体的说服力，还需要结合具体的电影实例进行个案分析。下面就以两部代表性的后现代电影《人在囧途》和《功夫》展开分析，[1]看一部影片中各个环节是如何围绕娱乐性展开的。选取这两部电影正是因为它们都是后现代文化娱乐化的代表性电影，也取得了巨大的商业成功，高额的票房使得它们成为电影行业的典范。

（一）《人在囧途》的娱乐性详解

电影的商业性决定了电影受制于观众，平民化视角、狂欢、解构主义成为后现代电影的关键词。被媒体普遍称为黑马的影片《人在囧途》以低成本投入、高票房收尾，可谓2010年同档国产片的扛鼎之作。该影片以中国每年民生焦点春运为背景，反映了春节前千里还乡直奔家人春节团聚过程中发生的一连串故事。春节是中国传统节日，本是值得庆祝的喜庆日子，除了节日本身的意义，长假、亲人团聚、家庭大型事务的统筹商量和安排，都使其成为中国人民最期待、隆重的节日，在喜庆之余回家难却为许多外出务工者增添了种种麻烦，使节日平添了一层凝重

---

[1] 关于这两部影片娱乐性的案例分析，由薛萍供稿。

感。高达数亿人次的扎堆出行使春运对个人、对整个国家来说都是既期待又沉重同时又必须妥善解决的社会经济、文化乃至于政治问题。所以，每至年末，春运问题便成为各大媒体关注的话题与报道素材。但不同于主流新闻媒体连篇累牍的春运客运量、售票紧张、安全事故的报道，该影片以平民化的视角、娱乐的方式展现了春运途中出现的生活化却又让人啼笑皆非的各种熟悉片段，原本谈之"色变"的春运也变成了可以消遣娱乐的，原本比较严肃的飞机航班取消、黄牛党炒票、车票制假买假、公路塌方等却丰富了影片剧情，增添了主人公故事发展的娱乐性。如此，春运一题跳出了新闻报道的正式语境，以往的严肃性被解构，传递着浓浓的娱乐气息。就这样，《人在囧途》影片中通过解构、戏谑、自嘲等手段以迥异的方式演绎了一次充满曲折甚至苦难的春运历程，撇开对掩藏于春运之中的诸多社会、经济、文化、阶层、性别问题的严肃讨论，用典型的后现代文化娱乐化的方式将这一切经历以喜剧的形式演绎出来，使整个影片充满了狂欢色彩——当然，其中暴露的相关问题依然可以成为学界、政府、媒体等深度研究、改进的素材。

1. 对角色解构的狂欢

贺岁片作为当代中国电影界涌现出来的一类颇受欢迎的电影类型，充分体现了后现代文化娱乐化的特征。❶每年接近岁尾的一两个月，就有一批电影迎合春节这个中华民族最大的狂欢大节，以喜剧的基本形态愉悦观众。这类电影题材多取自广大受众喜闻乐见的生活素材，经过跌宕起伏的情节发展，以娱人的喜剧色彩结尾。经过以冯小刚导演为代表的电影人近20年的努力，贺岁片已成为中国文化生活中人们每年年尾翘首以待的文化盛宴。2010年尾的《人在囧途》无疑是国产贺岁片中广受好评、票房高涨、娱乐化色彩极为浓重的后现代电影当之无愧的代表作。

---

❶ 关于贺岁片的诞生语境（社会文化转型、90年代影坛态势、通俗文学及电视剧的启发）、基本形态（嬉闹贺岁剧、青春爱情剧、生活片、都市探索片）及美学特征（时效性与日常性、表意明确的电影语言、强调娱乐功能）等的研究可见：赵立爱．冯小刚与大陆贺岁片［D］．济南：山东师范大学，2003．

影片对角色扮演人员的选择极符合观众对贺岁片娱乐狂欢的心理期待，男主角徐峥依靠电视剧《春光灿烂猪八戒》中的猪八戒角色，王宝强依靠《天下无贼》中的傻根、《士兵突击》中的许三多等角色的成功扮演而为观众所熟悉，早已成星，对他们的各种报道常常出现在大众宣传媒体中。两个人深入人心的影视表演特点，已经被刻板化、形象化：徐峥的俏皮、机灵以及王宝强的憨厚耿直深受观众喜爱，具有较高的关注度和票房号召力。这两个表演特点迥然相异的明星让观众对影片充满了期待，吸引了观众的注意力，宣传片、幕后拍摄花絮也被广泛搜索及点击，在商业利润抢占中带来了极大的票房效应。

影片对形象解构而后重构的过程可谓亦庄亦谐，充满了狂欢化色彩。影片中的李成功（徐峥饰）是某玩具集团老板，事业成功，是公众心中典型的成功人士，是知识分子出身的儒商，属于社会精英阶层。相比之下，牛耿（王宝强饰）是个"资深"挤奶工，因农场老板欠薪，目不识丁的牛耿便踏上为工友讨债之路，操着一口浓重方言的农民工牛耿代表了草根文化。其实从两人各自的名字就已经让人明白各自的身份了，当他们相遇一定会产生诸多令人期待的冲突性、戏剧性。影片中，二人一路上的心态、行为果然处处形成反差，正是这种种反差才使二者间的人物冲突存在合理性。在一系列冲突中影片以娱乐的形式对李成功代表的精英文化和牛耿代表的草根文化进行了解构。在解构的过程中，颠覆了人们常规意识中对两种文化固有的思维认识，制造了强烈的狂欢效果，同时又重构了这两种文化。

两人相遇前差异巨大的职业背景就已经烘托出人物身份、学识、地位、收入、见识等方面的强烈反差，李成功的尖酸刻薄使得其企业员工自动辞职，而牛耿面对李老板拿出奶牛场的欠条，牛耿的言行将其文化水平低但憨厚、耿直的特点表现了出来。之后，两人相遇的第一幕便是在机场。机场、飞机上的剧情作为"囧途"的开端，目的是将李成功的"雅"和牛耿的"俗"最极致地呈现给观众，反差越大，戏剧性效果越强。李成功西装革履、手提行李、打着领带、戴着眼镜、围着围脖，一副文质彬彬、温文尔雅的精英装扮，他解答着牛耿提出的一个个在他自己看来无知可笑的问题，语气充满着鄙夷，凸显出其高贵的身份。而牛耿，头戴厚帽子，肩背蛇皮袋、粗布袋，一副十足的中国农民工打扮，傻傻地重复着那一句句"那我这个是站票还是坐票""月台在哪呢""我们坐火车这些都让带，坐飞机为啥……""服务员，服务员……你把窗户打开透透气呗""让飞机停一下，我不想坐了""那你让它取消呗……那别人说飞机怎么就起飞不了……咱要是碰到大雾天气就好了"。将牛耿的粗俗、浅见寡识、憨厚且有些傻气活脱脱展现了出来，正是由于牛耿，飞机上笑点连连。因为在现实生活中，由于交通的发达，坐飞机的整个过程已经为稍有见识的人们所熟悉，无论观众有没有坐飞机的经验，都可以通过多种渠道建立起固定的、确定的结构。这种结构一旦形成，人的头脑会由于局部结构的刺激而映射出大致全部的意义，而本剧刻意制造了牛耿这一出其不意的元素打乱了观众心中的熟悉结构，消解了观众的期待，满足了观众的猎奇心理，制造了娱乐。❶ 开场形象、性格的反差塑造，使之后剧情的喜剧性发展显得顺理成章。

飞机不幸被牛耿言中返航，两人只得改乘火车。在火车上，两人再次相遇，角色矛盾开始展开。当两人发现买了同一张票时，来自精英阶层的李成功下意识地认为牛耿买的是假票，当乘务员调查情况时，李成功脱口而出："票贩子就专门骗他这种人。"在李成功的眼中，牛耿"他这种人"代表着整个农民工群体，文化低，智商低，贪便宜，常常采用不正当手段。这是精英文化与草根文化的第一次冲突。在两人的争吵中，李成功始终认为牛耿的票是假票，但相反，牛耿一直辩解自己的票不是假的，却从未质疑李成功所持车票的真伪。最后李成功自愿补票，当他

---

❶ 布莱希特提出了"陌生化效果"，即依靠对熟悉的事物加以陌生化的技巧使观众惊异，具体来讲，通过对一个事件或一个人物进行陌生化，剥去事件或人物那些不言自明的、为人熟知的和一目了然的东西，使人对之产生惊讶和好奇心，以全新角度审视原有的事物，对事物达到更高层次的认识和更深刻的理解。（布莱希特. 布莱希特研究[M]. 张黎, 选编. 北京：中国社会科学出版社，1984.）影片中叙事、人物形象、言语行为等均体现此效果。

用手机了解如何辨别火车票的真假后，辨别出了自己原来所持的票是假的，心生内疚，提出让牛耿坐一会，但是牛耿乐呵呵地将李成功硬硬地按在座位上，最后李成功只得借上厕所之名，将座位让给了一直傻呵呵地站在旁边的牛耿。火车硬座车厢因为最便宜，人员也最为混杂，尤其春运时期，车厢里除了学生，大部分便是返乡的农民工。近年来农民工负面形象的报道，在两人矛盾一出现时，或许也让众多观众先入为主地认为买到假票的是牛耿，但当李成功拿出手机辨别真伪时，观众猜测错误，反而达到讽刺的效果，在颠覆李成功脑子中的认知的同时也挑战并颠覆了观众心目中的常识。这里，需要注意的是，娱乐效果的达成绝不仅仅如同服务场所里对顾客的招待，来点挑战效果更佳，还能达到教育的效果，让人笑过之后还时常回味，是一种寓教于乐的高级策略。

途中遭遇铁路塌方，乘客被迫下车，两人分开后又在同一辆大巴上相遇，当牛耿带头唱起了曾经在街头巷尾传唱的通俗歌曲《有钱没钱回家过年》这首歌时，坐在巴士前排的李成功塞着耳塞，将手机音量调大，哼起了摇滚歌曲，不同的音乐文化形成二者第二次文化碰撞。憨厚、豪放的牛耿唤起了更加大众化的草根们回乡团聚的迫切心情，赢得了众人的跟唱，形成强烈的共鸣，而同属流行音乐但更加市民化的摇滚乐显出了李成功的孤傲，当然也使之陷入了孤芳自赏的孤寂。

无巧不成书，他们不久又遇上公路塌方，李成功擅自让司机师傅走泥巴小路，准备穿过一个禁止车辆通行的村子，途中不巧撞到了村长的太婆，愤怒的村长与夸下海口"出了事我负责"的李成功发生了激烈的争执。李成功在自我保护心理的作用下第一反应就是逃避责任，之后便想用金钱解决问题，一边拿钱一边喷着"赔你钱……你不就想讹钱吗……500……不够啊……1000"。当大巴被村长召集到的村民围攻，众人惊慌失措时，牛耿却在一旁做起了弯腰、压腿的热身运动。就在观众与剧中的人物一样都感到莫名其妙时，牛耿开始用最原始的颠人法救了太婆。村长为了答谢牛耿的救命之恩，热情招待大巴上的乘客，而此刻的李成功只得独自坐在车里抽闷烟，此时的他虽然对自己的行为和态度有所反省，对牛耿也有了一些重新认识，但这仍不足以使他在情感上接受他，更难以融入他所属的这一草根群体中。

渐渐地，李成功开始接纳牛耿，起码没有主动避免与牛耿一道同行。冲突的最后一幕源于对"诈骗女"（张歆艺饰）跪乞救助孩子的真实性发生了意见分歧。在报纸、电视、网络媒体大量关于诈骗的负面新闻报道和如何防骗的文章的影响下，李成功"精明地"认为并分析着"诈骗女"是骗子，"小妹妹，你抬头我看看……妆化得不错啊，你这招太土了……你不知道怎么骗，上网去查一查，你知道吗，百度搜索"。而牛耿倔强地把身上所有的钱都给了"诈骗女"却未等到"诈骗女"回来。国道桥坏了，李成功乘坐的大巴被迫返回，遇到"上当受骗"的牛耿，面对李成功的嘲讽"你不是会看人眼神吗……你这样的傻瓜活该被人骗"，牛耿回应道"骗了才好呢，骗了说明没人病，没人病更好"。牛耿这种"傻人"逻辑——被骗后，还盼望骗子的结局好，傻气里充满着温情，也感染了李成功。之后李成功丢失的钱包被送回，"诈骗女"是曙光小学老师的身份及背后救助孤儿的故事浮现，李成功被深深撼动，终于也相信了牛耿的"人间自有真情在"信念。自古以来，精英分子本应承担厚德载物、弘扬正气、肃清社会风气的责任，但是在本幕中，李成功出于自我保护，不但嘲讽着向众人求助的"诈骗女"且以自己的知识"精明地"分析和告诫牛耿莫要上当。相反地，没见过世面的草根人物牛耿却固执地践行着人与人之间的信任。影片剧情的设计，先是让两人误以为确实被骗，也误导观众叹息，直至后来两人查明真相，众皆愕然！这出人意料的转折，成功地解构了当今社会由于道德滑坡而引发的信任危机。❶ 李成功的现实和心路历程，起到了解构、重构的效果，同时也对观众产生了颠覆性、教育性的人间

---

❶ 中国著名社会学家李银河女士曾指出信任在当代中国出了大问题，人们已经丧失基本的信任，整个社会弥漫着一种欺骗造假的气氛，而实际上中国的传统道德是很强调信任（仁义礼智信）的，我们应当将传统中好的因素发掘出来，发扬起来，重建社会信任。详见于 http://www.cul-studies.com。

温情再普及。其中的娱乐性在于正面意识形态的复归，使观众禁不住在内心说"好的"，也实现了贺岁片为观众、为社会文化生活发掘和弘扬正能量的建构性作用。

从整个影片来看，李成功的"囧途"遭遇在牛耿眼中却是充满人间真情，"坦白说这个世界上还是好人多，你看咱这一路上遇到的都是好人"。本影片解构了以李成功为代表的精英分子形象，暴露了他们表面风光实则内心世界严重空虚，越来越失去对社会价值的导向作用，不仅让社会同时也让精英个人产生了对此种状态的焦虑，❶ 当李成功颇有感触地道出："作为老板吧，那也是一人功成万骨枯，我钩心斗角赚点钱容易吗，底下几百号员工等着我养活，他们在背地里给我起绰号，叫我灰太狼……我也不是好儿子，我爸走的时候我没在他身边，我也不是个好父亲，我到我女儿学校开家长会，他们班主任不认识我；作为丈夫，背着老婆找小三，我也不敢告诉她；作为情人，我不能给人任何结果，我也不是个好情人，其实我挺失败的。突然发现，我这辈子过得跟这两天差不多。"我们有理由相信这次春运回家的囧途对于李成功来说更是寓意着人生、价值取向综合困境的暴露。而牛耿所代表的草根，虽然文化水平低，生活在社会的底层，但保留了宝贵的精神品格，处处闪现着真善美，值得精英们学习，也是社会的希望所在。当然，精英的成功一面也指引着草根群众，正如两人历经重重囧事之后夜宿郊外，牛耿从蛇皮袋中拿出的方便面和小酒，两人以此果腹并举杯庆祝新年，此时李成功感慨道"你让我看到我的人生有多狼狈"，而牛耿却向往、崇拜着李成功的成功人生。

牛耿：老板，我遇到你就觉得你真不错。

李成功：你也觉得我是好人吗？

---

❶ 该观点也曾被杨圭霞、李一敏等从其他细节方面进行剖析，详见：杨圭霞．当精英文化遇上草根文化——观电影《人在囧途》有感［J］．北方文学，2011（12）：118；李一敏．《人在囧途》喜剧效果背后的人文思考［J］．电影评介，2012（7）：49，51．

牛耿：我觉得挺好的。

李成功：我手底下员工可不这么想。

牛耿：为啥啊？你这么成功。

李成功：我成功吗？

牛耿：你多成功啊，你还不成功？

  李成功对牛耿的定位从最初的乌鸦嘴到后来的福将，不仅是因为牛耿让李成功成功地返家更是因为他使得李成功得到了心灵的回归，实现了李成功心灵的洗礼乃至重生。最后，影片又重构了两种文化。精英分子接受了草根文化的冲击、洗礼，寻回了精神归宿，找到了正确的人生方向，用行动将人间真情传递下去，最终李成功找员工假冒债主让牛耿讨债成功，而草根牛耿则获得了事业的成功。影片结尾，牛耿再出场时，已不再是最初的打扮，西装革履、锃亮皮鞋，手提行李箱，戴一副黑框眼镜，着装无异于李成功，只是浓浓的方言依旧未改。这种轮回重生的演化使得观众有理由期待故事的进一步发展。

  精英文化与草根文化作为长期存在且被视为对立的文化形态，各具优势与不足，两者相处之道应是和而不同而非对立，"要清醒地认识到良好、健康的文化形态应该是这两种文化的和谐共融，正如社会学家李银河所说的，下里巴人也好，阳春白雪也罢，都有其生存权利"。❶ 所谓无巧不成书，那么多的机缘巧合凑在一起，演绎了一出精英与草根"不离不弃"的春运囧途。现实中这样的故事发生概率之低也凸显了文化作品的虚构性，也只有在文化作品中才可能出现短期内精英与草根倒转式的解构与重构。这是文化研究中严肃的讨论，但单就后现代文化娱乐化特性而言，贺岁片《人在囧途》中的上述解构与重构无疑使之成为后现代

---

 ❶ 对于2005年的"超女"现象，社会学家李银河指出其肯定不属于高雅艺术范畴，下里巴人也好，阳春白雪也罢，都有其生存权利。从而肯定了草根文化与高雅艺术共存的意义，即使文艺体现出真正的"雅俗共赏"之特点。详见：杨圭霞. 当精英文化遇上草根文化——观电影《人在囧途》有感 [J]. 北方文学，2011（12）：118.

娱乐化电影的重要作品。

2. 语言的狂欢：诙谐幽默、调侃、方言

文化哲学认为，人的本质特征在于文化，或曰人是文化的动物。人的文化以各种符号系统表征出来，其中语言无疑是最完备的符号子系统。语言哲学家钱冠连（2005）[1]强调，人活在语言中，人不得不活在语言中，语言是人类最后的家园。即通过语言，人类可以表达其内在的思维，形成对人和事物深入的认识和了解。

对文化作品的研究离不开对其中语言的分析、研究。研究电影电视剧，如果单单集中研究其中的台词，基本就能将作品中的主要内容研究清楚、透彻。研究后现代电影中的娱乐性，自然也离不开对影片中的语言尤其是主要演员的台词进行分析。在《人在囧途》中，影片就通过借用、反语、重复、方言多种语言方式，对语言进行自由的戏谑，实现语言的狂欢。下面就该片中的具体实例分析影片娱乐性的实现。

影片开始，李成功坐在高级餐厅里用餐，面对三个员工，缓缓道来：

> 认识你们，使我相信一切都是命运的安排，也许上天早就安排，冥冥之中牵引着我们一起走过。现在我想说的是，我上辈子到底造了什么孽啊？全国动漫市场这么火爆，你们居然拿出这样的销售业绩给我看。你的智商真的很提神，而小张，你今年还是有进步的，去年你是弱智，今年晋升为愚蠢了。而关于你，我一直觉得世界上两种人最吸引人，一种是那种长得漂亮的人，还有一种就是你。谢谢你让我体会到头发长见识短是一个真理。

开场这段话一出便奠定了影片娱乐的氛围，"命运""冥冥之中""造孽"本乃佛家用语，却被李成功借用，裹含了多重意义：李成功以老板的身份在尖刻的话语中将自己置于收留听话人、为其提供工作机会的

---

[1] 钱冠连先生在其《语言：人类最后的家园》中多次做过类似的阐释，旨在强调语言作为人类最终的工具和人的本质特征。

善者，完全忽视了其话语本身的恶毒；以反讽的腔调挖苦处于相对弱势地位的员工，当然理由是对其糟糕业绩的不满。殊不知，这些充满佛教因果论、宿命论的话语本身的恶意也为后面春运途中遭遇到的一系列"磨难"埋下了诱因，对弱势者的贬斥性话语为后来通过与牛耿的深度交往终于幡然醒悟，与后者结成打都打不散的"缘分"式的关系。其中还反复出现的"同船共渡"以及历尽劫波后对"善"的领悟等，对于谙熟佛教的中国观众而言，蕴含了雅俗共赏的多层次寓意，这也说明大众文化意义的复杂性：可能包含深厚的思想、哲学，甚至可能影响人的信仰，达成教化之功。"提神""进步""吸引人"本来是褒义语，但是结合人物的肢体语言，我们便知李成功用的是刻薄但能制造浓厚幽默感的反讽，因为紧随这些褒奖词的话语将这些词的褒义取消了，最后一句"头发长见识短"是没有任何科学根据的谬论，而李成功使用了这一系列违背常理的反语，使讽刺幽默效果增强。❶

另外，本影片中还使用了反复的修辞方法，例如下面的对话。

（1）（在火车上，李成功通过网络知道牛耿买的是真票，而自己是被黄牛骗了之后，对站在旁边的牛耿心生内疚，希望以让座的方式代替口头认错来表达自己的歉意。）

　　　　李成功：我已经买了两张票，现在你闭嘴。我坐你站着！
　　　　牛耿：行行行，我坐着你站着。不是，你站着我坐着。你坐你坐。

牛耿的反复性话语刻画了其憨厚善良的形象，为其后来让李成功大惑不解地对他人和社会"不设防"的信赖埋下极好的伏笔。结合后来假

---

❶ 关于电影此方面的解读和剖析详见：陈莹. 喜剧电影对言语交际基本准则的使用——《人在囧途》的语言艺术 [J]. 电影评介，2010（10）：25, 39；张书克.《人在囧途》台词语言艺术分析——对于塑造人物形象的作用 [J]. 电影评介，2010（19）：59-60.

票的真相，加深了两个人物形象间强烈的反差和鲜明的对比。尤其是牛耿先说错了马上又改回让自己吃亏的说法，两种说法用的都是反复的修辞方法，显示出牛耿毫无掩饰的憨厚直率。整个台词中使用了先抑后扬手法，抑制愈深，反弹效果愈强。这里的娱乐化效果是通过李成功表达出一般观众都极可能吐露的自以为是的话语，牛耿傻得可爱的憨厚开始，后来故事的发展对二者上述这番对话的颠覆达成。其中通过颠覆达到教育李成功和观众的历程正是大众文化常用的手法——真正的娱乐不一定是一味地迎合对方，可以像玩游戏一样适度挑战、刺激对方而达成——这就好比以巧招百出的棋牌游戏招待客人，会使之得到比坐下来嗑瓜子聊天更大的娱乐享受。

（2）（在宾馆里，李成功与牛耿共睡一床。因无法忍受牛耿睡觉时打鼾等不良习惯，加之隔壁噪音过大，李成功出门理论，最终返回自己房间时却发现无法开门，无奈之下只有在门外长椅过夜。清晨牛耿开门找到李成功。）

牛耿（一脸兴奋）：嘿，老板，咋睡这呢？我说这起来看不见你，我以为你去买包子吃了。你啥时候跑这来睡了？

李成功（慢慢起身，气呼呼）：我怎么会睡这儿？你猜我怎么会睡这儿？……要不是因为你裸睡，磨牙，打嗝，放屁，我能跑出去吗？你是干吗的？

牛耿：没干嘛。

李成功：你到底是干吗的？

牛耿：挤牛奶的。

李成功：你是老天派下来惩罚我的吧。

这里的台词中也两次用到了反复修辞手法，将二者间的强弱关系揭示无遗："虎落平阳"的儒商李成功气呼呼地数落着牛耿作为草根族的农民工一身的低俗气，气到深处直接怀疑甚至指责牛耿的身份；而牛耿一脸茫然、诚惶诚恐、干巴巴地回应着。单从语言看，李成功未免过于刻薄，但结合片中李成功被折腾得睡不着的场景来看又可以理解。即使如此，后来李成功对牛耿的再认识却又使得上面的台词显得过分了，因为其中饱含着强者对弱者的宰制意识。这里娱乐性的达成应该属于一种苦涩式的自我反省。

最后，牛耿北方方言的使用，符合他文盲、奔波的农民工身份，使狂欢性更强。方言是相对于普通话的非主流语言，对于电影的表达具有独特之处。❶ 对于方言被越来越频繁地使用于电影，北京电影学院教授杨海婴用了"制造喜剧效果"和"表现生存状态"解释。在本影片中，方言除了将牛耿的草根气息、憨厚朴实的性格特点鲜活地展现在影片中之外，毫无疑问，更多是为了制造喜剧效果，追求戏剧性的商业效果。长期以来普通话大众文化产品给人们带来了审美疲劳，而方言的使用更加迎合现代观众的口味，不仅仅是图个"新鲜"，更重要的是让受众获得一种文化归属感。不过，试想如果李成功的普通话也换做方言，不免与他良好的教育背景和社会精英的身份格格不入，电影的喜剧效果也会大打折扣。

除了角色、语言的狂欢外，本影片拼接了人们熟悉的多个社会现实问题，这也正是电影的后现代主义文化特征，职场上刻薄的老板、农民工讨薪、三聚氰胺毒牛奶事件、撞人事故中的道德滑坡、信任危机、山区贫困儿童教育问题、家庭生活中的婚外情，可以说都是社会的阴暗面，在电影中却以娱乐的方式呈现出来，并得到了光明温情的结局：刻薄的李成功在深夜忏悔，讨薪的牛耿得到了李成功善意的还款并于一年后致富，被撞的老太太被牛耿所救，村长为感恩用拖拉机送他们，

---

❶ 20世纪90年代以来，方言这一极具地域色彩的元素以前所未有的姿态活跃于中国电影创作之中。张艺谋执导的电影《秋菊打官司》开创了中国电影"方言化现象"的先河。方言叙事可产生陌生化、新奇感、亲切感等，由此带来独特的喜剧效果，并塑造鲜明的人物形象。方言叙事可反映社会生活的真实性、现实性，体现话语权力解放和地方人物文化气质。详见：丁玉珍.90年代以来国产电影的方言叙事功能研究[D].济南：山东师范大学，2010.

"诈骗女"原来是曙光小学的老师，救助着一群孤儿，情人曼妮在看到妻子的美丽贤惠后自动退出，妻子"美丽"的宽容大度让这个家得以维系，最终世界归于一片温暖真情。用牛耿的话来说"人间自有真情在"，迎合了观众内心的价值取向，既娱乐了观众同时又符合观众审美。影片折射的种种现实，早已由新闻媒体传递给大家，亦是引起了舆论纷争。问题的解决难于登天，在影片中以娱乐的形式传递给了大家，大家现实生活中难以解决的问题，在电影中得到了重构。"这正是狂欢化思维所起到的作用，使笑具有了特定的意义。有了使人发笑的外衣，实现了教化主旨的实现。"❶ 该影片在制造娱乐狂欢的同时，解构又重构着社会文化，让观众的笑声中含有世态炎凉的悲情，但是在泛娱乐化的时代，消费社会的商业逻辑主导下，这种娱乐是否真正能发挥社会教化功能，娱乐欢笑之后的悲情是否真正会被观众认真思考，又是另一个问题了。

（二）《功夫》(2005) 的娱乐性详解

《功夫》是另外一部获得显著成功的商业影片。该影片沿袭了周星驰无厘头❷的风格，抢占了2005年的贺岁强档，票房过亿。如片名所示，影片以中国传统文化精粹功夫为主线。实际上，中国电影史上也不乏此类作品，以洪拳和咏春拳历代宗师为主角的电影，以袁家班、元家班（泛指洪金宝、成龙、元奎等从"七小福"中出来的人物）和程家班主

---

❶ 刘莎. 狂欢化视域下的《非诚勿扰》语言 [J]. 大众文艺，2010 (23)：133-134.

❷ "无厘头"是粤方言，指故意将一些毫无联系的事物现象进行莫名其妙组合串联或歪曲，以达到搞笑或讽刺目的的方式。无厘头的行为会造成一个人的言行毫无意义，莫名其妙。无厘头文化是20世纪90年代香港兴起的一种亚文化，以周星驰、软硬天师及林敏骢等艺人为佼佼者，是基于草根阶层的神经质的幽默表演方式，利用表面毫无逻辑关联的语言和肢体动作，表现人物在矛盾冲突中所表现的令人意想不到的行为方式，往往滑稽可笑。一般人若不明白事件背后的"笑位"，就会不懂得。无厘头文化的更深层研究详见：尹康庄. 无厘头文化探论 [J]. 暨南学报（哲学社会科学版），2010 (1)：20-26.

演的影片,❶ 绝大部分都以展示中华民族"自强不息、厚德载物"的民族精神和"除恶扬善、见义勇为"的武术精神为宗旨,具有全民族意义的崇高性,中国武侠电影更是以独特的神韵走出了国门,受到国外电影界的青睐。❷ 然而,周星驰的《功夫》以旧瓶装新酒,❸ 抛弃了历史传统进行大胆改写,以其无厘头的风格、狂欢的娱乐,解构了经典,与权威相矛盾,展现了由善入恶又归于善的小人物的成长,透出强烈的后现代气息。影片实现了无数观众童年的梦想,与当今无数普通人的心愿相契合,受到大众的追捧,以"一种轻松的平等的态度,对神圣经典进行戏谑性改写"。❹ 可以说,《功夫》是艺术与商业比较完美的结合。

1. 反常规英雄叙事模式,解构传统人物形象

影片颠覆了传统的英雄叙事模式,解构了传统经典人物形象,并通过戏谑权威,消解了精英文化。

传统的英雄救世、救美的叙事模式在该影片中被多方位颠覆。❺ 由周星驰主演的男一号阿星是本影片塑造的终极英雄,在长达近100分钟的

---

❶ 如咏春拳:《一代宗师》(2015)、《叶问1》(2008)、《双龙记》(2007)、《咏春》(1994);少林拳:《英雄》(2002)、《中华英雄》(1999)、《方世玉》(1993)、《少林寺》(1982);太极拳:《太极张三丰》(1993)、《太极拳》(1974)、《功夫小子闯情关》(1996);洪拳:《叶问2》(2010)、《杀破狼》(2005)、《过江龙》(1998)、《黄飞鸿》(1991);截拳道:《精武门》(1972)、《猛龙过江》(1972)、《唐山大兄》(1971)等。

❷ 如《功夫熊猫》(2008)、《虎胆熊威4》(2007)、《杀死比尔2》(2004)、《黑客帝国2》(2003)、《霹雳娇娃》(2000)等影片。

❸ 《功夫》中主要以少林拳、洪拳、太极拳为主。

❹ 傅莹."当下中国电影'戏仿'美学之思——由周星驰的电影说开去"[J].当代电影,2005(4):118-121.

❺ 周氏喜剧电影在香港影史上占据重要地位,其蕴藉的悲剧性是周氏喜剧电影同一般喜剧电影的重要区分。周星驰总是乐于从个体经验的角度关照生存,以小人物的奋斗史展开故事叙述几乎成为他的惯例,而小人物的经验在很大程度上涵盖了周星驰的个人体验。他将自身的电影诉求放大到整个"草根"群体,从电影中小人物的理想追求与他们卑微的社会地位构成的矛盾冲突出发,对生存语境进行解构与重建,展现出充满心酸与无奈的喜剧色彩。详见:李蓓.周星驰喜剧电影的悲剧性研究[D].湘潭:湘潭大学,2014.

影片中，阿星破茧蜕变成为英雄及之后的风光场面总共不过 15 分钟。在其余的几十分钟里，阿星一直扮演着具有小人物劣根性的市井混混，上演了一出出闹剧。影片一开始，阿星是个欺弱怕硬的市井小人，靠与更加猥琐的肥仔聪（林子聪饰）假冒斧头帮招摇过市，踩烂小孩的足球、打劫哑女，但又惧怕斧头帮的淫威。他同样有物质化欲望，少年时被流浪汉巧言哄骗维护世界和平的豪言所打动而倾尽家当买来一本其实只值两分钱的《如来神掌》秘籍，长大后立志做坏人，想通过杀人加入斧头帮获得权势、地位以及女人，正如他在电影里所说："这个世界满街都是钱，遍地都是女人，谁能够下定决心就可以争得赢，谁能够把握机会就能够出人头地。现在机会来了，狠下心杀个人，正式加入斧头帮，那么钱和女人就全都有了。"但又总是下不了手。影片中部，当大院所有的武林高手都倒下，阿星在帮助包租公婆对抗邪神时意外被打通经脉，如来神掌顿时练成，并最终战胜了火云邪神，保卫了大院的安宁。小人物因祸得福，侥幸成了英雄，这就颠覆了经典传统的英雄之悲苦出身，历经磨难而又矢志不渝地磨炼意志与超能，应伟大或宏大的时势之需挺身而出的救世叙事模式。其中阿星长时间的不得势——哪怕想做个坏人都难以成功，不顺利——即使成为旷世英雄也是因为被火云邪神打得不成人样的过程中机缘巧合地被打通经脉，被踢飞上天突然获得宇宙中某种神秘的超自然能量，再加上本为骗人的如来神掌被神秘地领悟而练就，才使得他一变而成了绝世英雄，战胜了邪恶，保护了世人。

　　爱情是周星驰电影必不可少的元素之一。在本影片中，少年阿星拯救哑女，却被殴打侮辱，并获知自己被流浪汉欺骗，阿星的英雄救美不再具有浪漫主义色彩，而以狼狈不堪结束。成年阿星再次遇到哑女时，昔日的保护对象变成了他的打劫对象。当然，虽然叙事模式被颠覆，但是一些人间道德、价值底线仍旧通过阿星、包租婆等人体现出来，并以佛教因果循环的方式最终实现"善恶有报"的铁律。阿星的本质具有侠士精神，虽然社会动荡、黑帮横行的环境造就了成年阿星的欺弱怕硬，但在大是大非面前，阿星还是站在正义的一方，维护了大院和平，与哑女终成眷属。观众既得到了娱乐放松，同时正统的价值观在反常规叙事中得到了守护。

对传统经典人物形象的解构。电影继续沿袭周星驰的审丑视角❶，迎合了当代观众的猎奇心理。片中各武林高手颠覆了传统形象，化身为各具缺点的平民百姓隐于世间。贫穷得连黑社会都不愿光顾的大院里，云集着数位高手，连耕地的大妈都可以一拳将阿星打得口吐鲜血。包租婆（元秋饰）体型肥胖、不修边幅，总是穿着睡衣及拖鞋，俨然家庭悍妇形象。但就是这个嘴里含着烟、嗓门粗大催租的刻薄肥婆，却是金庸笔下仙气十足的素衣小龙女；而杨过则化身为片中的二叔公（元华饰），好色而惧内，瘦弱且其貌不扬，一改传统大侠的英俊豪气形象。两人颠覆了经典武侠小说中金童玉女、大善大雅的完美侠侣形象。大院租客裁缝阿胜是个因包租婆一句"笑什么笑，老屁眼"就会哭泣的娘娘腔，苦力强只会扛麻袋蛮干做苦力，面店老板阿鬼时不时"卖弄"洋文被包租婆挖苦……他们都过着寄人篱下、饱受包租婆白眼的生活。然而，这些或霸道蛮横，或无情无义，或懦弱胆小的不起眼的小人物，却个个是武林高手，大院的守卫者，正气凛然的好汉。这颠覆了传统的英雄形象，塑造了新的英雄人物形象，使观众大开眼界（也大跌眼镜），达到了出人意料的喜剧效果。而反面角色火云邪神的出场是坐在精神病院的马桶上看报纸，这个穿着破背心和拖鞋、头发稀疏灰白，甚至有些精神错乱、口出妄语的瘦弱老头，竟然是天下第一杀手，武功高、动作快，能轻而易举地夹住子弹。黑社会组织是香港电影中常用的元素之一，斧头帮作为黑社会组织，影片一开始用血腥新闻图片对其黑暗势力及金钱交易进行大量渲染铺垫，以斧头帮老大、老二及师爷为代表的头头们却行为荒诞滑

---

❶ 周星驰电影拥有特殊的审美现象，即"审丑"表现，乃至成了一种特殊的艺术表达形式。影片通过"丑"的动作以及"丑"的形象的嫁接给人以滑稽的感受，从而达到滑稽的喜剧效果。然而，周星驰电影中的人物往往是美丑、善恶的共同体。他们外表长相丑陋，但是内心善良，他们虽然有丑的一面，但往往也有美的一面。正是通过人物自身矛盾的对立统一以及美丑对照体现了辩证的思维特点。详见：徐艳莉. 周星驰电影的审美特征分析 [D]. 兰州：西北师范大学，2008.

稽、十分脆弱，例如平时威风八面的斧头帮老二竟然被不知名的一拳打死。这些角色与传统小说影视中的人物对比表现出了一种荒诞不经而又亲切得仿佛就在你我普通生活场景中，电影的娱乐性、大众性凸显了出来。通过这些场景的再现，武林高手及黑帮老大不再神秘莫测、遥不可及，也是同样具有生活气息、喜怒哀乐、优缺点并存的常人。

影片还充满着对崇高的消解和对权威的戏谑。❶ 开场以警察局为场景，先是特写了警察探长门前的醒目标语"罪恶克星"，警察局本应是除暴安良、维护社会秩序的机构，但警员因逮捕了随地吐痰的鳄鱼帮老大的太太而在警察署惨遭殴打，其他人则任恶势力在警察署嚣张造势，抱着"各人自扫门前雪"的心态作壁上观。更为戏剧性的是，鳄鱼帮在警察署门外被斧头帮消灭，而警察们置若罔闻。末了，全面得胜的斧头帮竟丢下一句"警察，出来洗地了"，扬长而去。这既点明了警匪一家、黑白勾结的某种社会现实，消解了警察局作为社会公权力机关的权威，又在枪林弹雨、暴力血腥场面视听觉冲击中，在对警察局的加冕与脱冕中制造了武侠小说和影视文化形态快意恩仇式的狂欢效果。

2. 言语行为的多元歧义

影片通过言语行为的多元歧义来瓦解观众心中对电影模式的预接受。

鳄鱼帮老大在警察局恐吓警员时，本是一片火药味十足的紧张气氛，但由冯小刚客串的老大说出了充满反讽意义的话："这么漂亮的一个女人，就因为往地上吐了一口口水，就被你们给抓到这儿了，还有王法吗？还有法律吗？你们局长都得给我们鳄鱼帮的面子，要不然他就当不了这个局长。"气氛顿时陷入娱乐中。在大院与斧头帮激烈打斗的场面，背景音乐类似戏曲伴奏，似舞台戏般消除了打斗的狂暴性。阿星在精神病院寻找火云邪神时，红色照明灯、滚滚天雷、狂风、阴森长廊，以及阿星幻想抵达木匾小屋推开门后涌出的滚滚鲜血，影片借用恐怖电影中的伎俩，营造出紧张隐身的氛围，就在观众紧张达到最高点时，阿星推开门，

---

❶ 巴赫金的狂欢化理论中大众狂欢重要的特征便是对崇高的消解和对权威的戏谑，这实际上是平民为了建立一个平等自由的世界而演绎出的文化策略。

眼前出现的火云邪神的实际形象却让观众大跌眼镜。言语行为的诸多歧义瓦解了观众的预期待。这种总是能弄出新奇效果的剧情本身就能为观众带来目不暇接的娱乐感。

  此外，本影片还用了多种手段迎合观众的口味及心理需求。例如包租婆始终悬挂在窗口的胸衣、内裤，街坊男的光屁股，骨一动便颤抖的肥硕上身，戴眼镜老伯、小鬼的满身肌肉，裁缝阿胜的红底裤，都渲染了一种喜剧低俗色彩，这些媚俗的肉体及附属品的暴露特写，满足了观众的窥探欲望。同时，影片对黑社会、爱情、贫穷、暴力等元素进行了拼接，娱乐大众，利用电脑制作科幻特技，实现空间切换，如当斧头帮老二用斧头砍向光屁股时，时空忽然切换到老二莫名被打倒；再如火云邪神率众在大院搜索阿星时，阿星欲推门而出，邪神欲推门而入，门开的一瞬间才发现，两人开的并非同一扇门，对观众产生了视觉冲击，满足了观众的视觉快感而对该电影更加买账。

  影片最后，当年卖给阿星《如来神掌》秘籍的流浪汉再次出现，重复着当年的说辞，但倒卖的秘籍变成《孤独九剑》《一阳指》等，这也消解了经典传统中武功秘籍的神圣与宝贵，使之成为可以批量生产的商品。设若他还是在兜售《如来神掌》，那么整个娱乐感就可能因为该秘籍的真实性（因为已经在阿星身上证实了）、他的预知未来的高深莫测的能力（灾难果然发生，买他秘籍之人果然成为救世英雄）等因素而改变，甚至整个影片有可能会因此改变了类型。然而，同样的说辞，因为赶时髦而兜售不同的秘籍，一下子就将他的言行解构成为街头巷尾的摆地摊儿了。这种走鬼行为又因为业已发生的电影故事的巧合而具有了很强的娱乐性。观影至此，观众大可以莞尔一笑，充分领会原来是一场自己被逗乐的文化享受。整个电影虽然是喜剧片，但轻松愉悦中也夹杂着社会悲情，即使是悲情的要素和场景也以娱乐的方式展现。这样，纵然理解到这种悲情的观众想哭，却也只能无可奈何地用笑来表达。该影片在娱乐化和商业化上都取得了成功，获得了观众的认可与喜爱。

  《功夫》与《人在囧途》在电影类型中归类于"喜剧电影"，但这两部电影对问题的讨论深度并不亚于同等级别的正剧或悲剧。如转载于人民网的一篇文章评价:"《功夫》可以说是寻回香港文化的一盏领航灯,出奇的喜剧的手法,自然地结合了道、儒、佛家思想,再加上市井阶层的奇异智慧,香港文化于是隐约呈现。"❶ 电影的编剧和拍摄很好地平衡了其中的荒诞和理性,"荒诞是为了让观众能够看出其中的反常之处,引发人们的笑声;理性则是指故事的发展必须严格按照人物固有的思维逻辑发展,并且这种思维逻辑同样适用于现实中的世界,否则,电影则有可能因为离受众的生活过远而无法被接受;同时,缺少逻辑框架,其中的反常之处则不能被观众察觉,从而失去其喜剧的典型性。于是喜剧电影所要处理的问题则转变为:如何让观众在熟悉的场景中寻找反常的东西。将熟悉的事物倒置,将熟悉的套语用在不合经验的事件之上就成为喜剧电影引发观众笑点的常规技巧"❷。电影娱乐化倾向,在当今已经成为一种趋势,使受众可以在被资本奴役的社会中获得短暂的愉悦放松,但电影作为大众文化作品,还是要肩负着应有的社会责任,要在商业与艺术间找到平衡点,观众的笑不应只因媚俗,而更应该是巴赫金所说的拉伯雷式的笑:"第一它是全民的。大家都笑,是'大众的'笑。第二,它是包罗万象的,它针对一切事物和人(包括狂欢节的参加者),整个世界看起来都是可笑的。第三,即最后,这种笑是双重的,既是欢乐的、兴奋的,同时也是讥笑的、冷嘲热讽的,既否定又肯定,既埋葬又再生,这就是狂欢式的笑。"❸

概括起来,以上述两部电影为代表的电影文化娱乐性可以总结提炼为如下几个方面:

第一,挑战性或颠覆性。高级的享受总是要经过一定的折腾或理解

---

❶ 原文"经典重映,情怀不能用票房衡量"刊登于《扬子晚报》后,被广泛转载于人民网、网易新闻、中国日报网、光明网等。http://culture.people.com.cn/n/2015/0208/c22219-26526765.html.

❷ 张薰以.浅析喜剧电影的观看愉悦[J].电影文学,2012(4):146-147.

❸ 巴赫金.巴赫金全集(第四卷)[M].石家庄:河北教育出版社,1998:5.

上的努力，否则会因为过于平淡而无味。后现代娱乐文化普遍的大环境使观众不会仅仅满足于简单的娱乐。那就来点过瘾的，犹如好酒的酒精度数，越高越有劲。于是，如上文分析的，两部影片从始至终都充满了挑战观众常识的匠心设计：土包子成了知识老板的福星、小混混实乃救世的大英雄，等等。一次次挑战仿佛情景喜剧中的包袱，让受众体会到过坐山车式的大乐。注意，通过这样的挑战性体验得到娱乐感受的方法常常包含了电影制作者想要解构的具有教育意义的价值观等。

第二，依附性。❶电影的选材、情节、矛盾乃至人物总是与观影者既有的期待密切相关，即与大众的生活密切相关，仿佛这些电影直接就是在讲述观众自己的生活，因此可以牢牢地吸引住观众。犹如在课堂上，无论一个学生多么顽皮不听讲，只要老师动辄提到他的名字或拿与他密切相关的事物做例子说事，他就只能乖乖地听讲。所涉及的深层次的东西，如真假、善恶的基本取向一定是大家共享的那一套价值观（不同的或要挑战的是表现形式与实现过程），这样可以深得观众的认同，给观众一种熟悉可靠的自在感。这就是娱乐性电影对大众的依附性——当然也常常被批评为媚俗。

第三，奇幻性。充分利用蒙太奇手法❷等高科技拍摄、制作手段，实现画面的奇观化，吸引眼球，让人过瘾。如上文所说，通过画面的拼接、长短镜头的调整和特技的使用，制造出幕幕奇观，让观众体验一次次奇幻旅行。如慢镜头的如来神掌的形成和从天而降的过程、牛耿特异功能般的金口玉言等，循着影片中的奇幻镜像，观众也可以实现自己的某些

---

❶ 关于大众文化的依附性与颠覆性，详见：陈开举．从《红高粱模特队》看大众文化的依附性与颠覆性［J］．江西社会科学，2004（6）：181-184.

❷ 蒙太奇手法本为建筑学术语，意为构成、装配。最早被延伸到电影艺术中，可解释为有意涵的时空人为地拼贴剪辑手法。通过蒙太奇手段，电影的叙述在时间空间的运用上取得极大的自由。蒙太奇有两个无法否定的重要作用：一是使影片自如地交替使用叙述的角度，如从作者的客观叙述到人物内心的主观表现，或者通过人物的眼睛看到某种事态。没有这种交替使用，影片的叙述就会单调笨拙。二是通过镜头更迭运动的节奏影响观众的心理。

梦幻。好不快意!

第四,平民化。剧中的事是寻常事(如果将《功夫》看作治安问题也就寻常了;而《人在囧途》讲的就是几乎年年都要发生的故事),剧中的人也是寻常人,跟普通的观众没多大区别,即使大人物(如李成功、"杨过""小龙女""火云邪神")也置于平常事中展现其平常的一面,且还着重表现小人物身上的非凡之处。这样能使观众觉得亲近,体现大众的主体感,也当属娱乐性的一个方面。

第五,互动性。影片的巧妙设计使得观众总是处在与影片之间的对话中。观众不由得总是身处这些问题之中:这是真的吗?碰到这个问题怎么办?要是我该怎么办?一句话,观众不是被动的,而是始终处于感官上的、大脑中的运动中,像是在对话,又像是在跳舞,必须时时做出反应或回应。真正高级的娱乐也就应该这样,娱乐过程中积极参与,活动完成后不留疲劳,留下的是轻松、释然感。摇滚乐、后现代娱乐电影正是这样,通过邀请受众参与互动,消除享受过程中可能产生的疲劳。

第六,幽默。娱乐感的达成离不开互动,互动中离不开玩笑和相互间小小的恶搞。其中理想的策略就是幽默,而幽默中最有效、最有智慧投入的当数反讽。上述两部影片充满了反讽,通过反复、双关语、反衬等手法总是捉弄观众既有的概念或预想的理解,使之一开始不断地默默点头,后来又随故事的发展进行自我否定,实现种种解构与重构:哎呀,原来如此!好不过瘾。

第七,解构。解构的目的不一定是破坏,而是打开各个部分看一看,涤除尘埃,使之更加完善,故也包含建构之意。看完一场这样的电影,就好像洗过一次澡。看法(常识)变了,思想变了,人也轻松了,简要地说,接受洗礼了。这是一种高级的、成长性的、建设性的娱乐享受。

第八,深刻的思想主题。好的影片值得常看、常思,不知不觉之间引人发生思想的蜕变和自身崇高感的建立,这是娱乐的最高境界和最理想的效果。上述两部影片中对真和善、平凡和伟大的解构与重构实际上关涉到人类深层的文化、思想、信仰方面。这也使我们相信,假以时日,必成经典。所以，娱乐不一定低俗或浅陋，其中的主题也可能深刻、伟大。

后现代时代，电影文化纷纷走上娱乐化道路。道理很简单，票房是成败的重要标准。限于篇幅，这里只是抽出两部最典型的影片加以分析，为类似影片娱乐性分析提供可以借鉴的路数。当然，就这两部影片而言，其娱乐性还体现在其他方面，如摄影、音乐、灯光、道具、服装，等等。上文对语言、观念方面的分析也可以为其他方面娱乐性的分析提供借鉴。

第四章 其他文化形式的娱乐化

第三章分析了后现代文化语境下网络、电视、电影文化娱乐化问题，这一章对其他文化形式的娱乐化问题加以阐述。之所以这样归类和排序，主要考虑到网络、电视、电影乃迄今为止影响最大的文化传播形式，而其他文化形式如广告、音乐、报刊和亚文化形态在后现代社会中传播影响相对弱一些，虽然对广告、音乐、亚文化形态也可以独立研究，但往往在其他文化形式中也有所涉及甚至可以被包含在内。当然，这样的划分从严谨性和一致性来说存在瑕疵，也欢迎探讨和批评指正。

第一节 广告文化娱乐化

广告文化即广告中所蕴含的独特文化底蕴，是广告必然的构成要素之一。不同时代的广告体现出独特的文化特征。广告文化是从属于商业文化的亚文化，同时包含商品文化及营销文化。广告在追求商业目的的同时，还用文化价值和文化观念对人产生潜移默化的教化功能，以培育忠实的商品、服务消费群体。成功的广告往往利用深厚的文化内涵包装其营销的商业目的，也成为时代文化的重要组成部分。

本来，广告活动是社会化分工的产物，以促进产品或服务的销售为目的。然而，在消费社会时代，同类或类似产品极为丰富，形成供给相对过剩的市场格局，即从卖方市场转为买方市场，这时仍然以简单地发布所销售商品为内容的广告不可能将潜在的顾客成功地劝导成为该产品的消费者。广告内容必须挖掘深度和广度，以受众喜闻乐见的方式先吸引目标群体，再通过广告内容中的文化元素获得他们的认同。一句话，虽然同样功能的商品很多，但广告告诉你我们的产品更有意义，也正是这个附加的意义使得购买我们的商品更有价值，在商品价值之外有文化价值，这就是所谓的符号消费。根据文化哲学，符号即文化（符号表达文化，二者以"意义"为共核）。在消费社会时代，在商品消费上还必须附上符号消费，或文化消费。这里所讨论的广告文化就是在这个基础上进行的。

广告文化是从属于商业文化的亚文化，同时包含商品文化及营销文化，像一只无形的手左右着人们的生活方式和消费习惯。文化通过商品传播，商品通过文化增值。在中国，通过商品传播文化早在丝绸之路时代就已经开始，丝绸之路带给西域的不仅是丝绸，还有以丝绸为载体的古老东方文化。商品文化的实质是商品设计、生产、包装、装潢及其发展过程中所显示出来的文化附加值，是时代精神、民族精神和科学精神的辩证统一，是商品使用功能与商品审美功能的辩证统一。它是广告文化的核心内容。营销文化是指以文化观念为前提，以切近人的心理需要、精神气质、审美趣味为原则的营销艺术和哲理，它是广告文化的集中表现形式，商品文化要通过营销文化的实现而最终实现。广告文化具有明显的大众性、商业性、民族性和时代性的特点。一定的文化传统、信仰和价值观在很大程度上左右着商业经营者以及消费者的心理、行为从而影响各国广告活动。国际广告是跨国界、跨文化的商品营销的宣传形式，它面临的不单是语言的转换问题。如果只简单地把国内成功的广告翻译成出口国文字，效果往往是不好的。因为国际广告与国内广告相比要面临语言、传统习惯、法规、教育、自然环境、宗教、经济状况等差异问题。

可以说，广告的文化化使得广告成为大众文化的一种，是消费社会日常生活中最常见的文化形式之一。它通过创造和推广时尚，鼓动人们紧跟时尚、参与创造时尚，以求得顾客的认同。

围绕时尚进行产品宣传，在广告中普遍而充分地运用名人效应制造商品的权威,给消费者制造某种压力:有品位的人都在消费咱们的产品!稍稍留意一下电视、报纸、网络、杂志等媒体,就可以看出,各种影视明星、体育明星、歌舞明星代言了几乎所有的商品。同时,绝大部分消费品行业的新产品最常见、最成功的营销策略就是名人代言广告。这也从另外一个角度佐证了上一章关于电视文化娱乐化讨论的内容:形形色色的"造星热"兴起(审美中性化只是另辟蹊径,快速、新颖地竖起自己的明星代言人),因为消费社会对于明星、名人的需求成几何量级地增加。名人、明星通过广告代言获得高额的收入,如福布斯财富排行榜上排名最靠前的明星的广告代言收入往往远远高于其从事的演艺、体育的专业收入。产品需要明星作广告代言制造时尚效果,实现销售上的量价齐升,这一点既能从中央电视台黄金时间各种广告背后商家的巨额投入及其因此而获得卓越的市场地位发现,又可以从众生削尖脑袋激烈肉搏于各种选秀造星赛场以求出名得到诠释。其中尤以个别演员为了获得角色甘愿接受潜规则,不惜花重资求得上春晚等名利场以及为了出名不惜过分自谑乃至出丑败象的当代大众文化乱象最能说明问题。异化的文化娱乐化现象实质上遵循着一定的逻辑,即资本文化逻辑。广告文化充分借助名人和明星制造时尚、娱乐效果的背后也是这种逻辑在把控。资本逻辑,通俗地说即各方表现各异,但都为了一个共同的目标——金钱。

这种分析和批判也是本研究的重要任务之一。为了讨论深入,我们首先集中分析广告文化的娱乐化问题。对这个问题可以展开分析的角度很多,仅广告的娱人策略就有很多种,概括如下。

第一,诱导说服法。为产品赋予某种价值,诱导消费者通过购买和使用这种商品来实现这种价值。例如,"金利来领带,男人的世界"。这是对男士的诱导,当然,是有压力的诱导。想成为真正的男人吗?来条金利来领带吧。对于经济拮据者,咬牙买上一条戴上,成就感立显。如同《亮剑》中占领国军仓库的士兵,迫不及待地脱下布鞋,换上皮鞋,左瞅瞅、右瞧瞧,那种自豪感让他都能笑出声来。广告的诱导威力正在于此,购买了本产品,你就立即贴上了成功者的标签,获得了成就感。

这种身份的增值是广告文化娱乐其目标受众（潜在的消费群体）常用的手段之一。

第二，情感说服法。以讲故事的方式让受众将自己的角色投射到广告中去，体验类似的情感经历。如一则关于钻石的广告："钻石恒久远，一颗永流传。"观看了这则广告，海誓山盟阶段的男女该做何感想？将钻石与生活中的点滴联系起来，想想咬牙买上一颗，将来传子传孙，是不是感情的最好证物？购买它、拥有它、戴上它，仿佛就是将爱情锁进了保险箱，多么值得的投入。如果情侣双方都熟知该广告，则钻石极有可能成为他们的定情之物。广告文化的娱乐性正在于此：心安理得地消费，花钱买感受。

第三，定位说服法。通过广告为产品定位，使消费者建立对产品的信心和认同感。例如，江苏盖天力制药厂的白加黑感冒药的广告，"白天服白片不瞌睡，晚上服黑片睡得香，清除感冒黑白分明"，塑造出该药疗效好且无副作用的形象，因此购买了这种产品就买到了一份放心。这是新产品推出之初常用的广告策略。对于疾病、痛楚的解除是自在、心安、愉悦的前提。

第四，审美说服法。广告文化的高级策略往往是赋予商品某种艺术价值，从而赢得消费者的认同感，消费了某种商品就等于获得了艺术享受，增加受众对拥有该种商品的渴望。例如，上海家化联合公司的清妃化妆品系列广告将女人比喻成月亮、天鹅、音符和珍珠，"女人是月亮——有变化才会完善，女人是天鹅——有变化才会高贵，女人是音符——有变化才会灿烂，女人是珍珠——有变化才会细腻"，配以相应的美丽画面。该广告意在构建产品与美的关联：消费本企业的这些产品体现了您对美的追求。

第五，浪漫说服法。把浪漫的爱情与产品相关联，引人向往，创造需求，促成消费。例如，李维斯牛仔裤的一则广告：在一个不知名的海域，一个潇洒的俊男穿着李维斯牛仔裤，驾驶着小船颠簸在风浪里。突然，海浪打翻了小船，一群美人鱼从水中救起他，为他做人工呼吸，亲吻他、抚摸他、拥抱他。美人鱼却表现出对他的李维斯牛仔裤更大的兴趣，竟合力将他身上的李维斯牛仔裤脱走。正当男士们沉浸在画面中的浪漫艳遇时，却发现这一切都是为了得到一条李维斯牛仔裤。本来是营销一种极为普通的服饰，但其中平添的艳遇、浪漫、搞笑色彩给人带来另一种感受。这种广告定可将观众逗得乐不可支，在向往和不知不觉的快乐联想中实现广告本身要达到的说服效果。

第六，性感说服法。将产品直接与人的身体之美联系起来，达到劝服消费者的目的。其中，男性以裸露、健美的身体为美，如阿兰德隆、施瓦辛格那隆起的肌肉、挺拔的身材、严肃的表情造就的性感可靠的男神形象征服了无数影迷。而化妆品、女性时装等产品广告中的女性基本都以优美的身段、近乎标准的三围、白皙嫩滑的皮肤、瓜子脸、撩人的眼神展现出女性的性感妩媚。当然，最露骨的性感展示莫过于关于内衣内裤的广告。性感给人带来的刺激和遐思娱乐着受众，劝服人们消费：消费了本产品，你就能享受如同广告中展示的性感，甚至消费的不是产品本身，而是与广告内容一致的那份浪漫。

第七，时尚说服法。构建产品引领消费潮流的形象，在受众中制造有压力的引导，激起消费者的购买欲。时尚不是自然形成的，而是被创造、引导的，广告无疑是其中积极的引导力量。例如，中国商务通的广告称"呼机、手机、商务通一个都不能少"，所制造的时尚为受众带来压迫性的消费紧迫感。当然，若稍加分析，时尚倡导的其实是一种虚假的、"任性"的紧迫感：真的少了"呼机""手机""商务通"中的某一样、两样甚至全部，也没有什么不能的；尤其是信息的尾重原则将本来不能与前两者相提并论的"商务通"也纳入时尚通信工具之列，这种"绑架"式的劝导是在制造时尚。时尚的制造者刻意传播的"不要落伍哦"的紧随时尚、"我最时尚"的消费劝服才真的是广告文化不能少的。那么，购买、消费所谓时尚的产品，消费者也就加入了时尚之列，这就是时尚说服法的广告文化娱乐性所在。

第八，文学说服法。采用文学之美将商品巧妙地呈现出来达到劝服消费的目的。例如，2001年情人节推出的水晶之恋果冻广告就仿佛一篇优美的散文："水晶之恋果冻代表爱的语言。紫色，有你真精彩；红色，真的好想你；粉红色，爱你一生不变。明天的明天，你还会送我水晶之恋果冻吗？"广告中可以植入的引人如痴如醉的文学感受是这种说服法的极好体现。你享受了其中的文学之美，也就不知不觉地被劝服，激起消费该产品的欲望。

第九，科技说服法。利用人们对科技的崇拜心理将产品与某种高新科技结合起来达到劝服消费的目的。现代社会可以说是科技至上、科学主义，科技对人的意识形态的冲击和重构功能深深地影响着人们的思想和心理。例如，海尔药业的海尔采力花了大量的精力对人们进行亚健康的科普教育。你认可其中的亚健康教育内容吗？这是科学，你不得不信，相信亚健康的存在，根治的办法之一就是使用海尔采力，因为它是原载体，就像一首歌一样，翻唱的人唱得再好，听众也会寻求原唱，与之对比，才得出翻唱的效果评价。在达到劝服消费者目的的同时，其娱乐性在于对科技的高度认同使消费者对产品获得一种心安理得的心理寄托。

第十，名人说服法。借用已经获得社会高度认同的名人形象推广产品的广告策略。❶消费社会是市民社会，成功的偶像莫过于名人。这就是企业纷纷不惜重金聘请名人代言其产品以获得快速成功的原因所在。例如，巩俐优美的微笑成就了美的电器，篮球巨星乔丹成就了耐克鞋类第一的品牌。消费名人认同的商品，就能获得名人那样的成功，至少消费者心里是这么期待的。与崇拜的名人、偶像在某方面一致，是多么的惬意！这就是名人说服法的广告文化娱乐性所在。实际上，在当今社会，这种策略被最普遍地用于广告推广，效果也往往是立竿见影，因此造成明星代言广告费用的飙升，也诱发了上节分析过的各路媒体形形色色的造星热。接下来将选取名人代言的广告进行案例分析，以求加深认识。

承上，广告的娱乐性实现策略很多，但限于篇幅，我们不可能面面

---

❶ 关于明星的符号价值剖析，详见：李启军. 中国影视明星的符号学研究 [D]. 成都：四川大学，2015.

俱到对每种策略都展开深入探讨。这里选取名人代言广告策略为代表，以具体案例分析广告文化的娱乐性是如何实现的。

(一) 名人代言广告*

广告是一个极其复杂的文本，它将各种因素杂糅在一起表达意义。为了深入挖掘名人代言广告的内在商业机制，下面从两个层次分析这一现象：表层为名人广告中的副语言现象，更为复杂、更具有影响力的深层结构为广告文本中所暗含的各种文化编码。名人代言广告中的副语言主要可分为两大类，即名人本身所运用的副语言手段和背景所表现的副语言功能。在广告中，名人运用各种副语言策略和他们在公众中业已建立起来的文化形象来增强广告的可信度，从而说服目标受众购买产品。

所谓副语言（paralanguage），指的是附着在言语❶上的"声气息、面部表情、身势姿态和伴随人的种种物件，都可以（1）代表或协助语言代表事物的某一面；（2）参加交际；（3）本身有视或听的形象，因此能用于视听感知。所以，它们都获得了符号学的现实意义，因而具有了符号意义。"❷ 如果说言语往往含有歧义，甚至充满了说话人有意的欺骗的话，那么话语附着的副语言因素难以伪装，往往透露出说话者的真实含义。这正如《潜伏》中吴冠中教导李涯如何理解、识别他人可能带有伪饰的话语背后所掩藏的真正含义时所说的，听话要注意说话人的声气息。优秀的演员经过长期的专业训练，往往能快速准确地"入戏"，将台词演绎得好像就是他自己要说的话语，加上面部表情、身势语等，让观众也"入戏"，误以为银屏上展示的情节是真实的。台词功夫深厚的著名喜剧明星葛优在这则广告中就是熟练运用了这些副语言因素，达成亲密朋友

---

* 关于名人代言广告的案例分析，由黄嫦娥提供素材和基本分析。

❶ 这里用"言语"以示与"语言"之间的区别。在语言学上，言语指说出去或写出来的话语，而语言一是指抽象的符号系统，二是指作为一种知识或能力。即语言是言语的基础，言语是语言使用的结果。

❷ 钱冠连. 汉语文化语用学 [M]. 北京：清华大学出版社，1997：114.

"窃窃私语"的说服效果。当然，由于广告中精心设计了一系列娱乐要素，如标准的发音、温存的语调、怡人的语速、"真诚"的微笑、诚挚的眼神、自然的身势语就像本来就颇有人气的葛优陪伴、服务于观众，观众岂能不乐？

形象（image）指能引起人的思想或感情活动的具体形态或姿态。在现实社会生活中，人们通过自己的言行留给他人某种或某些印象，统称为形象；在文学理论中指以语言为手段而形成的艺术形象，即文学形象，是文学反映现实生活的一种特殊形态，也是作家的美学观念在文学作品中的创造性体现。在文化学中，形象与表征（representation）密切相关，是表征的效果。表征的结果形成文化的内容，通过表征对人或群体形成一系列的印象，这种印象又与人们的身份紧密相关。表征效果有好有坏，因表征主体意识观念的不同而出现的各种不同的表征效果，尤其是对他人的"他者化"歧视性形象建构，往往会形成当代文化研究的重要研究内容。

文化研究的任务之一是解释社会现象并帮助人们了解其本质。名人广告成型于大众消费时代，属于大众文化范畴，因此要以文化研究理论作为依据，这一理论包括符号消费和文化认同等理论。根据消费文化理论，大众媒体通过推广社会生活的消费需求来影响人们的消费行为。工业社会的批量生产造成物质商品的相对过剩和品质的同质化。因此，生产厂商不得不通过大众媒介制造附加价值来区分其商品，从而获得更多的品牌优势、市场份额、高额利润。随着社会的发展，一方面，人们在消费物质商品的同时也消费着附着在商品上的符号价值；另一方面，人们在丰富的物质世界中容易迷失自己，但消费尤其是品牌等方面的选择又能让他们获得一定的文化认同。

毫无疑问，名人代言广告是利益驱动的结果：一方面，生产商对利益的追求不言而喻，而且市场份额和利润最大化是他们的终极目标；另一方面，名人将自己长期磨砺获得的某些职业成功转化为经济利益已经成为惯例。在名人代言广告的商业文化活动中，名人的利益巨大：无论广告成功与否，名利双收几乎是一定的。因此，在名人代言的广告中，除了精心安排的台词，他们往往还会通过运用各种副语言手段和文化策略极尽说服之能事，极力影响目标受众，促成其最终的购买行为。尽管这些手段和策略是由广告策划者制定，却由名人实施，甚至有时候名人本身也参与广告的策划、制作，而且广告的演绎大都充分利用其已经塑造的公众人物形象，充分发挥其影响受众的演绎技能，所以广告代言中的名人实际是产品生产、销售方的共谋者，因此也应对其在广告中的所言所行负责。考虑到名人在代言广告的过程中获得的高额报酬和他们对公众形象的调用，笔者认为，一旦名人代言了虚假广告，不论是有意还是无心，他们都应当承担一定的连带责任。❶ 总而言之，名人代言作为一种特殊的商业文化现象，值得我们进行批判性思考和反复研究。不过，在本研究中，我们结合具体案例，集中探讨名人代言广告的文化现象中的娱乐性及其实现策略问题。

（二）案例分析

1. 葛优——平安车险（优酷）❷
（广告描述）
平安车险"省到家篇"
出现葛优头部特写（光头，中山装），头缓缓转向镜头，用他充满磁性的声调说："买车险，平安好啊！"

葛优上半身特写，双手张开，出现平安车险的宣传语：万元以下，资料齐全（小写字体），一天赔付（大写字体），并说："品牌大，理赔快。"

葛优上半身特写，右手做打电话状："电话买车险。"

---

❶ 实际上，名人代言广告是否应为广告内容尤其是虚假广告负有一定的连带责任这一话题近年来已经成为一个社会热点话题，并在多种场合如"两会"成为热议的问题。

❷ 视频详见 http：//v.youku.com/v_show/id_XNDMxNTM0MTk2.html?from=y1.2-1-102.3.1-2.1-1-1-0-0。

131

右手大拇指竖起，拇指上方出现"多省 15%"字样："省心又省钱。"（双眼睁大，面带微笑）

葛优上半身特写，逐渐转向镜头，说："电话车险，选平安。"（最后一句话，音量减小，似耳语）

葛优全身特写，双手抱胸，斜靠在"平安电话车险 4008000000"文字组成的一堵墙上。（人比例较小，文字较大）

下面可以从以下两个方面分析这一广告的娱乐性策略。

第一，副语言的角度。与其他广告相比，本广告较特殊，因为它没有背景，除了葛优的特写形象，整个广告唯一添加显示的就是一些大型汉字。广告策划者通过改变字体的大小来强调不同的意义。例如，广告标语强调结果"一天赔付"字体很大，而需达到的要求"万元以下，资料齐全"则是小字体。这样是为了给目标受众留下本车险理赔快的印象。这则广告全凭葛优的标志性台词功夫，以带着浓厚磁性的男性中低音娓娓道来，抑扬顿挫的语调、聊天式的慢节奏仿若在告诉观众一个秘密，传授着一个生活、理财的小窍门。面部表情也非常重要，因为微笑能拉近名人与观众的距离，同时也能增加广告的可信度。此外，肢体语言的配合运用也能大大增加代言人的说服力。例如，葛优在说"多省 15%"时右手大拇指竖立，进一步夸赞了该保险的高品质和高效率。整场广告中葛优的表现就好像是观众的老朋友给大家介绍一款性价比高的车险，完美地结合了声音、肢体语言和文字的缩放来说服目标受众购买本产品。

第二，代言人本身的形象。任何特定的社会中，英雄人物或取得广大人民信赖的公众人物都是其社会文化的重要组成部分，他们是社会价值观的代表，故其言行举止能在公众中产生巨大的引领作用。在后现代娱乐化语境中，各种大众文化明星在公众中具有难以替代的号召力，这就是各种生产商纷纷寻求文化明星为其产品代言的重要原因。在当代中国的影视文化圈里，葛优无疑是妇孺皆知的产品代言明星。作为收视率、票房号召力极高的喜剧明星，葛优通过当代中国电影、电视剧的传播早已成为家喻户晓的"影帝",❶他那颗锃亮的光头、亲切的微笑、即使认真也显得调侃的面容、充满磁性的男中低音极具辨识度,基本没有爆出过负面新闻,媒体对他讲义气的宣传,让人觉得充满人情味儿、亲切平近,故在当代中国社会文化中口碑极佳,这些良好的大众文化形象综合起来使他成为许多产品的形象代言人。此外,在本则广告中他的中山装等本土文化要素也让他看起来有正统中国文化的话语权。

2. 孙俪——蒙牛冠益乳*

(广告细节描述)

在一间纯白色的房间里,三个身穿纯白色衣服的苗条年轻女孩翩翩起舞(其中两个女孩为背景,身穿做健美操时的白色衣裤,影视明星孙俪靠前,着白色连衣裙)

孙俪:"轻盈体态,轻松舒畅。"

镜头拉近,孙俪脸部特写,左手拿一瓶蒙牛冠益乳,说:"冠益乳。"右手将一勺冠益乳送入口中,做出幸福满足的表情。

出现蒙牛冠益乳LOGO,孙俪配音:"每千克含100亿BB冠菌,不但调节肠道菌群,还能增强免疫力。"

三个女孩分别手拿一瓶冠益乳,横着站成一排,齐道:"双功能哦!"(孙俪右手食指和中指呈V状)

再次出现蒙牛的LOGO,三个女孩:"你的冠益乳呢?"

可以主要从两方面分析该广告的娱乐性策略:

第一,场景特征。该广告背景设在室内,暗示人们通常在家喝酸奶,体现了一种温馨的氛围。主色调为纯白色,包括代言人所穿的衣服、道具和房间的布置,这和酸奶的颜色搭配一致。背景音乐轻柔悦耳,一切都给人清新、自然、可口、健康、安逸的暗示,这是冠益乳出场的背景,

---

❶ 付子英. 影视艺术中的葛优文化现象——"贺岁帝"葛优的文化成因初探 [J]. 青年文学家, 2011 (21): 101-102, 106.

* 视频详见 http://v.youku.com/v_show/id_XMTU2MDQ0ODg4.html?from=s1.8-1-1.2。

当然也应该具有这样的特征。三个翩翩起舞的苗条妙龄少女与房间背景颜色、气氛相融，同时也暗示了主角孙俪成功、高贵的人生，且有追随者（注意，所谓领袖，标志之一是有追随者，时尚、明星美女领袖也是如此）。对于观众，不仅孙俪本人是女神级的清新可人的美女，连她的追随者（两个白衣美女为代表）也与孙俪本人的女神形象一致，这就强化了孙俪作为冠益乳形象代言人的劝服力；三位美女的着装为健美操装白色衣裤，体现着时尚美女的特征：青春、健美、洁白无瑕。着装的运动性特征容易让人产生运动—营养—健美—健康等元素的联想。同时，在所有的颜色中，白色几乎是所有文化中最少有负面含义的颜色。孙俪的白色连衣裙更凸显了其作为家庭女主人的身份，结合她的脸部特写——自信、自然、自得，一副幸福自得的形象全部呈现在观众面前。这样的广告对男性观众也有着极强的说服力：对于玉女形象的女神孙俪，藏之金屋已是难得，同时使之幸福自在更是完美。而她为何能幸福自得？广告内容已经揭秘：因为她手中的冠益乳。这样，孙俪优雅地食用蒙牛冠益乳，连同冠益乳的LOGO一起潜移默化地印入受众的脑海。加上配音中孙俪那轻柔的劝说式台词、三个女孩的附和性强调和带有挑战/挑逗式的发问（"你的冠益乳呢？"），这样，场景式副语言信息的综合作用为广告的可信度增添了十足的分量。同时，幸福、美满的消费体验让观众也一样体会到个中的怡然自得、优雅幸福。

第二，代言人孙俪的文化形象。毫无疑问，代言人的形象所透露出来的气质与所代言的产品是否相符至关重要。演员孙俪通过过往一系列的影视作品塑造了纯洁美丽、气质出众的文化形象，这被她所代言的产品冠益乳酸奶充分地借用过来。孙俪穿着白色连衣裙随着音乐翩翩起舞，随后走到镜头前，说"轻盈体态，轻松舒畅"，将她清新、纯洁、美丽的形象在优雅的舞蹈与对冠益乳的宣传说辞串联起来，显得自然、一气呵成。孙俪喝酸奶时流露出的幸福满足会让观众对该品牌酸奶的美味和有益于健康、美丽深信不疑。广告词"每千克含100亿BB冠菌，不但调节肠道菌群，还能增强免疫力"，用科学的数据让受众相信该品牌酸奶的高品质。❶ 在说"双功能哦！"时，孙俪右手食指和中指呈 V 状，表情俏皮可爱。最后，三人齐说"你的冠益乳呢？"，再次提醒目标受众购买该品牌酸奶。在说广告词时，蒙牛冠益乳 LOGO 反复出现，和人物的表现搭配得当，让受众对其品牌不断加深印象。不难看出，整个过程就是围绕孙俪本人在公众中的良好形象做文章。而孙俪本人也积极主动尽力演绎上述广告设计的各个环节，所以说，假若产品真有质量问题，倾尽全力帮忙营销的代言人应该负有一定的责任，至少他们帮助劝说消费者购买使用了所代言的产品。不过责任问题属于另一个问题，此处不再展开。就广告的娱乐性而言，实际上，明星代言的广告之所以娱人并因此具有极大的传播影响力，就在于这样的广告充分利用了受众对明星形象乐此不疲地观看、倾听！

3. 林志玲——OLAY 玉兰油*

（广告描述）

一年轻女孩："一下就看见健康嫩白，可能吗？"（困惑的语气）

林志玲从一群白领中走向镜头，特写："有可能。"（林志玲穿纯白色，肯定的语气）

一年轻女孩对镜自照，镜子上写着"暗哑""干燥"二词。

林志玲出现在该女孩身边，关切地对她说："新变革 OLAY 玉兰油白里透红霜。"

出现林志玲脸部特写（微笑）："升级玫瑰营养。"

林志玲全身入镜（自信而沉稳的脚步）："一下就赶走暗哑、干燥"。

出现 OLAY 面霜的图片。

出现林志玲右边脸部特写，同时右手食指和中指在涂抹玉兰油面霜：

---

❶ 有学者研究广告中的科技信息，也将其作为案例之一，归类于"真科技信息"，参见：王超颖. 广告的科技信息卖点研究 [D]. 长春：吉林大学，2014.

* 视频见于 http：//v.youku.com/v_ show/id_ XMTc1NTkwNTQ4.html？from＝s1.8-1-1.2。

"更健康的嫩白。"

林志玲整张脸特写，同时右手食指伸出："第一次就看见，就是有可能。"

林志玲与一群白领出现在镜头前（开心、自信而神采飞扬），旁白："新变革OLAY玉兰油白里透红霜，肌肤与你越变越美，OLAY。"

下面依然从两个方面来分析该广告的娱乐性策略。

第一，场景因素。本广告场景为室内，主色调为白色，同产品面霜的颜色一致，关于白色的文化含义上例中已经详解，此处不赘。主要道具是一面镜子，它是每个女性的必需品，尤其是那些爱美的女性，可见场景的真实性。同时，镜子所含有的观看与表现功能具有多重文化含义：对于照镜子打扮者来说，可以用镜子观察自身；对于男性来说，传统文化赋予了女性被男性观看的含义，❶ 所谓"女为悦己者容"指的就是女性打扮自己是为了"悦己"的男性观看、欣赏；照着镜子打扮自己的美女还透露出其自省、自爱、品味，同时透露出女性之美的奥秘部分来自打扮。镜子还能引起目标受众的共鸣，让大家想起日常生活中自己面临皮肤问题的熟悉场景。此外，背景音乐音量小但节奏较快，轻快的旋律在应和当代生活节奏的同时还可能暗示该产品的美白功能之快速有效。上述阐释无不包含观众在经历这些体验时的愉悦感，同时，观看有着"女神"之称的林志玲也是愉悦的，更有甚者，图像中的女神林志玲的微笑、眼神、美肤分明是专门展现给你看的，作为观看者，何能不乐？这样，在观众可能乐得都忘了这是则广告，也正是在这种乐而忘返（反思）的观看体验中，广告实现了最佳的推广效果：我们不是在销售产品，是在提供美丽和幸福的享受！

第二，美女明星形象的因素。事实上，首先出现的女孩是所有遭受皮肤问题之苦的爱美女士的代表，她想买这种产品却不太相信其功效。所以她用困惑的语气问："一下就看见健康嫩白，可能吗？"这也道出

---

❶ 关于这一问题的详细剖析详见：马中红. 视觉文化：广告女性形象的看与被看[J]. 深圳大学学报, 2004 (6): 105-110.

了大部分目标受众的心声，让他们产生感同身受的感觉。然后代言人林志玲给了这个女孩一个肯定的答案，她通过自己亲身试用产品，证明了产品的真实效果，以达到说服目标受众的目的。这个过程中，巧妙地利用了林志玲美女明星的形象：采用先抑后扬的对比手法，首先提供一个普通的爱美但无助的女孩形象，引起受众的共鸣。接着，有着"台湾第一美女"称号的林志玲出现。首先，她是风靡海峡两岸的文艺明星，有着事业成功、万众喜爱的形象；其次，她苗条性感的身材、细腻白皙的皮肤代表着青春美丽的女神形象；最后，林志玲独特的"娃娃音"传递出纯净无邪的玉女形象。这样，成功、美丽的女明星形象被成功借用为该产品的标志。欣赏林志玲这个美女吗？爱屋及乌，或追根溯源，请学习广告中林志玲的几位美女追随者，也爱助她成功的OLAY玉兰油吧。

就这样，林志玲通过自己的现身说法，将自己的知名度和形象捆绑在产品上，在愉悦观众的过程中，说明产品极好的功能，在受众中提高了该产品的认可度，最终增加产品的附加价值。

概括起来，上述三则名人代言广告的文化娱乐性体现如下。

第一，成功感。经济时代的成功（以名人、明星为标志）就在眼前，名人就在你面前，在向你献媚。如此亲切地将成功的秘诀展现在你面前，照着做吧，买了、使用了该产品或服务，则成功近在咫尺。

第二，可靠性。质量可靠、价廉物美。其中的成分、功能、优惠、周到的服务等细节都展现给消费者了，完全省去了消费者货比三家的麻烦。明星都已经试用过了，并权威性地展示了他/她的亲身体验：就是值得买！简直是哪有这么好的事。

第三，主体性。消费者你就是中心，是服务对象。连消费者最喜欢的名人、明星都在体贴地为消费者服务，这简直就是"顾客就是上帝"，"你好，才是真的好"最活生生的写照。受众就是目的，是产品和服务全心全意的对象。

第四，文学文化美感。好的广告给人以美的体验，是一顿文化大餐。

产品的命名充满了吉祥、浪漫、体贴，让人听着、看着就是一种享受，体会到的是一种人文关怀而非商品，如"可口可乐""惠普"等。广告中的台词往往充满了诗意，在精心设计的场景中演绎出来，简直就是诗情画意！上面分析的几则广告，其中的美感简直就是好的文学文化作品的精华浓缩版。在后现代文化的消费社会中，无处不在的广告让你打开电视、展开报纸、连上网络或打开收音机，随时随地都能免费享受文学文化美感。

第五，服务性。广告中关于产品的功能、价格、后续服务等一切消费者对该类产品的疑问都经代言人的现身说法得到解答。广告所要得到的效果显然是我们的产品这么好，能为消费者考虑的都已经考虑好了，没有比这更合适的了。

第六，主流性和时尚性。广告旨在向受众传递这样的讯息：您看到的、听到的关于本产品或服务的宣传都是真的，因为名人、明星都在用，那还有假？所展示的产品和服务简直就是为你量身定做的，面对这样的关怀，你会很乐意成为他们的消费者。

第七，浪漫。那么聪明、美丽、成功的明星已经这样向你主动展现他们的魅力了，那眼神分明是对你的邀请，如前文中提到的拥有一条本广告中的牛仔裤，可以令一群美人鱼对你展开执着的追求。

第八，性感。女神级的美女们（如前文中的孙俪、林志玲）将其妩媚、性感、吸引人之处呈现出来，供你观看，供你消费，消费产品的同时你也在消费明星，或曰明星也成了你生活的一部分，如她的温柔、美丽、贤淑、时尚、优雅、性感、品位。

总之，要想成为名人，成为成功者俱乐部的成员，方法很简单，而且已经通过广告展现在你面前。这样，观众在享受广告带来的各种愉悦感受的过程中，被潜移默化地说服，成为产品立即的或潜在的顾客。正是娱乐性成就了广告的"软卖"功能。❶ 实际上,名人代言广告,极尽劝服之能事,对观众产生巨大影响,为企业获得巨大利润。难怪名人代言广告,费用越来越高,企业聘请名人代言广告,越来越成为成功的捷径。至于其中可能存在的产品质量、价格等问题,都被搁置脑后,从而也为这样的广告本身埋下了许多问题。正是在这个意义上,笔者认为,通过充分利用自己良好的公众形象,充分发挥自己的各种专业技能,成就了广告在受众中产生强大说服力的明星,由于他们同时也获取高额的报酬,所以他们实际上是产品方或销售方的利益共谋者,因而也应该对广告内容的真实性负有一定的责任。

第二节　流行音乐的娱乐化

后现代社会形成之初,流行音乐就是其中引领时尚的重要文化形态。作为大众文化之重要乃至代表性的组成部分,流行音乐（Popular music）本来就是娱乐性的,对这一点似乎没有研究的必要。然而,后现代语境下,流行音乐紧紧围绕娱乐性发展,甚至不惜超出音乐本身,大量采用舞台表演、挑战观众的接受极限,使之成为娱乐化表现最前卫的文化形式之一,令人震撼,不得不书。

流行音乐于19世纪末20世纪初起源于美国。它的准确概念应该为商品音乐,即以盈利为主要目的创作的音乐。它是商业性的音乐消遣娱乐以及与此相关的一切"工业"现象。❷ 作为商品音乐,流行音乐的市场性是主要的,因为赢得不了市场,就谈不上流行,即英文原名中的

---

❶ 广告一般可分为两种类型："硬卖"（hard-sell）型和软卖（soft-sell）型。"硬卖"型广告倾向于用清楚可信的语言直截了当地介绍产品性能、价格标准、保用条件等信息,"软卖"型广告则专搞心理战,倾向于用迂回曲折的方式诱发想象力,唤起对商品的好感,鼓动购买欲望。许多成功的广告则往往"软""硬"兼施,既有信息价值,又有移情作用。详见:陈道明. "软卖"型广告中的"移情"[J]. 现代外语,1991（4）: 33-36.

❷ 见苏联《音乐百科词典》1990年版。

popular。而艺术性是次要的，能流行才行，不利于流行的艺术性必须舍弃。从音乐体系看，流行音乐是在美国大众音乐如叮砰巷、摇滚乐、布鲁斯、爵士乐、索尔音乐等架构基础上发展起来的。其风格多样，形态丰富，可泛指 Jazz、Rock、Soul、Blues、Reggae、Rap、Hip-Hop、Disco、New Age 等 20 世纪后诞生的一切都市化大众音乐。中国流行音乐的风格与形态主要受欧美影响，在此基础上又逐渐形成了本土风格。

流行音乐的产生时逢 19 世纪美国的快速工业化。大批农业人口离开乡土，进入城市，加入产业大军，改变了城镇市民结构。市民中反映思乡的通俗音乐成为新文化代表，形成流行音乐。19 世纪末 20 世纪初，南北战争和第二次工业革命使得城镇化覆盖了美国全国，在根本性改变市民结构的同时也促进了流行音乐的井喷式发展。无可比拟的民众基础使流行音乐取得了巨大的商业成功，同时也影响了严肃音乐的创作。第二次世界大战后摇滚乐、蓝调和乡村音乐兴盛起来，其中尤以摇滚乐为主流。70 年代以后，随着后现代消费社会的全面演进，流行音乐更加繁荣，以迈克尔·杰克逊、麦当娜为代表的流行音乐不断走向前卫和极端，商业化倾向更加明显。当代流行音乐的代表则非 Lady Gaga 莫属。

总体来看，流行音乐具有一般文化形式难以比拟的娱乐性，是因为如下因素。

第一，通俗易懂。流行音乐本来就产生并流行于社会下层，浅显的歌词、生活化的内容、直白的表述、简单的韵律使之通俗易懂，容易快速获得大众的理解和共鸣。例如，李春波《一封家书》的歌词，可以说通俗到"土"的程度，连文盲半文盲者也能基本理解其含义和境界。也正因为这么通俗、亲切，有着类似背景的人哼唱起来颇能表达自己的感受，缓解乡愁，因此很快就获得了庞大受众群的认可。

第二，庞大而深厚的民众基础。这一点不是对第一点的重复，它意味着多种类型和大量作品涌现的可能。同时，面对这个巨大的市场，只要能打动受众，就能获得生存空间。来自大众、获大众追捧、取之不尽用之不竭的素材成就了流行音乐无可比拟的成功，这种成功有时足以无视经典高雅音乐的歧视，并最终影响后者的娱乐化转型。而事实上也有一些以经典音乐起家的音乐人往往"经不起诱惑"，纷纷转向或部分转向了流行音乐。可以说，流行音乐的这个发展路线正是大众文化获得认同进而影响高雅文化前来取经的一个缩影。

第三，时尚性。流行音乐是时尚的标志，甚至可以说，时代之间的区别可以明显地用流行的音乐区分。这一点很容易就能解释清楚：流行音乐来源于生活、反映生活，而生活具有时时创新的流变性，流行音乐的时尚性或流变性正体现了内容决定形式的艺术规律。

第四，奇幻性。流行音乐往往与多种艺术形式糅合，特别是与影视表演技术、新的舞台技术结合，产生奇幻效果，如20世纪八九十年代港台流行音乐"四大天王"的音乐专场中有的歌手高超的舞蹈表演比其音乐功底给人的印象更深；Lady Gaga的舞台表演糅合了多种表演艺术和高科技手段，让人如痴如醉，有时她及其表演团队甚至采用了魔术表演，极尽吸引观众之能事，让观众惊愕、痴狂。

第五，商品性。与经典音乐受社会主流权力机构或宗教团体的资助相比，流行音乐的民众性、自发性使之从一开始就必须自给自足。从流行音乐表演现场门票的销售、光碟的发行量、每周流行音乐排行榜、网络上点击播放和下载量等各个传播环节来看，流行音乐成功的标准就是其市场影响和商业价值。市场影响最大的歌星还能赢得电影电视等艺术形态的青睐，甚至为他们量身定制角色（如周杰伦），将他们捧成三栖巨星。再加上广告代言等商业活动，可以说，好的流行音乐是音乐人成功的捷径。

第六，更替性。正如流行音乐排行榜是以周为时间单位进行统计更新的，流行音乐的作品和歌星总是在推陈出新：有的歌曲和歌星红火一时，但很快就偃旗息鼓，甚至仿佛消失了，尤其是近十年来的一批网络流行歌曲和歌手。有的红火一阵后，歌手自己或新人即改变歌曲风格以新的形式翻唱。真正能做到长盛不衰的歌手和成为流行经典的曲目仅占整个流行音乐的极少部分，而且往往还必须在曲调、风格、歌词、表演形式乃至歌手的外形等方面有所创新，才能避免受众的审美疲劳（如周华健近年来就主动更改了早期的一些歌曲的风格）。近几年来，随着电视、网络一系列流行音乐类造星选秀节目的泛化——注意，在新的电脑模拟技术的帮助下，很多业余歌手在音质、音色、舞蹈、着装等方面的训练和包装都达到了相当的高度，想要凭重复演唱几首成名流行歌曲就长期占据流行乐坛的一席之地已经基本没有可能了。更替性使受众始终处于新奇的娱乐性体验。

第七，互动性。当代流行音乐普遍重视与观众、听众的互动。最简单的如歌星在演唱时邀请观众一起唱，观众最熟知的歌词出现时，歌星们还将话筒朝向观众听他们唱。有的歌星还走下舞台，走进观众席，握手、邀唱等。各种卡拉OK、民间晚会、歌手大赛等更是将民众变成了流行音乐的主角。许多电视台开辟专门的频道或节目，举办访谈类节目，详细、深度介绍一些歌星和与之有关的作品，如音乐频道、"艺术人生"栏目等。各种互动活动将流行音乐开放性的优势展现出来，使之成为最成功的大众文化形式之一。互动性能使受众体会到主体性的娱乐感。

第八，即兴性。流行音乐的即兴性主要有以下几种：表演的即兴性，在任何时候，只要有人要求，立刻就唱，无须化妆、道具、扩音设备等；风格的即兴性，表演的过程中，还可以合理地修改音调、歌词等；创作的即兴性，这是一种较高的要求了，如同吟诗作对，要求歌星或爱好者就地取材，即兴创作并演唱，借以助兴，等等。其中的娱乐性不仅体现在音乐本身，还体现在相关的创作、拼贴、急智性（挑战、游戏）等才华展示与欣赏。

第九，传播的技术性。流行音乐的传播需要采用一系列设备和技术，包括电视、网络等媒体或光碟等存储设施，涉及软硬件传播设备和技术。如果是现场表演，仅各种音响、扩音、信号传输、强弱电等设备和技术就涉及多个不同专业的投入及相互之间的协调运作。传播的技术性证明了法兰克福学派对后现代文化工业化特质的研究；与娱乐性相关的则在于促进了流行音乐的传播效果，扩大了传播界面，最大化地普及了受众面，等等。

第十，丰富性。广泛的受众基础、推陈出新的生发格局、不受限制的各种风格、推波助澜的资本投入、高新技术的传播渠道、动静结合的营销方式，使得流行音乐种类齐全，花样百出，随处可见，使人们可以很方便地储存唱片、文档资料等，可以随时随地哼唱、聆听。这些因素也使得流行音乐已经发展成为当代最广泛、最受欢迎的娱乐方式之一。

当然，作为最具代表性的后现代娱乐文化形式之一，流行音乐还有许多其他特点，尤其是常常镶嵌在电影、电视、网络文化中，使得跨界特点更多，这里不再详述。当代流行音乐的发展出现了一些更为前卫、极端的特点，使得其娱乐性常常可以表现得近乎疯狂。下面选取 Lady Gaga❶ 这一具体案例来分析流行音乐的娱乐性在当代呈现出的新特点。

"流行"和"大众"是与当下社会文化现状紧密联系的关键词，代表了其最显著的"两极"。"流行"主要表现在娱乐消闲文化方面，以娱乐大众为主要目的，具有极强的流变性特点。而"大众"则主要体现在政治和公共事务方面，以来自大众、服务大众为主要出发点。从本质上说，大众文化是一种以大众的各种生活体验为主题、以广泛的民众为本位，既来自于大众又服务于大众的文化形态。与经典文化、高雅文化相比，大众流行文化最怕的就是无人问津，成功的标志就是引起轰动，家喻户晓。

首先，如果说一个传统意义上典型的、女人味十足的女人应该魅惑动人、柔弱不堪、任人摆布，即逆来顺受，那么 Lady Gaga 在她的表演和音乐中，就一次次颠覆了这些女性特质。她为自己塑造的明星形象引发了无数关于性别角色的争议。通过一系列性别操演的处理，Lady Gaga 展现出来的身体就是一个变幻莫测的表演场，她中性的性别操演吸引着媒

---

❶ 关于 Lady Gaga 的案例分析，由陈畅菲供稿，略有修改。

体和观众的目光,使之震惊、惶恐、过瘾,乃至于无所适从,而回味起来却又觉得栩栩如生,足以使人长时间地津津乐道。这种具有轰动效应的奇观形象冲击、引导着大众娱乐文化本身,刺激着相应的消费行为,同时也冲击、重构着大众文化视角下的社会经济、政治、文化生活。[1]

其次,青年群体,特别是青年女性群体,构成了 Lady Gaga 明星形象、音乐以及相关商品的主要消费群体。Lady Gaga 不断生产、复制具有视觉冲击力、戏剧性、吸引力的朋克风格迎合了这些青年群体的消费喜好。甚至可以说,Lady Gaga 是青年群体的代言人,适时唱出了、表现了他们的心声和行为风格。因此,对青年亚文化的研究有助于理解"Lady Gaga 奇观形象"的深刻内涵。本书中的"青年群体"与青年亚文化理论所指一致,特指工薪阶层青年和青少年群体。

再次,青年群体追捧 Lady Gaga 的唱片、购买演唱会门票、随着她的音乐起舞、加入粉丝俱乐部、关注她的推特账户、在 YouTube 上点击她的表演视频、模仿她的奇异造型和大胆举动,这一系列行为被视为一种"庆典"。反抗社会制度和性别规范、获取快感和解放的狂欢盛典。在这个以 Lady Gaga 为代表的社会文化空间里,这些青年群体是真正的主人,因此对他们的代表敬若领袖,拜若英雄。

最后,在文化工业、消费社会和后现代主义文化的视角中,Lady Gaga 奇观现象产生于现代大众消费社会,而文化工业操纵和影响着该现象产生和发展的每个环节。这样的背景下,青年群体虽无法通过身体或心理参与这种奇观现象来解决所有现实生活中的难题和烦恼,但能够以狂欢式的姿态歌颂他们的身份和喜好,在 Lady Gaga "心灵鸡汤"的滋润下,从压抑不堪的学习、工作、生存等现实生活中获得解脱。

1. 身体建构

经历了漫长的女性受压制的农耕文明和相应的文化模式,工业文明的后期,随着女权运动、女性主义批判的开展,在后现代文化模式下,

---

[1] 蒋原伦等. 媒介文化十二讲 [M]. 北京:北京大学出版社,2010:135.

女性的身体变成大众流行文化中不可或缺的因素。在大众流行文化时代，女性开始获得一定独立的空间，可以展示自己本能的欲望和力量，不但提供本能的驱动力，还提供反叛的情愫，同时也为文化的时代变革提供资源，以文化主体的立场与姿态投入到社会变革之中。Lady Gaga 正是这方面的代表之一，她以前无来者的气势大胆、综合、充分利用了身体建构因素，为其流行音乐染上了浓墨重彩。

Lady Gaga 的身体建构主要表现在如下两个方面。

（1）朋克风格的拼贴。*

第一，在 Lady Gaga 的音乐录影带中，鲜艳染发、夸张眼妆、闪亮指甲、尖头皮鞋、骷髅图案、渔网袜、紧身皮裤、铆钉、铁链、摩托车等元素被大量使用，全然不同于以往的风格，即使是给青年观众也会带来强有力的冲击，而这些元素无一不与朋克风格相关。设想生活在相对保守的传统文化中的人们如波兹曼要是看到 Lady Gaga 的娱乐化造型，不知会做出什么感想——怕是要说，娱乐得已经死了。

第二，闪电眼妆、蝴蝶发髻、IPOD 屏幕太阳镜、立体结构外套、易拉罐卷发，层出不穷的不同元素的拼贴（bricolage）构成了一种强烈的视觉冲击和亚文化奇观。试图理解其拼贴到底是什么含义，估计很难。但只要明白这一切只是为了娱乐，为了制造冲击感、奇观感而娱乐受众，其娱乐性也只在于及时的感受而非恒在的意义，一切便很好理解了。

亚文化风格的着装，是青年群体展示团结、反抗和个性的亚文化身份的途径。作为当代名满天下的流行偶像之一，Lady Gaga 可谓深谙亚文化奇观之道，不断生产、复制具有视觉冲击力、戏剧性、吸引力或轰动效应的奇观形象，并通过制造奇观形象来引导娱乐和消费行为，组织建

---

* Lady Gagg 已经登上了 ELLE、Vogue、Vanity Fair 等众多世界知名的一线时尚杂志封面；不仅 Paris Hilton、Nicole Richie 等欧美明星争相效仿 LadyGaga，赵薇、罗志祥、蔡依林等耳熟能详的国内偶像也纷纷将 Lady Gaga 视为自己的时尚楷模。详见：薛玲. Lady Gaga 与时尚奇观 [J]. 新闻传播，2012（11）：235-236.

构社会经济、政治、文化生活。❶ 其流行性、大众性可见一斑。同时，也由此可见后现代文化之娱乐化特征对当下社会强大的影响力。

（2）性别操演的使用。

一方面，Lady Gaga 大胆地暴露自己的女性特质。她的暴露是对男权社会的挑战，是对女性本质的极度认同和自信。她代表着女性已经从一个被观看的位置换转到驾驭者的位置。在她的许多音乐录影带中，男性都是配角，微不足道到如同古代皇帝宝座后站立的宫女，只是个用来衬托异性权力至高无上的道具。如果没有本书第二章关于女性主义发展的探讨基础，这种颠覆性操演恐怕难以想象。

另一方面，Lady Gaga 又通过异装表演获取无所畏惧、强势果敢的男性特质，这种元素的运用与传统、刻板的性别印象相去甚远。彻底地破除男女二元对立，演绎出新的可能，可见其性别操演的前卫程度。对于普通受众，这种性别操演可谓是咄咄逼人，既令人生畏，又趣味十足。

大众消费文化时代，女性身体的建构无不与消费相连，女性身体既是消费活动的目标指向，也是消费对象。身体通过对商品的消费而改观，在看与被看的过程中被消费。借助网络的辅助作用，在现代都市强大的商业经济力量和充裕的消费能量推动下，大众媒介成为女性身体建构的主导中心。随着女性社会地位的提升、主体意识的觉醒，身体得到解放，成为视觉文化的呈现主体被广为使用。大众媒介不仅是对女性丰富多样需求的满足，也是女性身体的建构场。而大众媒介在传递一种女性身体建构观念的同时，也在传递一种女性身体消费文化❷的理念。

---

❶ 蒋原伦等. 媒介文化十二讲 [M]. 北京：北京大学出版社，2010：135.

❷ 虽然在一定程度上，女性追求自我形象的行为得到了解放，不过依然受到传统性别文化的影响，并不能彻底地、自由地表达自我。在男权社会的文化夹缝里，在媒体和商家合谋制造的消费陷阱里，女性身体消费实际上处于审美暴力下，受消费意识形态引诱、控制、操纵的无意识行为。详见：谢珂. 消费社会背景下的女性身体文化研究 [D]. 杨凌：西北农林科技大学，2012.

2. 身份建构

（1）自我赋权。

Lady Gaga 的歌词不断消除神秘，大胆地敞开自己，言说自我，消除女性的屈辱与自卑感，为自己赋权。例如，Lady Gaga 在歌词中频繁地给自己贴上"坏女人"的标签来展现好斗和韧性，以抵制男权社会对女性的压迫。

>Silicone, saline, poison
>Inject me baby
>I'm a free bitch

（Dance in the Dark）

>Show me your teeth
>I'm a tough bitch
>Got my addictions

（Teeth）

>I was born with my freak on
>Don't tell me I'm less than my freedom
>I'm a bitch

（Born This Way）

Lady Gaga 的一些歌词直白大胆的表述即使是街头巷尾的口语也很少见，如果是评论别人简直就是难以忍受的谩骂，Lady Gaga 却用来指涉自己。按照传统的道德意识，她一定是犯贱的坏女人。超出挑逗的直接的性诉求，反复用"bitch"指自己，简直就是不可思议的事。然而，在大众流行文化中，颠覆已经成为一种时尚，最容易吸引人们的眼球。大众流行文化造就出成群结队的自我赋权的"坏女人"，并通过她们消解着传统的礼教观念和女性特质，同时把一种新的时尚生活观念呈现和传达给大众。尤其是反复强调的"free",表达了她作为女性的自主性,迫使人超出"坏"的范畴去理解获得多重解放,得到宝贵自由的新女性特质。

(2)追求快感。

在 Lady Gaga 的歌词中,她不仅会在酒吧里喝酒放纵,还会叫上"其他女孩"参与到狂欢中。这种想象的自由让青年女性群体浮想联翩。从青年亚文化的角度看,青年女性的生活仅限于家园附近。她们的零花钱、空闲时间比男孩们少,受到家长更多的管制。这使青年女性比同龄男性更受压抑。因此,在俱乐部中唱歌跳舞、饮酒狂欢成了她们放松身心、获取短暂自由的发泄方式。

Can't find my drink or man.

Where are my keys, I lost my phone.

What's going out on the floor?

I love this record baby, but I can't see straight anymore

…

Just dance

(Just Dance)

Get the people to dance and relax, relax

Oh the lights still on, we're dancing

Yeah the floor is shaking

In this disco heaven

(Disco Heaven)

She loves, she loves to dance in the dark.

…

Find your freedom in the music,

Find your Jesus, find your Kubrick.

(Dance in the Dark)

传统社会，女性总是受到更多的管制与限制，因此表现出来矜持与克制。然而，在 Lady Gaga 创造的歌舞里，所有限制荡然无存：醉意朦胧、摇摆扭身、且歌且饮，歌词也仿佛是即兴随意而作。在这个迪斯科的天堂里，随心所欲，这样，Lady Gaga 为无数青年女性创造了一个狂欢之所。其实，细观歌词里带有的"放松""天堂""自由"等字眼，从创造意义到传递信息，都明确表达了青年女性群体渴望自由和轻松，都有与游戏、娱乐、展示和愉悦相联系的文化享乐主义趋势。实际上，借着娱乐性，这种音乐文化重写了社会文化规则，正符合巴赫金（1968）狂欢彻底颠覆社会秩序、规则的论断：

> 狂欢将人们从现行的社会条规和秩序中解脱出来，庆贺着暂时的放松：置一切社会等级性的头衔、特权、规约和戒律于不顾。❶

正是后现代文化的娱乐化造成的狂欢效果使 Lady Gaga 迅速、广泛地赢得了大众文化中无可匹敌的成功，也赋予了她离经叛道的音乐以合法性。如今，Lady Gaga 作为大众流行音乐明星及其作品已经成为该领域许多后来者竞相模仿的对象。不过，我们只想强调 Lady Gaga 及其作品中娱乐性的重要性和表现形式，其他方面由于复杂性和深度的需要，另作专题研究。

3. 亚文化的收编

Lady Gaga 虽获得了一些自我实现的机会，同时也付出了代价，并没有得到社会文化界完整的肯定。不过，除此之外，大众流行文化背景下产生的 Lady Gaga 现象还显示了以下主要特点：（1）市场经济与新潮观念已经打破了先前社会所具有的严格的伦理道德观念，粉碎了关于身体欲望的文化禁忌，造成一种普遍的人性解放趋势。这必然会削弱精英文化的意识形态话语权，使人类生命本身的日常需求成为大众

---

❶ Bakhtin M. The Dialogic Imagination [M]. Austin: University of Texas Press, 1968: 10.

流行文化的基础和前提。(2)市场经济的发展创造了新的文化价值体系,而现代工业社会创造的报纸、广播、电影、电视等大众传播媒体,能够使信息得到迅速传播和广泛共享,因而使亚文化风格以多重文化身份走上消费市场。但是,正如阿多诺写于 1941 年的《论流行音乐》所说,流行音乐有三个主要特点:一是商业制作,出现了批量化、标准化和伪个性化的特点;二是刺激人们的欲望,引起被动消费;三是起到社会黏合剂的作用。❶ 大众流行文化中 Lady Gaga 奇观现象同样呈现出以上的特点,并且在日常生活中面临更多的陷阱。例如,商业复制的效果吞噬着其塑造的明星形象,形成恶性循环。青年群体对主流文化的抵抗是一场充满消费主义色彩的狂欢盛宴,消费、参与、模仿是其狂欢的表达,商业化是其最终的归宿,"Lady Gaga 奇观现象"也终难逃被主流文化收编的命运。

第三节 报纸文化娱乐化

报纸[newspaper(s)]是以刊载新闻和时事评论为主、定期向公众发行的印刷出版物,具有反映和引导社会舆论的功能,是信息向大众传播的重要载体。世界上最古老的报纸可以追溯到公元前 60 年,古罗马政治家恺撒把罗马市以及国家发生的事件书写在白色的木板上,告示市民。汉代的邸报是中国最早的报纸。1450 年,欧洲的德国人谷登堡发明了金属活字印刷技术,于是印刷的报纸开始发行。19 世纪末 20 世纪初,报纸的发行量直线上升,由过去的几万份增加到十几万份、几十万份乃至上百万份。读者的范围也不断扩大,由过去的政界、工商界等上层人士扩大到中下层人士。同时,报纸的内容也增加了许多关于日常生活、专题讨论的内容。可以说,这个时期,报纸实现了从"小众"到"大众"的发展过程,同时也宣告了大众传播时代的来临,体现了文化工业

---

❶ 阿多诺·辛普森.论流行音乐(上)[J].李强,译.视听界,2005(3):46-49.

的特点，也标志着资本主义的发展达到了顶峰。

相对于封建社会的"小众化"（贵族化），资产阶级革命时期的报刊已经具有了"大众化"的倾向。工业革命促进了社会生产力的飞速发展，将资产阶级报业带入了一个新时期——以普通民众为服务对象的"廉价报纸"（"大众化"报纸）时期。报纸日渐迎合下层民众的口味，售价低廉，读者范围不断扩大。然而，这一时期的"大众化"只具有初步形态，发展也十分不稳定，与后来的大众化报纸不可同日而语。

为了最大限度地扩大发行量，报纸除了刊登新闻和强化新闻的平民化外，越来越多地增加了娱乐内容。尤其是在当代，电子媒介发展势头凶猛，竞争愈趋白热化，报纸新闻的深度报道、民生问题、娱乐化栏目等最能够吸引大众的招数受到更大的重视。总的说来，报纸具有以下文化传播特征：

第一，阅读方便。与电影、电视受场地、设备、时间限制相比，报纸轻便易携，可随时随地阅读，也可以读一点，做个记号，中断下来做点其他事情，回头有空接着再读。与书本相比，也具有这种优势，轻便得多，更方便阅读。各种不同的内容编排、字体的大小变化使人可以极方便地找到自己需要阅读的内容，或走马观花，或详细深读，碰到极为重要的还可以重读或者剪报存档以备日后检索。

第二，受众面广。报纸发行的时效性和低廉的价格使得大多数人大多数时候都有能力购买一份，不买也有许多公共报栏可以免费阅读。由于很多人可能都看过同样的报纸，客观上为人们提供了交流的话题和背景，即报纸有利于受众的交际；即使暂时未读，交际过程中传阅一下或随便买上一张，很快也能阅读并就相关信息与人交流起来。这样，报纸扩大了人们的交际范围，拓展了人们的公共话语空间。

第三，雅俗共赏。报纸内容丰富，几乎每个人都能找到一些自己感兴趣的东西。因此，为了吸引更多的读者，占领更大的市场份额，报纸才会想方设法，从正规的新闻到历史上的奇闻轶事、从严肃的社论到各种明星的花边新闻、从文学文艺精品欣赏到日常生活百科知识、从关系国计民生的宏观经济发展规划到家长里短的保险理财窍门、从科技发展新动向到旅游保健新推介，包罗万象，尽其所能增加大众喜欢的各种内容以吸引更多的读者。报纸发行量越大，影响越大，其最主要的盈利渠道越有效，即广告版面费越高。

第四，电子报纸。受各种电子媒体的影响，报纸也纷纷推出电子版和自己的网站、网页，迎合各种网络新媒体的特征，极力捍卫和拓展自己的市场份额。

第五，受后现代文化娱乐化的影响，报纸也纷纷采取了娱乐化策略，在新闻选择与深挖、与民众相关专题的追踪、各种字谜、棋牌残局游戏、体育和娱乐版块最新动向甚至各种花絮报道等各方面不甘落后，充分体现了娱乐化特征，这方面尤以当代兴起的报纸形式即都市报最为明显。

下面通过《三秦都市报》和《陕西日报》的对比，❶ 详述后现代时代涌现出来的报纸形式即都市报所采用的与传统报纸不同的策略，如何体现娱乐化特征和采用哪些娱乐性手段。

（1）版块安排的对比。《陕西日报》作为省级党报，政策性强，信息量大，可信度高，一般为对开四版或八版，主要版块有要闻、时事新闻、视点新闻、综合新闻、新闻调查、市县新闻、国内新闻、国际新闻、财经新闻、科教新闻、专版、副刊、摄影报道、文化旅游、文化娱乐、百姓心声、法治社会等。《三秦都市报》是陕西省委主管、陕西日报社主办的一份大型综合性、新闻性日报，力图体现鲜明都市特色、浓郁的情感特色和准确可信的权威特色。《三秦都市报》采用的是国际流行的四开加长版型，主要版块有要闻、社会新闻、专题、西安新闻、民生新闻、三秦城事、金楼市、新城市、三秦资讯、新闻调查、三秦网事、产业经济、时事新闻、三秦文博、文娱新闻、体育新闻等。在众多版块中，第一版为"要闻报"，其重要性居各版之冠，其余版块

---

❶ 两种报纸对比的案例分析，由茹英供稿。

根据报纸安排穿插出现。作为省级党报,《陕西日报》关注的多是国家和地方政策,这一点从版面安排就可窥一二。以 2015 年 3 月 12 日的《陕西日报》和《三秦都市报》为例,除了重要的要闻版和两会专刊,后者共 24 页,内容涵盖社会新闻、三秦网事、文娱新闻和体育新闻等比较吸引普通大众眼球的版面内容。❶ 由财政投入的《陕西日报》目标受众为党政机关和事业单位,内容关系到中央和陕西省的党政政策,准确及时即可;而缺乏财政投入的《三秦都市报》以受众的最大化为目标,囊括了本地区尽可能广泛的与受众相关的信息,供他们阅读的同时也凸显了阅读的必要性。《陕西日报》中娱乐性比较强的内容如体育新闻和影视新闻都没有,而这些版块是《三秦都市报》的重头,其中的体育新闻报道了大量最受欢迎的类别,如足球和美职篮的最新赛事,对于重点球队更是有一定的深度报道,对于容易激起民众自豪感的国球和本地赛事也进行了重点报道。影视新闻、最新作品介绍、明星追踪等内容也是都市报追逐的热点。显然,娱乐性是都市报获取读者的金钥匙。《陕西日报》每周三版的文化新闻主要体现了科普性和知识性,而同样的版块在《三秦都市报》中体现出明显的娱乐性。除此之外,二者在版面的命名上也体现出了侧重点不同,《陕西日报》称之为"文化新闻",而《三秦都市报》则起名为"文娱新闻"。

(2) 版面安排的对比。版面指各类稿件在报纸各版平面上的布局整体,它集中体现了报纸编辑部的宣传、报道、传播意图,被称为"报纸的面孔"。读者看报,通常很少一字不漏地从头看到尾,一般都会有所取舍,因此安排得体、特点鲜明、图文并茂的版面比较容易吸引眼球。❷ 报纸的内容决定形式,《陕西日报》作为省级党报,覆盖全省各级党政机关、工商企业、文教卫生,触角直达各种决策层。由于受众综合素质高,

---

❶ 《陕西日报》多媒体数字报见于 http://esb.sxdaily.com.cn/sxrb/20150312/html/index.htm;《三秦都市报》多媒体数字报见 http://epaper.sanqin.com/sqdsb/20150312/html/index.htm。

❷ 陈雪奇. 整合版面视觉语言研究 [D]. 成都:四川大学,2004.

风格上要求严肃庄重。《三秦都市报》则以贴近市民为宗旨，突出市民化、生活化、时尚化，风格具有现代都市气息。以 2015 年 3 月 12 日的首版为例，《三秦都市报》首版 1/2 的空间被两幅彩色照片占据，报道的题目在图片上方或者左侧显示。第一幅图片的内容为两位年轻女孩在景点用报道中的"自拍神器"拍照，第二幅图片是一只智能手机，屏幕中是学生的作业题，"手机一扫，答案自现"。这种编排拟在最大化地捕获受众的注意力："自拍神器"和智能手机代表着时尚，极易引起读者的共鸣；所用文字也极具蛊惑性，让拥有智能手机并能熟练操作者获得认同感、时尚感、自豪感。而《陕西日报》的首页只有左侧中间一小张图片，主基调为绿色，展现的是新型的环保渣土车，报道的具体内容紧跟在图片的右侧。根据读者的阅读习惯，吸引读者眼球的首先是图片，其次才是标题。《三秦都市报》的首版突出图片，就是为了吸引读者继续阅读。从内容上讲，占据首版 1/2 的图片一个是"自拍神器"，一个是"解题神器"，娱乐性高于新闻性。《陕西日报》的首页，图片较小且与新闻紧挨，这样一来重点显然在于文字，内容虽然一目了然，但明显给人一种严肃端庄、规避娱乐的感觉。

除此之外，《陕西日报》的版面文字设计主要为二五分栏或五二分栏，从内容上讲，五栏区为主新闻区，二栏区为辅新闻区；从视觉感受讲，五栏的大模块可做视觉中心，二栏的小模块安排要闻精粹和导读等。所有新闻内容分栏相同并对齐，整体平衡规整，简洁大方，十分方便读者浏览。这种安排贯穿在每一个版面上。然而纵观《三秦都市报》，从首版起，每一个版面并没有严格地遵循五二分或是二五分，有平分、四分、五分等，根据内容需要灵活安排，整个版面灵活多变，给人以亲切感，传递出内容重于形式的味道。前者更像文件让人阅读揣摩，后者更像在提供各种服务，邀请人亲切释然地体验阅读之乐。

（3）版位安排的对比。版位即版面的地位，表示这些版面受读者重视的程度不同。由于文字排列的走向、人的视觉生理以及读报的习惯等因素，通常上比下重要，左比右重要（直排报纸则右比左重要）。❶《陕西日报》的版位按照其内容严格排版，以 2015 年 3 月 12 日的首版为例，比较重要的左侧占据版面的 2/3，上方最重要位置的新闻标题为"关键之年开新局——2015 年陕西全面深化改革展望"，内容分为四栏，没有图片，非常整齐。中间位置一张图片引出第二则新闻，与上方新闻对齐。图片内容为"环保、智能、安全的新型渣土车"，主要画面为绿色的车辆，新闻内容紧挨图片右侧。而《三秦都市报》的首版首先映入眼帘的便是一张位于左侧的大幅图片，里面是两位年轻女孩手举"自拍神器"在钟楼拍照留念。图片左上方只印有标题"自拍神器，轻轻一按，简单方便"并提供页码，吸引读者自己去翻阅。左下方的另一张图片上印着一只智能手机，手机屏幕上是数学题，上方配有标题"解题神器，手机一扫，答案自现"，同样吸引眼球，使读者有兴趣翻页阅读。在文化新闻版块，《三秦都市报》最显眼的便是左侧居中的《平凡的世界》的剧照，且 1/4 的版面都是关于该剧的讨论。而在《陕西日报》中，关于热播剧《平凡的世界》的报道仅在左下方占据了两个分栏，左侧居中最重要的版位报道的是"大唐西市　构建国际化的'博物馆集群'"，即在国家颁布《博物馆条例》之后，陕西省各界对构建博物馆集群所做的构想和努力。两者相比，前者着重报道民众比较感兴趣的影视娱乐新闻，同时又有为《平凡的世界》做广告、软文宣传之嫌，而后者则是重点报道大氛围下的文化事业，重在突出政绩或文化导向。显而易见，前者重在以娱乐性吸引受众的注意力，后者重政策性、知识性以突显党和政府的文化导向。

（4）新闻素材选择的对比。以《陕西日报》和《三秦都市报》的时事新闻版块为例，两者在新闻素材选择上，前者充分体现出党报的严肃

---

❶ 据实验研究，报纸版面左上区块成为大多数人版面阅读的第一视觉落点，而底部偏右区块则通常成为很多人阅读时的"视觉盲区"。详见：喻国明，汤雪梅，苏林森，等. 读者阅读中文报纸版面的视觉轨迹及其规律——一项基于眼动仪的实验研究 [J]. 国际新闻界，2007（8）：5-19.

性、政治原则性，后者体现了典型的市场性娱乐化特征。如前者2015年3月12日的时事新闻头条报道了"国务院部署　推进大众创业　万众创新"这一政府倡议，并在报道中向读者介绍了国务院办公厅印发的《关于发展众创空间推进大众创新创业的指导意见》，向读者传达了该指导意见提出的八大任务，从本质上讲是严肃的政治内容，是传统的硬新闻。《三秦都市报》的时事新闻，头条为"新疆'首虎'栗智被查"。从内容上讲后者比前者通俗易懂，更能够吸引读者的注意力。从选材上，前者首要突出党报建构性的喉舌功能，后者的切入点则是大众比较关注的"贪官"现象中的热点，既迎合了党和政府的反腐大计，又充分迎合了大众的好奇、仇官仇富和八卦心理，从本质上讲是娱乐性较强的软新闻。❶

新闻调查版块中，《陕西日报》头条报道的是西安市雁塔区丈八街道办事处基层工作侧记，从管理模式、工作模式和运营模式三个方面客观报道该街道办的工作业绩和成绩，版面占整版的1/4，属于建构性的、导向型的报道。而《三秦都市报》的新闻调查头条用整整一个版面报道了"老兵赵建亚的抗日往事"，正好抓住近年来的抗战题材热点，契合抗战胜利七十周年，与各种热播的抗战影视剧相呼应，"热卖"给读者。文中不乏"陕西汉子血战中条山""陕西八百汉子扑黄河"等带有强烈感情色彩的叙事性语言，颇能激发陕西读者的民族自豪感和历史认同感。从读者的阅读心理来讲，这种故事性比较强的名人轶事更能吸引读者；从篇幅上讲，也能体现出《三秦都市报》对这种故事性新闻报道的侧重。头条新闻的娱乐性差别在体育新闻中最为明显。体育竞赛过程激烈，对抗性和比赛结果的不可预测性使其对读者具有超常的魅力，所以体育信息的报道更能吸引读者。以2015年3月9日两份报纸的体育新闻为例，《三秦都市报》和《陕西日报》分别报道了上海申花足球队赢上海申鑫足球队。前者的大标题是"豪门纷纷获胜，有钱就是这么任性"，颇有球

---

❶ 软新闻是指富有人情味、纯知识、纯趣味的新闻。它和人们的切身利益并无直接关系；向受众提供娱乐，使其开阔眼界，增长见识，陶冶情操，或作为人们茶余饭后的谈资。

迷论球、打抱不平的意味；后者的标题是"上海申花6：2大胜上海申鑫"，仅限于信息的呈现，避免立场上的站队。后者用一栏的篇幅和一幅球场上的照片完成了对本场赛事经过的报道，而前者则用了1/2的版面介绍了中超赛场上几支球队的表现以及某个球员采用了什么技巧等，最后得出"总的来看，今年中超决定各支球队战斗力的依旧是资本，只有大投入才能获得丰厚的回报"。这充分体现了当代体育报道的娱乐化，充斥着强烈的"拜金主义"批判。❶ 总结《三秦都市报》的体育新闻（《陕西日报》体育新闻较少），可以发现，当下的体育新闻报道重点并不在体育赛事本身，而是将更多的版面留给运动员和赛事相关的人、事、物的消息，很有点重花边新闻的八卦味道，很对球迷的胃口。例如，"蒙蒂略无故缺阵引猜疑"（2015年3月10日），"694天主场不败纪录作古，尤文大意失荆州"（2017年3月7日），"球星效应 孔卡完美演绎王者归来"（2015年3月8日）。这些报道过度渲染了体育运动中"名人"的影响力，以重口味的报道吸引球迷等受众的眼球，过多的娱乐性色彩甚至有违背了体育赛事初衷的苗头。

除了头条内容，其他新闻内容也体现出两份报纸在选择素材上的不同。在2015年3月12日《三秦都市报》的导读中，"安徽六安发生劫持事件"这样的刺激性暴力事件被强调提出，吸引读者阅读。在"金楼市"版块中，有一则新闻为"携13万一元纸币买华南城商铺"，旁边的配图为楼盘工作人员挤在一起数堆在桌上的一元纸币。从新闻价值角度出发，与其他新闻相比，这则新闻对楼市的现状、政策等并无贡献，但是奇闻轶事式的故事包含的娱乐性却不容忽视，很能博读者一笑。大众十分喜爱的影视娱乐新闻、拍摄和制作过程中的花絮、明星追踪报道等，显然是在吸人眼球。像"习近平谈《平凡的世界》 我和路遥住过同一个窑洞""金马影帝陈建斌喂老婆吃拉条子"这样的标题更是能满足大众对名人趣事的八卦之心，给读者平添一份亲切感。而此类标题几乎不

---

❶ 关于体育新闻娱乐化的更多剖析，详见：李利伟. 刍议体育新闻娱乐化［J］. 当代电视，2015（1）：108-109.

可能出现在《陕西日报》的相关报道中。

（5）广告的对比。广告作为媒体盈利的主要手段之一，历来是报纸不可或缺的一部分，尤其在当代市场经济影响下，当盈利成为媒体的主要目的，对广告的角逐成了各种媒体竞争的主要目的。与其他都市报相似，《三秦都市报》作为陕西日报社的子报，被看作上级日报《陕西日报》的经济支柱。在 2015 年 3 月 9~14 日的《陕西日报》❶ 中，广告只出现了一次，即 2015 年 3 月 12 日 "世纪金花 美居生活家" 的促销广告。而《三秦都市报》的三秦资讯版块，整一版面都是招聘、招标或拍卖公告，在其他版面还有各种通知和公告。稍加留意，就会发现报纸的中缝、边角甚至是传统的重要版块中，常常充塞着各种广告，使得报纸几乎每个能用到的地方都不会 "闲着"。在每期《三秦都市报》中，销售类广告自然不可或缺。每期两则，版面 1/8~1/2 不等，广告内容从商场购物、啤酒、家居到电子类产品、旅游、留学、车展、房地产等，包罗万象。各种广告依照所占版面、大小、类型等还呈现出不同的制作风格——或精美或简朴，实际代表着广告价格的高低。总体上看，都市报纸 "发行加广告" 的盈利模式通过报纸的各种广告即可体现。

除了上面提到的版面、版位、素材等宏观层面上的差别，都市报在语言使用这一微观层面的娱乐化趋势也显而易见。❷《三秦都市报》以贴近市民、服务百姓为宗旨，因此在内容和语言表达上，充分考虑了受众的文化程度和接受水平，比党报的语言要通俗得多，近年来还出现采用热门网络用语的现象。同时，在盈利目的的指导下，为了提高发行量，语言上要抓住读者的视线，迎合大众的趣味。例如，《三秦都市报》常常采用一些较常见的陕西方言语汇，使读者倍感亲切。这些都不可避免地导致了语言上的娱乐化趋势，重点表现在以下几个方面。

---

❶ 《陕西日报》多媒体数字报见于 http://esb.sxdaily.com.cn/tbpaper.do?。
❷ 详见：张燕. "读题时代" 报纸新闻标题的语言特色［D］. 西安：西北大学，2008.

1. 标题语言的口语化

与传统的新闻语言相比，口语化的标题能够将大众口头经常使用的语言或适合大众水平的语言体现出来，使大众能在第一时间接受标题，对内容产生亲近感。

例如：(以下例子均摘自《三秦都市报》)

(1) 用典型的口头语、口头禅如"啊""吧"等入题。

一起踏上这趟精彩的新闻之旅吧 (2013年3月12日)

口头语词汇的使用使文章标题难度下降，给读者一种强烈的现场感，制造轻松、亲切的氛围，而这种用语现象在传统的、严肃的报纸上很难见到，用做标题则几乎更是不可能的。

(2) 用地方语言入题。

犹豫了半天，他还是狠心丢下娃 (2015年3月10日)

金马影帝陈建斌喂老婆吃拉条子 (2013年3月8日)

"娃"在陕西方言中是小孩的爱称，"拉条子"是陕西的一种传统面食，这两个词的使用使读者顿生亲切感，尚未读到内容已经产生认同感，因为新闻就在身边，讲的就是"我们"的事。看到"我们"自己的话语也登上了大雅之堂，岂不快哉！

(3) 一些日常口语、白话、生活用语入题，多用平实、随意的叙述语气，宛如拉家常，如：

他们都这么省了，我们好意思买买买吗？(2013年3月7日)

盼了一学期见到娃总想多说几句话 (2013年3月7日)

目标受众群的日常用语和白话使读者迅速产生共鸣，吸引他们继续阅读，寻找更多情感上的慰藉。按照语言哲学的说法，语言是人类的家园，❶那么读这样的文字，读者也易产生一种"回家""在家"的感觉。

2. 新鲜词汇的使用

为吸引读者，越来越多的新闻标题采用新鲜词汇，显示时尚感，这

---

❶ 详见：钱冠连. 语言：人类最后的家园——人类基本生存状态的哲学与语用学研究 [M]. 北京：商务印书馆，2005.

在都市报中广泛使用，成为一种招徕读者的极好的语言营销策略。受到网络媒体的冲击，网络语在报纸新闻语言中屡见不鲜，这不仅可以增加语言的趣味性，也可以吸引倾向阅读网络新闻的年轻读者群。如：

有料 DUANGDUANG 砸过来（2015年3月5日）

他才是中超赛场的"高富帅"（2015年3月11日）

西安7条线路启用"高大上"公交车（2015年3月11日）

京辽 PK 是"放大招"的时候了（2015年3月10日）

其中第一条简直就是用新鲜网络用语堆砌出来的："有料""DUANG""砸"；第二条中的"高富帅"是近年来称呼成功的青春偶像的浓缩用语，本身就是吸引眼球的网络语汇；第三条中的"高大上"类似于第二条中的"高富帅"，只不过前者指涉实物，后者指涉人物；第四条中的"PK"是近年来广见于各媒体选秀、造星、游艺类节目对最紧张、刺激环节的描述，而"放大招"更是充满了江湖味道。这样的标题意味着内容新奇、人物和故事时尚以及事件发展的不确定性等，足以牢牢抓住目标读者的注意力。

3. 语言的世俗化

报纸的大众化使它的语言从传统的精英话语向世俗话语转变，大众传媒在市场受众份额的驱动下，从强调人情味、趣味性、可读性发展到盲目煽情、一味追求感官刺激。一些报道为了增加销量，专注于如何取悦和迎合受众的低俗趣味，满足人性中好奇、偷窥、求异等"原始兴趣"。[1] 近几年最明显的便是在语言上不断向"黄色新闻"靠拢，即用夸张的语言渲染新闻事件中关于色情、暴力、犯罪的内容。或者在新闻标题中，把贪腐、暴力、抢劫、凶杀自杀、嫖娼卖淫等尤其是涉及名人、明星的社会不良现象作为一种新奇、刺激的噱头，不厌其烦地报道、深挖、赚足了读者的注意力。这一特点体现在很多新闻标题中，如：

精神病男子街头乱砸行人车辆（2015年3月8日）

---

[1] 朱学东，喻乐. 都市报 冰火两重天 [J]. 传媒, 2003 (10): 20-27.

花季少女 14 岁生日前一天跳楼（2015 年 3 月 7 日）

美警未警告就枪杀 19 岁黑人（2015 年 3 月 9 日）

此类标题，读者初看就比较有兴趣，跟随标题阅读下去就会发现，此类新闻内容的语言也力求"亲民化"。第一例"精神病男子街头乱砸行人车辆"利用不正常的"暴恐"事件获得公众的关注。因为这种"横祸"类的事情也容易发生在你我的生活中，至少读者立即会想到，真的吗？在哪儿？我这附近安全吗？涉事人有没有被控制？从而吸引读者详细阅读报道中的内容。第二例"花季少女 14 岁生日前跳楼"，记者仔细描述了自杀事件发现的过程和现场的情形，并引用了附近居民的话："孩子就躺在 7 号楼西侧小巷子里的两辆小轿车中间，女娃。早上 7 点多钟，我正在打扫小区卫生时，听见这边传来一声闷响……""另一位老太太说，早上 7 点 30 分左右，她从省体育场锻炼完身体回到小区时，看到 7 号楼西边的地面上躺着一个人，她以为谁喝醉酒了，就没有在意"。此类文字占据了报道一半的篇幅，这类故事性和叙事性极强的描述对新闻价值本身贡献性不大，但是越来越多的社会类新闻大肆渲染此类事故的过程，追求故事化和吸引力，以吸引更多读者，用猎奇和移情的手段勾起读者的阅读兴趣。第三例"美警未警告就枪杀 19 岁黑人"充分利用人们的正义感以激起共鸣，同时也引起读者的联想，不严惩涉案警察怕是将来就要轮到我们这样的普通人了。这样，选取紧贴民众日常生活的内容详加报道，足以使人欲罢不能，从而操控了读者的阅读注意力和旨趣。

总之，受后现代消费文化和文化娱乐化的影响，工业化、市场化的都市报为了盈利，充分采取各种娱乐化策略。

第四节　亚文化娱乐化

亚文化（subculture）也被称为次文化或集体文化、副文化，指与主流文化相对的那些非主流的、局部的文化现象，属于某一区域或某个集体、阶层、群体特有的观念和生活方式。具体的亚文化既包含与主流文化相通的价值观念和生活方式，也有属于其自身的独特价值观念，其中部分价值观念和生活形式还与主流意识形态不一致甚至相冲突。

一种文化通常包含很多种亚文化，同样，一种亚文化中又包含更次一级的亚文化。依据不同的标准，亚文化可以分成不同的种类：人种的亚文化、年龄的亚文化、社会层次的亚文化、生态学的亚文化等。各个大的亚文化类型又可以进一步分为更细的亚文化，如年龄亚文化可分为青年文化、老年文化等。

亚文化与其所在的主流母文化之间存在复杂、纠结的关系。表面上，亚文化有许多方面力求异质性，这也是亚文化作为一种文化样态存在的理由。而实际上，亚文化的内部结构和内容往往都是比照母文化建构的。其实，即使是亚文化追求异质的那一部分，也不可能完全切断与母文化之间的联系。这就好比全新的创新是不可能的，你不太可能去发现或创造一种全新的元素，绝大部分创新应该围绕既有的元素进行新的排列组合。正因为此，迪克·赫伯迪格（2009）用"风格"一词指示亚文化的特质，借以表示亚文化的流行、态度、暗语、活动、音乐和兴趣等内容。亚文化不同于主流文化的地方是刻意"罗织"（fabricate）出来的，带有"被建构性"。在这个意义上，甚至可以说，亚文化就是主流文化某些方面在某种程度上的一种翻版，或曰一种"山寨"版。总体上看，在与主流文化的诸多不同中，亚文化超越了各种条条框框的束缚，享受着"偏安一隅"的自由自在的快乐。亚文化的娱乐性体现在以下几个方面。

第一，自由自在感。作为特定群体、阶层、地域的亚文化，不受主流文化条条框框的束缚。亚文化为成员们提供了可以相对地率性而为、随性而动甚至"任性"的文化氛围，尽享相对独立的文化空间。这也是亚文化能够长时间在一定范围存在，对其成员产生吸引力的原因所在。

第二，创造性。一种亚文化形态之所以能形成并长期存在，就在于它包含一定的独特内容。内容的独特决定了形式上的创新，这就造就了亚文化必然的创造性。亚文化的成员们充分享受着这种创造性带来的自在其中、自得其乐式的快乐，而快乐反过来又支撑着亚文化的存在和一

第四章　其他文化形式的娱乐化

定程度的发展。

第三，自主性。在相对独立于主流文化之外的亚文化空间里，缺少主流文化各种限制的同时也缺少了这些条规的指导。用何种规则约束和指导人们的行为，就需要自我决定，这说明亚文化充分的自主性。久而久之，积累而成的各种规则、行为模式、表达方式便体现出与主流文化显著的不同，充分体现了不受主流文化约束的特点，即亚文化的自主性。

第四，新奇体验。相对于成熟的、模式较为固定的主流文化，一方面，亚文化的异质性和它对异质性的追求需要以新的形式表达出来；另一方面，这些形式带来的体验犹如程咬金穿龙袍，新鲜得让外人看着不自在，而对于亚文化中的人们，这种体验本身就是快乐的，毕竟，尝鲜属于快乐体验的一种。

第五，低投入、高回报。省却了研究、设计、凝练、开发中必要的投入和积累，亚文化可以借用主流文化中合用的部分，按照自己的喜好改装、草创不喜欢的部分，形成体系化的文化风格。正是因为亚文化风格来源的二重性，使得它投入低、形成快、易于改变。

第六，时尚易变的风格。亚文化本来就没有固定的风格，要么凭感觉，照性情，大口吃肉，大碗喝酒，大秤分金银，随性而过；要么好看，要么潇洒。这两种感觉正是时尚所宣扬的。由于时尚的吸引力和亚文化多属于青春族群的文化，二者间的契合较为紧密。因此，亚文化的风格也就具有了时尚易变的特点。

第七，草根性。亚文化，从字面意义到实际社会文化地位，具有非主流、非精英、非正统等特点，具有强烈的草根文化特性。若要以某种特性揽括大众的追求，那么这种特性莫过于娱乐。换言之，因为对娱乐性共同的追求，本来难以获得表达的群体在文化上走到一起来了，形成一种主流之外的文化风格。故草根性是亚文化的天然属性，换言之，如果能够在主流文化中获得充分的表达，实现其在场性和娱乐性，那么这些文化主体也失去了创立其亚文化风格的必要。

综上，亚文化本质上是一种追求自由、快乐的文化。亚文化的种类

163

多种多样，难以尽述。亚文化的主要群体是青少年，这也正符合他们容易接受新生事物，尝试新风格，但风格也难以持续的特点。因此，许多关于亚文化的研究都集中在青少年作为文化主体的研究上，故有青春亚文化的专门研究术语。

亚文化与流行文化一样都高度依赖其接受群体的认可、播散与消费。有的亚文化像流行音乐一样，经过长时间的检验，获得主流文化的认可并成为后者的一部分，在亚文化研究中称作被主流文化收编。如我国20世纪八九十年代部分流行音乐现在已经成为经典文化的一部分，同时期兴起的牛仔服如今也成为我国许多人喜爱的服装。近年来，诸多亚文化样态中影响较大的新品种之一是"山寨"文化。在此，我们以"山寨"文化为例解析其中的娱乐性及其实现策略，以期对亚文化风格窥一斑而见全豹。

1. "山寨"文化的娱乐化分析

作为近年来社会文化中的热词，"山寨"的定义很多且充满争议。

> 现代汉语中的"山寨"一词原指农村、偏僻山区，而"山寨"地区的工业生产多数水平低下、质量不高。网络上以此来形容那些专靠模仿、拷贝知名品牌产品的生产行为。作为一种文化现象，已有很多人进行专门研究，这些研究、分析、评论虽多为萌发式、感想式的，但部分意见已颇有深度，值得关注。"山寨"现象作为一种社会-文化行为，当然具有社会或群体典型的行为特征即模仿性。事实上，"山寨"产品也好，作品也罢，都是对既有品牌的产品或作品进行的模仿。由于模仿源自人类的天性，故"山寨"行为源出自然，并无原罪。实际上，"山寨"产品和作品基本都属于照猫画虎式的模仿行为。模仿的水平和效果各有不同，从水平和发展阶段上均呈由低到高的渐次发展之序。❶

---

❶ 陈伟球，陈开举. "山寨"现象的文化学研究［J］. 新闻传播，2014（4）：289-290.

目前，人们普遍认为"山寨"❶产品至少分成两类：一类是具体的物质商品，如"山寨"手机；另一类是文化产品，如"山寨"百家讲坛。

与其他商品一样，生产"山寨"商品的本质目的在于为其主人尽可能获得多的利润。马克思在《资本论》中分析了资本主义宏观经济的运作方式，那就是单一资本在利润驱动下追求剩余价值。他明确指出资本家的职责是在最经济的条件下生产剩余价值。生产"山寨"商品的地区通常都有一个繁荣的市场可依靠，一个相对集中的工业集团和大量的中小型企业参与者。这是一个能集合贸易、生产和投资的非常有效的经济发展模式。但是这种模式有一个天生的缺陷。一般来讲，市场和生产资源的共享可以节约社会成本，在这种模式下创新却不能使利润最大化。因此，模仿就变得盛行起来。另外，生产"山寨"商品的参与者主要是中小型企业。他们缺乏关键技术的突破性成果，也没能力大力投资技术研发，因为需要投入的大量时间和金钱恰恰是中小企业的短板。创新意味着要投入高昂成本，例如材料、时间和金钱，而且有失败的风险，而"山寨"商品由于研发花费很少，产品成本低得多，商业风险也低得多。"山寨"商品是对既有产品进行改造的产物。一些"山寨"产品，尤其是"山寨"手机，综合了各大品牌手机的优点，再根据低收入用户的需求增加了一些新功能。如今，在科技高度发达和机械复制操控生产的后工业社会，越来越多的中小型企业倾向于选择通过攻破品牌手机的核心技术来快速生产他们自己的山寨产品。这些产品因其对成熟和知名品牌功能、外观等方面的模仿和本身低廉的价格，故能很快赢得市场和消费者的认可，从而在短时间内赚取大量利润，对被模仿的对象即正牌手机带来强大的冲击。

"山寨"文化产品通过模仿成名的文化节目，运用机械复制技术进行批量生产。这些"山寨"文化产品前期几乎不需要投入创作文化节目所

---

❶ 关于"山寨"文化的案例分析，由刘丽霞供稿。

需的脑力和资金,通过模仿就能利用成功文化节目的名气来吸引大众的关注。可以看出,"山寨"文化产品,作为大众文化的一种,无法摆脱现代社会条件下的商业运作。"山寨"文化产品的运作本质就是遵循市场经济的规律,赚取利润。一方面,消费者需要文化产品满足其娱乐需要;另一方面,文化产品只要能满足消费者多样化的需求就能受到大众的欢迎。一个文化产品赢得的消费者越多,其在文化工业里被复制的可能性就越大,因而赚取的利润就越多。因此,我们不能忽略文化领域里"山寨"现象背后的商业运作。

2. 利润最大化

市场经济法则要求企业在合法运营的基础上追求利润最大化。通常来说,生产"山寨"商品的企业都有如下典型特征:规模小、数量多、灵活多样的制造体系、相对单一的所有权结构、为了生存而更依赖于产品的盈利能力、更低的管理水平等。这些特点决定了他们在金融管理方面明显不同于大型企业。例如,他们的资金来源多少有点单一,往往要承担很高的金融和管理风险。因此,他们往往有快速获取利润的急迫性。对他们来说,实际的利润就意味着赢得了生存的机会。既然这些企业都选择利润最大化作为他们的企业宗旨,那么他们就会采取一系列相应的措施来实现这一目标。收益和成本是决定利润获取的两大关键性因素。"山寨"企业必须要持续提高利润和减少成本来避免被激烈的市场竞争所淘汰。成本控制是实现战略利润最大化的一个很有效的措施。建立和实施成本控制体系不仅是实现企业成本目标的重要手段,也是企业获取利润的强有力保证。"山寨"手机就是说明这些"山寨"企业如何通过成本控制来实现利润最大化的最好例子。"山寨"手机于2003年开始出现于市场上,但直到2008年其影响力才从深圳扩大到中国的其他各个地区。"山寨"手机缺乏核心技术,它们的外表和功能通常跟品牌手机的热门机型非常相似。生产"山寨"手机的通常都是组装手机零件的小工厂和手工作坊。自从台湾联发科技研发了一款廉价的手机芯片之后,核心技术的泄露使得手机生产变得更加容易了。在深圳,"山寨"手机的生产有一个时期形成了一个相当成熟的产业链,因为其已具备一个非常精细的从零件生产到手机销售的产业分工链。因为核心技术研发投入的缩减,生产成本就极大地降低了。

产品设计是决定成本的基础❶。高科技的设计必然需要投入高昂的成本。通常技术部门会根据市场需求和发展趋势来设计产品。任何产品设计的研发项目都必须要联合财务、生产、技术和销售部门才能完成。企业需要预估产品的成本并衡量其市场价值。只有当产品的设计既满足市场需求又符合公司的战略利润目标时,才能经受住市场的检验成为一款成功的产品。知名品牌热门机型的设计早已被市场证明是非常成功的。像苹果手机的设计就非常受消费者的欢迎。"山寨"手机生产商就模仿这些热门产品,甚至增添一些知名品牌手机没有的设计。正因为他们模仿了市场上销售火爆的热门机型,在产品设计的研发上就节约了大量的成本。并且,"山寨"生产商在营销上的投入也很少。因为对现代企业来说,实施诸如巨额的广告投入、精美的包装、支付大量销售人员的提成以及售后服务的市场营销策略综合起来会产生巨大的成本。相比之下,"山寨"手机因为"借用"了成熟品牌的市场形象就省掉了大量的市场营销成本。这样,在某种程度上,"山寨"手机在外形、功能和价格的很多方面就优于品牌手机。其消费者以低收入人群为主,他们不大可能在品牌手机上花费太多钱。但是他们对多样化的手机功能和美观的外形又有很高的需求。"山寨"手机就因功能多样化,外形美观和廉价满足了这些消费者的需求。因为一些"山寨"手机不仅仅是一台手机,还是一台照相机、影碟播放器、带天线的电视、录音机以及其他你所能想到的电子产品。最近,因为"山寨"手机的不断"创新",它们甚至还吸引了很多白领和研究人员等中产阶级的青睐。对"山寨"手机的巨大需求证明了它们的存在有一定的合理性,其带来的竞争也能加速手机产业的资源整合和产业升级。

---

❶ 曹政.企业成本控制利润最大化之途径 [N].山西经济日报,2001-09-18 (8).

3."山寨"文化:大众狂欢

与"山寨"产品相似,"山寨"文化因其娱乐性吸引了大众的关注;与"山寨"产品直白地追求高额利润不同,"山寨"文化表面上并没有直接的商业利益诉求。"山寨"文化符合大众文化制造的一个基本原则,即通过娱乐观众取得文化市场认同。这里以"山寨"春晚为例,解析"山寨"文化的娱乐化特征。

在过去的30多年里,中央电视台的春节联欢晚会(以下简称央视春晚)给我们带来了太多快乐、美好的记忆。因其受欢迎程度,也因为利用了中央电视台无可匹敌的媒体霸主的传播作用,央视春晚已成为一种主流的甚至是霸权的春节晚会文化。在除夕夜观看央视春晚已成为很多中国人的传统。仅有30多年的举办历史,央视春晚照理应该具备强大的活力和生机,然而现在人们对其越来越不满意,对频繁出现的老面孔、单一的节目形式、商业化以及优秀节目越来越少的批评也越来越多。而"山寨"春晚的出现给我们带来了深刻的狂欢意义。没有严苛的规则、虚伪的掩饰和无情的剪切,就是草根阶层的狂欢。在他们自己的晚会上,草根阶层可以做一切他们想做的事情来狂欢,这完全符合了晚会的娱乐本质。对表演者没有年龄、性别和阶层的限制,这种全民参与本身就宣示着平等。"在狂欢节期间,取消一切等级关系具有特别重要的意义……在狂欢节上大家一律平等。在这里,在狂欢节广场上,支配一切的是人们之间不拘形迹地自由接触的特殊形式,而在日常的,即非狂欢节的生活中,人们被不可逾越的等级、财产、职位、家庭和年龄差异的屏障所分割开来。"❶ 央视春晚,只有名人和受人尊重的艺术家才能上。这些名人和艺术家还得经历非常严苛的选拔和多轮节目审查才能最终登上舞台。而在"山寨"春晚,那些通常不允许登上传统春晚舞台的、受社会等级制度限制的人们却有了在这个舞台上展示自己的平等机会。在"山寨"春晚的狂欢里,艺术名家和普通人之间没有任何区别。"山寨"春晚的出

---

❶ 巴赫金. 拉伯雷研究 [M]. 李兆林,等译. 石家庄:河北教育出版社,1998:12.

现可以看作对传统春晚文化权威的一种解构。这是一个完完全全由普通人制作、表演和观看的晚会，所以也可以看作草根智慧的展示。这不仅是对中央电视台春节联欢晚会垄断的挑战，也展示了文学和艺术创作的自发性和创新。这也表明了我们的春节晚会文化正慢慢打破垄断，走向多元化。"山寨"春晚受欢迎是"山寨"现象狂欢特征的表现。以挑战权威为特色的"山寨"节目面对精英和主流文化，通过恶搞、模仿和搞笑策略来实现娱乐，正符合了当下大众文化的蓬勃发展。狂欢强调平等对话，反对人类高级精神和理性领域个人意识的统治。"狂欢化提供了可能性，使人们可以建立一种大型对话的开放性结构，使人们能把人与人在社会上的相互作用，转移到精神和理智的高级领域中去。"❶ "山寨"式狂欢满足了中国人交流的心理需求，让自己暂时从巨大的压力中释放出来。在"山寨"式狂欢里，大众可以表达对社会不良现象的不满和嘲讽。一方面，这种讽刺表达了人们对改革的渴望。另一方面，他们可以给相关的权威部门提供信息和警示，弥补言论自由的缺失。"山寨"现象反映出大众渴望获得话语权，渴望参与文化交流。大众不再满足于被动的文化产品的消费者身份，而是要积极参与、主动表达，成为自娱、自乐、自主的文化参与者。主流和精英文化对大众审美需求的长期忽视给"山寨"文化现象的出现和发展铺平了道路，"山寨"文化现象在某种程度上打破了传统精英文化一统天下的文化霸权。

在后现代社会文化语境中，"山寨"产品和"山寨"文化产品可以统称为"山寨"文化现象。这种现象集中体现了一些共同的特征：模仿性、商业性、民主性、颠覆性、主体性、草根性、社会性与创新性。

（1）模仿性（imitation）：其实，作为模仿、学习、借鉴的"山寨"现象十分普遍，贯穿于古今中外，也就是说，人类结成社会以来，作为人的天性，向同类学习和模仿就十分便利地进行着。这种学习、借鉴和模仿可以用模因论解释。在模因论中，模因（meme）指的是一种文化传

---

❶ [苏联] 巴赫金，巴赫金全集（第五卷）[M]. 白春仁，顾亚铃，译. 石家庄：河北教育出版社，1998：237.

播单位,即"通过模仿进行自我复制的任何实体。模仿是人类的一种重要天性……整个人类历史就是一部模仿的历史"❶。模因就像病毒一样,感染着、影响着人们,"寄生在他的头脑中……同时也引起他们着力去宣扬这种行为模式。比如,对某种事物,如标语口号、时髦用语、音乐旋律、创造发明、流行时尚等,只要有谁带个头,人们就会自觉不自觉地跟着模仿起来,并传播开去,成为'人云亦云''人为我为'的模因现象。"❷

"山寨"行为基本都是针对成功的品牌产品和文化节目进行模仿,因此也属于模因现象。这种解释其实具有重大的文化社会学含义:如果说模仿是人类的天性,那么,"山寨"行为是不是合理的?实际上,"山寨"产品和"山寨"文化本质上都属于照猫画虎的模仿行为。模仿的水平有高有低,模仿的效果可以概括为三种。❸

①照猫画虎,貌似神不似。这类山寨产品包括山寨手机,山寨数码产品等,在其模仿之初,功能、外观、类型等与被模仿的对象之间存在很大差距,极易辨别,因此模仿出来的产品往往会被认为是"假冒伪劣"产品。

②照猫画猫,非猫但似猫。这方面的例子有很多,例如中国汽车业。新中国成立前的中国曾被称为万国汽车展示场,如今,我们已经拥有了自主品牌,如奇瑞QQ等。近年来,我国汽车企业成功收购了一系列外国著名品牌汽车企业,这之后必然要进行拆解、研发、改创,最终形成具有中国自主产权的品牌汽车。

③照猫画熊猫,形神俱备,青出于蓝而胜于蓝。走过模仿的路子,积极研发改进,最终形成具有自身特色的品牌产品。如日本的家电行业对西方品牌家电产品的成功模仿与创改,20世纪八九十年代中国家电行

---

❶ 何自然,何雪林. 模因论与社会语用 [J]. 现代外语,2003(2):201.
❷ 何自然. 语言中的模因 [J]. 语言科学,2005(6):54-55.
❸ 以下的三种"模仿境界"参考了"'山寨'三境界",详见 http://tieba.baidu.com/f?kz=529537083。

业对日本同行产品的引进、模仿与创改，腾讯 QQ 对 ICQ 的模仿与成功创改也是很好的例子。

（2）商业性：过去不曾成为社会热点问题，而现在却颇惹争议。究其原因，我们发现，在资本、产业社会，"山寨"现象空前发展，却在人们竞相逐利方面卷入了矛盾：物质生产方面，"山寨"行为由于对既已成名的品牌和产品形成了冲击，分割了处于垄断地位者独享的高额利润，当然会使后者以保护"知识产权"的名目加以声讨；文化产业中，"山寨"行为也因为对成名作品模仿而分散了受众的部分注意力，冲击了成名者独享的文化市场份额，并通过逐名获得一定的利益。正是背后的逐利性，使"山寨"现象得以泛化，引得被"山寨"者的责讨。然而，逐利的动因犹如一双魔手，使这种现象拥有野草般的生命力。

> 一旦有适当的利润，资本就大胆起来。如果有 10% 的利润，它就保证到处被使用；有 20% 的利润，它就活跃起来；有 50% 的利润，它就铤而走险；有 100% 的利润，它就敢践踏一切人间法律；有 300% 的利润，它就敢犯任何罪行，甚至冒绞首的危险。❶

资本本身的逐利性才是"山寨"现象产生的第一动因，故只要可能，它就会雨后春笋般地侵入社会生活的各个方面，甚至操控（manipulate）、主宰并异化（alienate）社会生活：

> 资本、货币具有史无前例的魔力，如一只无形的巨手，渐渐渗透于生活的各个领域，成为社会的主导性力量，主宰、操纵着人类生活的各个层面，导致全面异化的生活样态。❷

资本本质上的逐利性致使生活全面异化，货币和物成为人竞相追逐

---

❶ 马克思恩格斯选集（第 2 卷）[M]．北京：人民出版社，1995：102．
❷ 杨楹等．马克思生活哲学引论 [M]．北京：人民出版社，2008：28．

的目标。文化领域也不能例外。文化产业化,广泛采用机械复制和流水线生产的工业化生产模式。文化活动常常沦为资本及生产的附属品,明码实价地成为各类商业活动的一环,曰"文化消费""文化搭台、经济唱戏"。文化媒体如报刊、影视、晚会等常常爆出有偿新闻、夹塞广告、软广告等。文化人也常常是直奔出场费、代言费、广告费、冠名费而去。一时间,众皆为了"不差钱"努力奔波。

资本与文化的共谋造成一连串令人眼花缭乱的乱象:各类"造星"节目;不负责任的发声,如生拉硬拽地将姚明、章子怡拿来与孔子相比;不择手段地追求知名度,如竞相裸露、出位演出。艰苦创业走过独木桥的成功者们凭借其垄断性的高位制定标准,凭借专业上的成就指点众人:非专业者不得入内。他们往往以"高、雅"为标准批判着"山民们"的努力"不入流""没品""俗"。各种"文化明星"为其投资者和机构(制片人、出版社、晚会主办方)带来丰厚的利益回报:高收视率、高额票房、高额广告费收入、暴涨的销售额;而投资者也回报给明星巨额酬金和红利。表面高雅、公益的文化生活便这样遭受资本的掌控。

(3) 民主性:无论是"山寨"手机还是"山寨"春晚,在某种程度上都打破了相关垄断行业的话语霸权。参与"山寨"狂欢的人们似乎都不愿被主流意识所控制,尽管他们可能属于社会的弱势群体。他们全情参与"山寨"狂欢就表明了他们强烈地渴望建立一个民主、创新和活力的"大众文化"。"山寨"百家讲坛就是一个很好的例子,说明人们对话语权民主化的强烈渴望。2008年10月,一个名叫寒江雪的年轻人自费录了一段6小时的视频,讲述了从北宋灭亡到南宋初期的历史,并把视频上传到了新浪和搜狐网。在这段视频里,人们很容易就能找到中央电视台百家讲坛栏目的痕迹,因为它也有多媒体的辅助,比如画外音、图解以及演讲者的口述,因此被称作"山寨"百家讲坛。这段视频在2008年10月底就在新浪网,网易和搜狐网获得了40万的点击率。在问到制作"山寨"百家讲坛的目的时,寒江雪跟记者坦白说他对中央电视台的百家讲坛没有任何意见。他只是认为节目制作人应该邀请有不同观点的人去开讲，这样才真正算是"百家争鸣"。他并不是想要挑战中央电视台的百家讲坛节目，他只是想不到其他的方法，只能选择模仿，因为他不知道如何制作电视节目。问题是为什么有这么多像寒江雪的人要通过诉诸"山寨"来表达自己的想法和感受。因为很多知名品牌企业几乎垄断了相关产业的可用资源。比如中央电视台的百家讲坛，作为一个国家电视台的节目，只有学者或是优秀的中学老师才能参加。这几乎是一种变相的对文化资源的垄断式占有。随着现代社会的快速发展，新兴群体不断涌现，对文化消费的需求也越来越多元化。究其深层次原因，"山寨"现象反映了大部分人想要获取话语权的努力。"山寨"产品的价值就在于它们挑战了"优质产品"，挑战了相关垄断行业的话语霸权，为自己在行业中争得一席之地。换句话说，"山寨"现象的出现在某种程度上影响了精英阶层的生活空间，所以他们严厉打击和反对"山寨"。事实上，那些并不侵犯版权或者并没有突破法律底线的"山寨"行为只强调自我娱乐，而那些诉诸"山寨"的草根阶层只是需要一个平台来获得民主文化交流的话语权，并不想只成为文化产品的消费者。在菲斯克看来（1989），人们可以通过阅读大众文化文本获得双重享受：一个包含在他们对权威的挑战里，另一个表现在他们自我行为的创作中。❶ 在"山寨"现象里，人们通过对知名品牌的模仿来挑战权威，表达他们自己的观点和感受来满足他们追求民主的快乐。因此，国家管理机构不应忽视人们这种追求民主的文化需求，要积极地引导和鼓励这种需求。

（4）颠覆性（subversion）："山寨"商品和"山寨"文化作品直接冲击主流商品和文化高高在上的地位，强行分得市场或受众份额，冲击了既得利益格局，这就是其颠覆性所在。也正是因为其颠覆性，"山寨"现象在前几年的全国两会中成了委员们热议的话题，在报纸、网络等媒体中成了被"山寨"的企业和社会精英层口诛笔伐的对象。被"山寨"企业和文化精英最常用的控诉就是"山寨"现象通过抄袭，破坏知识产

---

❶ Fiske John. Reading the Popular [M]. London：Unwin Hyman, 1989.

权,扰乱市场,长此以往,将破坏产业秩序,严重损害国家和民族的核心竞争力等。❶ 攻击之狠,不遗余力。在现实的产业和文化发展实践中,起于"山寨"的产业和文化力量确实常常能掀起水泊梁山攻城拔寨的颠覆效果,改变市场或受众市场份额的格局,如一些"山寨"起家的汽车企业接连收购传统高端汽车品牌(如奇瑞QQ与路虎),极大地改变了既有的汽车行业格局。

(5) 主体性(subjectivity):"山寨"现象的发起者自始至终都有着清醒的目的认识,充分体现了其本身的主体性或自我意识。"山寨"产品本质上属于以商品生产、销售赢取利益的资本文化类型,主要参与者始终有着高度的自觉,即有充分的自主性和自我意识。文化产品类的"山寨"行为较为隐蔽,但是只要我们紧扣其生成的社会文化背景,依然能够清晰地分析出其本质特征。"山寨春晚"也好,"山寨百家讲坛"也罢,"山寨"文化绝不是闹着玩那么简单,实际上体现了高度自觉和充分的自主性:其一,作为密集型投入的文化活动或产品,其自觉性不言而喻;其二,"山寨春晚""山寨百家讲坛"中的内容、程序、人员、观众等没有业已成名的被"山寨"对象的相关束缚,具有相当的自主性;其三,通过模仿成名、成熟文化品牌节目,"山寨"文化意在夺取受众市场份额,进而推出自己的文化产品,走的是一条先逐名后得利的路线,主要发起者和参与者们不可能是糊里糊涂的,一般都很清楚要做什么、将来怎么办等,即始终处于充分的自觉、自主、自决状态。

(6) 草根性(grassroots):"山寨"文化乃社会或行业文化下层对精英层的逆动。"山寨"产品和"山寨"文化发祥地和支持者均来自社会的草根一族。"山寨"产品不大可能出自品牌企业,"山寨"文化作品也不可能出自业已功成名就的专家学者,其发起者基本都是社会底层的普通人;除了受到少量社会中上层的青睐,"山寨"产品的主要目标顾客群

---

❶ 详见:高诗拓. 论"山寨现象"及其法治意义[D]. 长春:吉林大学,2010.

体、"山寨"文化的受众或支持者主要也是来自社会下层的民众;"山寨"产品和"山寨"文化作品、活动也瞄着普通民众的需求;与正统、主流、高雅文化来自主流社会的支持,必须获得主流社会的认可不同,"山寨"现象能不能成功地争取到生存空间,取决于草根民众的认可度。"山寨"现象的草根性真正体现了来自民众、服务民众的特点。

(7)社会性(sociality):草根族毕竟占了社会的多数,他们无时不在努力,创造着产品和文化。有了广大民众的参与,"山寨"文化具有了广泛的社会性,能够激发最大多数人的参与。这一点看似简单,实则意义重大:当社会大多数人陷于"吃人"的"酱缸"文化中时,有着悠久而灿烂文明的中国也就陷入了"落后就要挨打"的危险境地;当我们万众一心时,则可抵御外侮、推翻旧的社会秩序,然后人人都能获得土地或相应的权力成为多数人的信念时,也能迅速获得不成比例的军事实力对比之下的解放战争的胜利;当解放思想、"以经济建设为中心"成为全社会的共识,则短短四十年就可以让贫穷落后、人口众多的中国一跃而成世界民族舞台的中心角色之一。这里简要描述的几种社会巨变实际上都体现了一个共同特点:社会性即广大民众的参与是促成社会重大变革的关键。"山寨"现象体现了社会性特点,如何恰当地引导和利用这个特点,为我国正在进行的社会转型具有历史性、现实性的重要社会文化意义。

(8)创新性(innovativeness):"山寨"文化起于模仿,但绝不甘愿限于模仿,一旦有能力创建,也必然会自立门户,通过创新形成特色,进而成就自己的品牌,登堂入室,不过这时也就走上了精英化的道路。从这个意义上讲,"山寨"文化乃新文化样态的摇篮。❶ 前面谈到的诸多始于"山寨",经过模仿、研创终成品牌的例子就是"山寨"产品取得成功的典范。文化领域也是如此:大量"山寨"日本歌手歌曲起家的邓丽君,成名之后注重创建自己的风格,终成一代歌坛巨星,并成为他人

---

❶ 详细剖析见:张颐武."山寨"的活力与限度[J].中关村,2009(1):80-81.

模仿、"山寨"的对象；早期大量"山寨"美国电视节目的湖南卫视取得巨大成功之后，大胆创新形成了自身的风格，同时也逐渐成为国内其他电视台竞相"山寨"的对象。可见，创新性紧紧伴随着"山寨"现象，并成为最终成败的关键因素。

第五章 社会生活娱乐化

前文按照传播形态系统研究了后现代文化的娱乐化转向，本章将论述后现代社会生活中看似不太属于文化范畴的部分，即社会生产和日常生活的文化性和娱乐化转型。把社会生产看成文化的重要组成部分，是因为在信息时代，消费社会中的社会生产从产品和服务的理念设计、功能设计、产品设计、生产组织到产品营销、消费过程等已经大幅度符号化，即消费社会中的符号化生产和消费过程，而符号乃是文化的本质或核心特征。这一点自当代文化研究尤其是法兰克福学派对资本生产、文化工业化的批判以来已经逐渐成为学界的共识。

相对而言，关于日常生活文化性的研究及其影响尚未成为共识。

与自然界其他物种相比，人除了作为物质的存在，还有着作为精神的存在，而精神正是人文、文化的核心内容，即人还是文化的存在。正是在这个意义上，我们才能理解"有的人活着，他已经死了；有的人死了，他还活着……"

抛开文化，上述话语没有任何意义，因为作为物的存在，草木、动物未死之前不可能"已经死了"，死去之后也不可能"还活着"，只有在文化的范畴中才能赋予上述文字意义，产生悖论性智慧娱人的种种解读。

哲学、文化学、文化哲学等领域的学者将人与文化的本质关系论述得十分清楚。哲学人类学家兰德曼指出："文化创造比我们迄今所相信的有更加广阔和更加深刻的内涵。人类生活的基础不是自然的安排，而是文化形成的形式和习惯。正如我们历史地所探究的，没有自然的人，甚至最早的人也是生存于文化之中。"❶ 文化哲学认为，人与动物的根本区别在于"人总是生活在文化中，文化现象在人的世界中无所不在"。❷

人类结成社会以来，人的生活越来越多地发生在自己建构的"形式和习惯"之中，这个不断丰富、复杂、条理化、专业化的生活世界本质上是人文的世界、文化的世界，以至于从人们的个人日常生活到集体活动的空间里，文化无处不在，即人们越来越深入地生活在文化之中。

然而，置身于文化之中的人们，却往往因"身在此山中"而难以辨识"庐山真面目"，故欲研究文化的"常在"性，需要反观生活本身。关于生活世界的文化性，诚如威力斯所言：

> 社会生活最根本的悖论之一在于：当人们处于最自然、最惯常的状态，也就处于文化味最浓时；我们最寻常的角色是既有的、习得的，也是不显眼的。❸

这里，"最自然、最惯常的状态"，显然指的是日常生活，甚至是日常家庭生活——因为英文中常说的"to feel at home"，之所以意为舒适、惬意，实乃因为人在家中时，处在按照自己的意愿、喜好等建构的文化环境中。因此，当代文化研究一改传统的以高雅文化为研究的核心内容，着力于日常文化、大众文化的研究，如特纳（Turner）在《英国文化研究》中花了大量篇幅系统地阐述了日常文化和日常话语的文化意义。❹

---

❶ ［德］兰德曼. 哲学人类学［M］. 彭富春，译. 北京：工人出版社，1988：260-261.

❷ 衣俊卿. 文化哲学十五讲［M］. 北京：北京大学出版社，2004：2.

❸ Willis. Shop floor culture, masculinity and the wage form［M］//John Clarke, Chas Critcher, Richard Johnson. Working Class Culture: Studies in History and Theory. London: Hutchison, 1979：184.

❹ 关于当代文化研究重心从经典文化到日常、大众文化的转向，详见：陈开举. 当代西方文化研究述略［J］. 西安外国语学院学报，2006（1）：91 - 93；Turner Graeme. British Cultural Studies［M］. 2nd ed. London: Routledge, 1996.

下面将先从宏观角度分别论述后现代社会生产、生活的文化化及娱乐化转向，然后以关涉生产、生活两个方面的教育行业为例，剖析后现代社会文化娱乐化问题。

第一节　知识经济——信息时代的符号消费

早在 1980 年，未来学家阿尔文·托夫勒在其《第三次浪潮》中就指出，人类文明正经历着一次深刻的变革，并将这次变革命名为"第三次浪潮文明"。❶ 这是相对于已经发生的造成社会转型的两次文明革命而言的：第一次为"农业革命"，指人类从原始、蛮荒的渔猎时代转入以农业为主要生产形式的农耕文明社会，这个过程较长，历时几千年才基本完成；第二次为"工业革命"，自 17 世纪开始，历时 300 年在西方发达国家和地区基本完成，这次转型彻底颠覆了以古老农耕文明为基础的文明社会，在"二战"之后的 10 年达到了顶峰。❷ 第二次浪潮以能源为基础，以技术的高度发展为支撑，形成全新的生产体系，产生了庞大的销售系统和网络。作为农耕文明基本生产单位的家庭不再是劳动的主要经济单位。在此基础上，第三次浪潮在西方主要发达资本主义国家从 20 世纪五六十年代开始发轫，80 年代以来快速演进，推动社会步入后工业化时代。在这次文明转型中，电子业、宇航业、海洋业、遗传工程与后来居上的互联网、新媒体、新渠道（销售等）组成了新型工业群，迅速超越传统工业类型，成为促进社会日新月异发展的新推手。第三次浪潮使社会文明进入到后工业化时代，即知识—信息时代。

总的说来，后工业社会与工业社会及农业社会相比，具有五大显著

---

❶ ［美］阿尔文·托夫勒. 第三次浪潮［M］. 黄明坚，译. 北京：中信出版社，2006.

❷ 托夫勒对世界文明及社会形态的划分是以西方文明和社会实践为基础的，因此其中关于文明形态的转型在其他社会不一定同步发生，甚至有的转型没有发生，如工业文明转型在世界许多地方还没有完成，甚至没有发生。

特征。❶

（1）从工业社会在经济上以制造业为主转变为以服务业（含交通、通信、商业、售后服务、创意产业、金融、卫生保健、文化娱乐、教育、科学研究及政府管理等）为主。

（2）知识、信息取代了资本、技术，成为人们进行科学决策和社会进步的根本依据。这一时期，既有的基本物质生产和供给相对过剩，形成物质供应丰裕的社会，因此，充分运用知识、信息生发创意、整合资源、培育产品和服务的特色以赋予新的意义成为生产、销售成败的关键。

（3）新的管理技术综合考虑了多种因素，以数学推理方法进行决策。贝尔认为，在后工业社会里，科学院、研究所、大学将成为关键性的社会机构，数学家、计算机家、经济学家将取代企业家、大商人、金融家的地位，成为决策过程中的重要力量。

（4）科技人员将成为各种职业的主体。社会分工无与伦比地细化的后工业社会，专家型的设计、管理、生产指导、质量监控、销售运营、客户服务等环节高知识、信息含量成为社会生产特色。

（5）未来的发展将取决于技术管理和技术评价。基础研究尤其是以数学为基础的知识成果广泛、深入应用促成新的产品和服务的生成、推广、应用。社会生产领域呈现出前所未有的高度知识化、专业化、创意化倾向。

作为一种新的产业形态和新型文明时代，知识经济和知识—信息时代确立的重要标志是以微软、IBM、苹果等为代表的知识产业巨头的兴起。短短二三十年来，随着计算机技术的不断升级、互联网的普及推广、新媒体的小微大众化、销售和传播渠道的智能化和便捷化、服务外包的细化，新一代的资讯、信息、服务产业巨头大有超越先前以计算机技术为主的商业巨子之势。这个一直延续到当下的产业文明阶段，社会的进步不再体现在技术或物质生活的改进上，而是充满创新、创意的文化。

---

❶ 李鹏程．当代西方文化研究新词典［M］．长春：吉林人民出版社，2003：103．

新千年以来，迅速形成了"互联网+、文化+"的时代特征。

后工业社会是物质供应和服务丰裕的社会，社会生产的发展取决于人们消费的增量。即消费成为主导社会总体生产的决定性因素，因此，这个时代又称作消费时代。现代社会已经从以生产为主导的社会转型到以消费为主导的社会，而消费社会的根本特征就在于符号系统的形成。这就是波德里亚所谓的"符号社会"。❶

对于消费与符号的融合，学界形成了多种指称，如消费社会、符号消费、符号—消费时代等。其根本的意义涵盖两个方面：其一，产品和服务只有通过符号编码才能广为传播，为消费者认知、理解、认同，进而形成真正的购买和消费；其二，消费者在消费产品或服务时，不仅消费了所购买的商品（含服务）本身，也消费了所象征或者表征的意义、情调、审美取向等，即消费了相关符号表征的意义和内涵。❷那么具体来说，符号消费包括哪些内容呢？

第一，表征消费品形象的广告内容，通过文字、声像、图形等符号刺激给广大受众留下相应的印象，培养潜在的消费群体。这一点前面已经就其中的娱乐化元素做过系统的讨论，此处强调的是广告所用的一系列符号要素对受众进行的传播。在各种消费品相对过剩的消费社会，缺乏广告推广的商品，其营销效果是难以想象的，那种"酒香不怕巷子深"的传统自然营销方式显得过于落后。

第二，消费品的包装和外观：经过精心设计，以文字、图画、说明书等符号形式向消费者介绍产品的名称、功用、成分、价格等内容，方便受众仅从外包装和外表就能识别产品，决定是否购买。其实，这些内容往往还包含很复杂的符号运思过程，如单是产品的命名就足以使研发者绞尽脑汁反复论证，精心比选出好的名称。外包装和产品外观设计往往更是经过了生产商反复的考量，如使用哪些内容、如何传递出哪种美

---

❶ ［德］恩斯特·卡西尔. 人论［M］. 上海：上海译文出版社，1985：33-35.
❷ 符号消费的深度研究以波德里亚为代表，迄今已经成为文化研究、后现代理论的共识。

感、何种图案能够在受众心目中形成容易长久识别的产品印象等。同样的，那种"要知道梨子的滋味就必须亲口尝尝"的做法在消费社会显得过于低效能了。

第三，从概念设计、生产、检测到营销到消费者受众，每个环节都充满了现代设计、组织、管理、传播等知识密集型的劳动。这种趋势随着知识经济时代的推进越来越强化，以至于时常听到管理者感慨，几十年前的产品生产、企业管理中没有那么多会议，也不用费多少纸张来回沟通，而如今会议繁多、单位内外部文件往来多了很多倍，实际就是信息沟通、意见磋商的工作大幅度增加了，而这个过程就是符号使用的过程。

第四，即使在消费品的消费过程中也充满了符号使用的印记。以穿着为例，各种场合选取的衣物及其搭配必须符合场所、活动氛围的要求。饰物的佩戴还要表现出主体的品位、风格、审美取向等。复杂一点的家具布置、办公空间的设计和配制充满了更多的符号、文化韵味，甚至彰显出企业精神、价值观等。

此外，消费过程中的步骤、仪式等，也无不充满了符号，甚至为符号所掌控。如中国人的粽子、月饼、汤圆等，与本民族传统文化习俗密切相关，通过多种符号形式以口头、文字代代相传。虽然不按照既定传统仪式规程的消费行为也时有发生，如广东常年都能买到粽子、汤圆等，但总的说来，人们还是遵循着文化规约，尤其是相应的节日到来时，与之相关的商品就成了必需品。虽然平时也可以吃汤圆，但农历正月十五没有汤圆就显得不合时宜了。与个人成长相关的商品消费如生日蛋糕、婚纱、学位服、校服、运动服等，各自有着较严格的使用场合和程式规定。设想某个人因为喜好而常穿婚纱外出，恐怕会被视为精神不正常。日常生活中如西餐正餐的仪式、进程等有着较细致的规定，违背之轻则造成顾客或客人的不满，重则产生较严重的关系危机。设想西餐中菜序颠倒有可能造成食客的不适，设想正式中餐晚宴中排错座位引起客人不悦等。实际上，这些操作规程是如此复杂而重要，以至于许多内容成了文化和跨文化礼仪学习的知识内容。至于大宗商品交易中的询盘、报价、还盘、定金、保险、包装、运输、售后服务等程式，也无不充满符号的使用，有时一个环节都要耗费大量的口舌或信函反复沟通、商榷才能实现最后消费的发生。

以上是关于后工业社会知识—信息时代传统商品消费符号化或符号消费的解析。实际上，随着知识经济的发展，传统意义上不一定热门的商品和服务消费如纯粹符号消费也纷至沓来。纯符号形态的消费主要发生在知识、理念的实践中，如向律师、理财师等专家型人才进行咨询，整个过程往往难以看到具体的物的参与。产品、服务的概念设计、功能设计等环节也是这样，消费过程中主要投入的是以各种符号系统表征的知识、理念、创意以及它们之间的关系。换言之，通过表征，具体的物以符号的形式出场。消费不再是纯粹的物品交换，而是在符号下、文化下进行。而随着知识的累积，海量信息在计算机、网络、新媒体平台上的快速传播，这种特征愈来愈明显。波德里亚说得好：

> 在"消费社会"中，"物"进入到"物体系"中成了"符号—物"，这时人们消费的已不只是物的"使用价值"，而重在于其"符号价值"，即人们从对"物"的消费转入对"符号"的消费。也就是说，在消费社会中，物要想成为商品，必定有符号价值，使其固定在符号结构的逻辑中，即处于"符号—物"的结构之中……在这种情况下，物品的消费首先不在于其具有物质性的特征，由于它变成一种意指的"符号—物"，所以成为一种处于差异体系中的意义对象。[1]

在此基础上，波德里亚进一步指出，符号消费形成"一个虚拟的全体，其中所有的物品和信息，由这时开始，构成一个或多或少逻辑一致

---

[1] 张涵. 波德里亚关于"消费社会"与"符号社会"的理论[J]. 山东社会科学, 2009 (1): 119.

的论述,如果消费这个字眼要有意义,它便是一种符号的系统化操控活动"。❶

综上,前文论述了后工业社会或消费社会的生产符号化转型。在文化哲学看来,符号化是文化的本质特征,因此又可以说,消费社会中生产文化化了。这就是说,传统意义上本为两个概念的经济和文化在消费社会中实现了连通。关于这种关系,尤其是文化经济的含义,菲斯克曾有专门论述:

> 在消费社会中,所有的商品既有使用价值,又有文化价值。这就要求我们必须将经济的概念扩展开来,融入文化经济的概念。在文化经济中,流通的不是金钱,而是意义和乐趣。在这里,观众不是商品,而是生产者,即意义和乐趣的生产者。在文化经济中,原先的商品(不管是电视节目或牛仔裤)变成了文本或话语结构,包含着潜在的构成大众文化主要资源的意义和乐趣。在这种经济形态中,没有消费者,只有意义的传播者,因为在整个过程中只有意义,而意义本身不能被商品化或消费掉,意义只有在我们称为文化的过程中才能生成、重生和传播。❷

实际上,在后工业社会、符号消费社会中,不仅传统意义上的经济与文化连通了,而且文化本身也具有工业化、产业化发展的特征,这就是著名的法兰克福学派的文化工业论。

> 20世纪40年代,阿多诺和霍克海默提出了文化工业的概念。他们分析了当时全世界正经历的一种运动,将文化产品当作商品进行产业化生产运营。文化产品如电影、电台节目和杂志等都彰显出同

---

❶ 关于消费社会与符号社会的系统性论证,详见:[法] 让·波德里亚. 物体系[M]. 林志明,译. 上海:上海人民出版社,2001:223.

❷ Fiske John. Understanding Popular Culture [M]. London: Unwin Hyman, 1989: 27.

样的技术理性，同样的组织架构和同样的管理过程，如同汽车或城市改造工程那样实行规模化生产。"有人为每个人做了规划，使得无人能避得开。"他们写道。每个生产部门及其与其他部门之间的关系都被标准化了。当代文明使得一切都显得雷同了。所有情形下，一如需要满足一定的生产标准，文化工业供给着标准化产品以满足无数趋同的需求。源自工业化生产的一系列生产目标，大众文化也打着文化工业的印记：流水线、标准化和劳动分工。这种情形并非因为技术进步所致，而是现代经济的技术功能使然……技术理性是异化的社会的显著特征图。❶

文化工业化成为后工业社会、符号消费时代显著的文化特征。当然，这也招来了大量的批评，尤其是关于文化是否会失去其本来的超越性而堕落到唯利是图的媚俗状态。菲斯克指出：

> 文化工业不可避免地导致了文化的腐化，使文化堕落为一种商品。给文化行为贴上一帖价格的标签会侵蚀文化的批判力，消解其真实体验。工业化生产使文化的哲学意义和存在性功能不可避免地退化了。❷

实际上，正如菲斯克所说，文化工业化/产业化会带来一系列的以逐利为主的弊端，这也是文化研究批判的焦点所在。由于前几章已经就这一方面做了大量批判分析，在此不赘。一如资本之技术理性/工具理性对社会生活的全面异化，文化的产业化直接消解了人们的批判性思维，造成社会的单向度发展。

---

❶ Mattelart A., Mattelart M. Theories of Communication [M]. Gruenheck Taponier, James A. Cohen, trans. London: SAGE Publications, 1998: 61.
❷ Fiske John. Understanding Popular Culture [M]. London: Unwin Hyman, 1989: 61.

技术理性或工具理性将速度与思维缩减到单一的向度，建构一种同一性，将物与功用、真实与表象、精粹与存在统一起来。这种"单向度的社会"抹杀了批判思维所必备的距离感。[1]

批判性的消解，导致人们对社会缺乏深度的认识和评判，正所谓"不识庐山真面目，只缘身在此山中"。在资本逻辑大行其道的后工业丰裕社会，人们日益堕落为乐在其中、随波逐流的浮萍。

以上论述了后工业社会的符号化、文化化特征，直言之，后现代社会中，生产文化化了。而前面几章已经论述了后现代文化的娱乐化转向，综合起来，可以得出后工业社会/后现代社会生产娱乐化的结论。社会生活中，生产无疑占据着至关重要的地位，因为它充分体现着人们的智慧、意识等，在人们有意识的生活过程中占有最大分量，是人们生活最重要的构成部分。为了使我们的阐释更具有说服力，下面将结合具体的产业剖析其中的文化化和娱乐化转向。当然，要论述清楚后现代社会整体文化化、娱乐化转向，还必须解析生活的另一方面——日常生活。下一节专门分析后现代社会日常生活的文化化和娱乐化转型。

第二节　日常生活文化化

后现代社会以知识—信息为重要时代特征，也就是说，社会生活高度符号化、文化化，日常生活当然也不例外。实际上，随着人类社会的发展，经验不断累积，知识不断丰富，人们生活的各个组成部分早就受到各种知识、社会伦理道德、规约的洗礼，不断被囊括进了符号化的人类智慧之网。

人不可能逃避他自己的成就，而只能接受他自己的生活状况。

---

[1] Fiske John. Understanding Popular Culture [M]. London: Unwin Hyman, 1989: 64.

人不再生活在一个单纯的物理宇宙之中，而是生活在一个符号宇宙之中。语言、神话、艺术和宗教则是这个符号宇宙的各部分，它们是织成符号之网的不同丝线，是人类经验的交织之网。人类在思想和经验之中取得的一切进步都使这符号之网更为精巧和牢固。人不再能直接地面对实在，他不可能仿佛是面对面地直视实在了……在某种意义上说，人是在不断地与自身打交道而不是在应付事物本身。他是如此地使自己被包围在语言的形式、艺术的想象、神话的符号以及宗教的仪式之中，以致除非凭借这些人为媒介物的中介，他就不可能看见或认识任何东西。人在理论领域中的这种状况同样也表现在实践领域中。即使在实践领域，人也并不生活在一个铁板事实的世界之中，并不是根据他的直接需要和意愿而生活，而是生活在想象的激情之中，生活在希望与恐惧、幻觉与醒悟、空想与梦境之中。正如埃皮克蒂塔所说的："使人扰乱和惊骇的，不是物，而是人对物的意见和幻想。"……因此，我们应当把人定义为符号的动物（animal symbolicum）来取代把人定义为理性的动物。只有这样，我们才能指明人的独特之处，也才能理解对人开放的新路——通向文化之路。……符号化的思维和符号化的行为是人类生活中最富于代表性的特征，并且人类文化的全部发展都依赖于这些条件，这一点是无可争辩的。❶

凭借自己创造的以符号表征的文化系统，人越来越多地与自身及他人打交道，这种趋势在信息爆炸的知识经济时代达到了前所未有的高度。借助各种符号，人类得以轻松自如地完成各种假设，进行或然世界的设计、修改、完善，使实际对待世界时的方案和方法最佳化，更高效地进行生产和管理。

符号表征于人的抽象思维，提升人们对世界的认识，优化改造世界的

---

❶ 关于人活在符号帝国即文化世界中的有关论述，详见：[德] 恩斯特·卡西尔. 人论 [M]. 甘阳, 译. 上海：上海译文出版社, 1985：33-35.

各种方案，使社会生产力达到了前所未有的高度，基本解决了人类自古以来物质供应的难题，迎来了丰裕的消费社会。符号对人类生活的重要性通过其子系统之一——语言❶——在人生活中的作用就能充分表现出来。

  人对于语言须臾不离的依赖状态即人类的基本生存状态之一是：人活在语言中，人不得不活在语言中，人活在程式性语言行为中。正是以这三种样式的基本生存状态，我们如其所为地活着，我们如其所是地是我们自己，尤其是，我们以言说使世界中的一物（实体或虚体）现身的同时，也使自己在世上出场或现身。词语缺失处，无人出场。人在世上的出场比物的出场更具有意义。只有人的出场才使物的出场成为可能。❷

如上所言，人与语言之间是不可分离的关系。可以说，没有语言，就没有人的生活——即使是聋哑人，在生活中也总是运用着其表意的哑语系统，而这种系统是包含在符号学意义上的语言之中的。人生活中的物也必须通过语言表达出来，才能真正作用于人的生活，这就是海德格尔所说的"'词语不达，事物不现'，这是指词语与事物间的关系，即词语本身就是关系，它将事物表现出来，并支撑它们。如果词语没有这种性质，则所有事物，即'世界'，就会陷入含糊不清。"❸ 初看晦涩难解，

---

❶ 这里的语言正如引言中所谈到的，指广义的表意、表征性符号系统。
❷ 钱冠连．语言：人类最后的家园——人类基本生存状态的哲学与语用学研究[M]．北京：商务印书馆，2005：卷首语。
❸ 原文为 "Where word breaks off no thing may be," points to the relation of word and thing in this manner, that the word itself is the relation, by holding everything forth into being, and there upholding it. If the word did not have this bearing, the whole of things, the "world," would sink into obscurity. 文中译文为笔者的版本。他在同一篇文章中稍后部分还进一步论述道：To say means to show, to make appear, the lighting-concealing-releasing offer of world. （以语言）说出（某物）意味着表明（它），使（它）显现，（亦即）揭开世界（它）的遮蔽物。（Heidegger Martin. The hature of language [M] // On the way to language. New York：Harper & Row Publishers, 1982：107.）

但只要设想一个例子就一清二楚了。比如此时此刻在地球的另一面正发生着一场激烈的牛狮大战,如果没有人通过某种符号(文字或音像等)将这一事件信息传递给你,当然也就与你无关,进入不了你的生活,当然对你也产生不了任何影响。而一旦有某种媒介以某种符号将这件事件表征出来,传递给你,即使没有解释说明这个事件与你的生活有什么可能的关系,都可能会引起你的注意,甚至影响你的生活,如激起你的某种感想(牛的无畏、狮子的残暴、环保、自然奇观之美等),甚至激发你的某种创作灵感,如此等等。

从上述语言学、语言哲学家的论述中,可以得出"人活在语言中"的结论,当然更能得出"人活在符号中"和"人活在文化中"的结论。针对有意识的、注意力较高的生活部分,这种说法应该没有问题。然而,对于不太需要注意力、思想意识不强的那一部分生活来说,情况又是怎样的呢?下面以某个人日常生活中的一天为例,简要分析其中的符号性或文化性因素。

张三早上醒来,如果是被闹钟叫醒的,那么当初设定闹铃的时间必定经过了某种考量,如因为要上学或上班,那么这种时间安排事先就已经包含企业或学校的制度文化因素。如果是家庭主妇因为要在某个时间点醒来煲粥,那么这种安排也可能包含一系列的文化因素在内:可能有家人营养的考虑,可能有某个/些成员身体健康如胃只适宜热食的考虑(背后包含对健康和有关人员身体素质等方面的知识或信息),可能有着卫生方面的考虑如最近获知了某些负面信息,也可能有经济方面的考虑,等等。每种情形都饱含着丰富的文化因素在内,只不过这种文化考量基本上早已设定,属于背景信息。在物质丰裕的消费社会,闹钟种类已经花样百出,传统的闹钟、闹表、手机、固定电话等都可以完成闹钟的功能,闹铃种类也有数不胜数的种类可供选择,可以是传统的叮铃声,可以是一首歌曲,可以是一段文字,可以是鸡叫或鸟叫的音频,甚至可以是录制好的自己孩子的声音"爸爸,快起床",每一种情况都包含了相当的信息含量,直接属于文化的范畴——其中即使是鸡叫、鸟叫音频也已经是符号性、文化性的了，因为它们发生的时间、地点、意义均不再是自然的，而是符号化了的。

接下来的洗漱中，所用到的水、牙膏、牙刷、毛巾，其实各有讲究。所用的水，虽然取自自然，但多已经经过沉淀、过滤、去污、净化等环节的处理，早已不是自然物；加上各种节水宣传，以及复杂的计费体系等，消费的过程充满了一系列技术、知识等符号化要素。至于牙膏、牙刷、毛巾等，作为商品的符号因素在上一节已经做过详细的讨论，纯粹自然的消费基本不存在了。之后的化妆、梳头等行为除了一般的商品消费特点之外，还直接关系到个人的审美取向、形象风格等，就更属于文化的范畴了。

至于穿戴，则更体现了种种文化取向和考虑。综合保暖、颜色、搭配、正式程度、个人形象等一系列因素之后才能做出选择，即便是这种选择是在短时间之内完成的。在物质丰裕的消费社会，除去前面所述的关于商品消费的符号、文化要素之外，个人的审美、风格、形象等方面的考虑显然属于文化的核心范畴了。如果考虑到当天个人需要履行的社会角色而影响到穿戴的正式程度及符合个人身份的话，那么所涉及的文化要素又要丰富得多了。如果还有首饰，如项链、手镯、戒指等，其中每一项轻则表明某种审美意义或生命成长阶段的标记，重则包含一定的故事。至于材质、款式、规格等，更与佩戴者的身份、审美情趣甚至生理、心理年龄都有着一定的关联，文化味道极为浓郁。香水、发胶从品牌到功能、质地、味道等也含有丰富的意义，毫无非文化性的"自然"感可言。

接下来的早餐，从风格（中式还是西式、冷热、荤素等）、食物搭配、功能（如节食控肥等）、餐具、食用方式（餐桌上食用还是路上食用，如果学生因为匆忙，只能带到教室食用，起码还需要结合课程内容，教师和纪律对其行为的容忍度等）等各个方面都传递着张三其人的民俗背景、生活习惯、健康状况（含胃口）、生活张弛度乃至于收入与消费水平等丰富的信息。因此，即使是从简单的早餐环节，我们也能了解当代消费社会某个人的诸多文化信息。

出门时，张三行头/行李的文化信息也是极为丰富的。他随身携带的主要物品已经反映出其所担当的社会角色，物品的功用透露出他的职业范围、行业水平或所处的教育阶段（如果他是个学生的话）——如电工工具或公文夹，或者是小学生的教材、教辅材料、作业本、红领巾等，或是大学生、研究生的课本、笔记本等，其中还可能有许多高技术含量的用品，如计算器、电子词典、iPad、电脑等。所背的包也传递着十分丰富的文化信息：品味、风格、价值、正式程度、用途等。随手携带的伞具，包含他对天气信息的掌握情况——如果是在某个具体季节，明知有阵雨也不带雨伞，反映出张三对季节性降雨类型、降雨时间、时长等方面的经验、知识和应对办法等。

交通方式的选择也富含信息：公交车、地铁、自行车或自驾车，每一种方式在交通过程中都必然涉及大量的交通信息（如道路通畅程度），一路上的路牌、马路上各种交通线、红绿灯、停车场地等信息当然也一样都不可少地影响着他的出行过程。对这些信息的把握和判断、决策说明了张三出行行为中的文化性。而每种交通工具又属于较为显著的商品，其中的文化含量依然很高。对交通的管理更是社会公共管理的重要内容，乃至于涉及一系列的系统性指挥、疏导和管理。其中的组织管理、信息沟通与处理，涉及组织文化、行为文化乃至于民族文化，如对于"中国式过马路"就一直存在民族文化中的公德、制度之争。

到达学校、单位后张三的一系列行为，如在大门口出示或显示证件、穿过人群、选择路径首先去办公室或教室还是其他地方，到达之后首先打卡签到还是直奔座位，接下来的一系列操作，如放下行李，打扫卫生还是开启电脑或学生的早读、整理工作或学习用具，准备当天最先的工作或学习课程等，无不需要多种因素的考量，脑子始终运转着多种信息，比较并选择着多套操作方案，在短时间内高效率地综合运用相关知识，解决着或难或易的具体问题，充分反映着一个人快速处理信息、应对问题、决策行动的能力，当然也体现了他的行事风格，实属综合性的文化生活内容。

上述各个环节可能需要不同程度地用到语言实现打招呼、问候、信息沟通、意见协调与确认等。其中打招呼和问候语算是最简单的用语了，表面上没有什么特别的含义，实际上文化味道相当浓厚。这是因为这种话语承担着寒暄、维持关系等功能，具有套话、步骤性、场合性特点，而且不同的文化中问候的方式和内容是不同的（如中国人的"早！""上班去啊？"，英国人的"Good Morning！""How are you？"等），属于具体文化中的程式性话语行为❶。其他的话语要复杂得多，往往直接行使着信息传递，且不同文化的表达方式有直接或间接之别，即爱德华·霍尔所说的低语境文化与高语境文化的区别。❷

上述分析旨在说明，在后现代消费社会的日常生活中，文化无处不在。节假日、婚庆、典礼、仪式等阶段性事件中，文化更是占据着主导性甚至支配性的地位。

其实，在日常生活中，晚餐是一个家庭较为重要的、充分体现家礼（family rituals）❸ 特色的活动。但由于接下来的节假日活动也与家礼密切相关，限于篇幅，前文中的晚餐及餐后家庭生活省略。每逢周末、节假日，几乎所有家庭或多或少都会安排一些家庭活动，增进家庭成员感情、体现家庭特色，这在少年儿童的成长中占有重要的位置，成为他们今后人生中宝贵的回忆。因此，这些活动常常富含着家长的精心安排，巧妙构思和时间、金钱的投入。限于篇幅，这里只选取某个普通的周末和春节进行分析。

随着文明的演进，生活节奏越来越快，虽然部分周末实践也异化为工作或学习的延伸，如加班、补习等，但是，几乎所有寻常家庭还是会

---

❶ 关于程式性话语，详见：钱冠连. 语言：人类最后的家园——人类基本生存状态的哲学与语用学研究 [M]. 北京：商务印书馆，2005：275-276.

❷ Edward T. Hall. Beyongd Culture [M]. Garden City, NY: Anchor Press, 1977.

❸ 所谓"家礼"，源自英文表达"family rituals"，指的是具体家庭特有的活动、仪式、行事方式等，从而使之有别于其他家庭。这个概念常用来强调言传身教的传统文化，批判现代及后现代社会中人生活的同质化倾向。

珍惜周末家人团聚的时光，开展一系列有特色的活动，为生活添姿加彩，为家庭营造温馨港湾的氛围。首先拿吃来说，平时由于时间紧张，吃饭可能只有对付了事。周末时间较充裕，较为耗时的烹饪正好得以弥补，如煲一锅老火靓汤、包饺子、擀面等，调动较多的财力、时间为家人提供营养丰富、花样较多的菜肴，是一般家庭常见的家礼。同时还可以邀请亲友一起团聚、分享，维持家庭成员之间温馨的关系。当然，这其中也包含探访老人、朋友，将孝悌之道身体力行地传承下去。再说活动，户内的如一起欣赏电视节目，共同打扫卫生，搓几圈麻将等；户外的如逛公园、放风筝，或者安排一次购物，看一场电影等。一个周末下来，家庭作为社会基本组织单位，生活的温情、乐趣、抚慰尽在其中。反观发生在周末的上述家礼，文化性十分浓厚，甚至可以说，家庭是传统文化传承的主要场所之一，是微观社会文化生活的重要实现场所。即使在此期间还有别的安排，如在当代中国，周末成为孩子们进行各种紧张补习的集中时段，也包含了家庭对孩子望子成龙的期盼、学习的激烈竞争、时代对孩子综合技能的要求等，并未削弱其中的文化性。跨文化看，周末生活方式和内容的不同还在相当程度上揭示了不同文化模式之间的差异性。至于周末的来历，从一天到两天甚至两天半休息时间的发展、权利获取过程与历史相关，与人类社会生产力发展相关，与人类基本权利和福利的斗争史相关，其实本来就属于重要的文化内容。

　　个人一年一度的生日庆祝也充满了文化味儿。无论是不懂事的孩子，生日庆祝活动由家长安排，还是青少年自己安排庆祝，一些庆祝仪式是共通的。如定制生日蛋糕上的装饰内容就包含文化信息，如"祝张三生日快乐"。越来越复杂、精致的蛋糕本身足以体现技术、风格、吉祥之意，也正是这些文化新意才支撑了越来越昂贵的价格。所邀请的亲友、特别安排的晚餐（寿面、寿桃馒头等）、庆祝的步骤（晚餐—生日蛋糕—点蜡烛—许愿—灭烛—唱生日快乐歌—切食蛋糕等），每个环节都被赋予特殊的含义，甚至体现了中西文化的融合。单位、班级为员工或学生举行的集体生日庆礼更是体现了管理中的团队精神、集体认同感等组织文化建设。当然，上了年纪的，尤其是长者的寿辰庆礼，仪式、意义、庆典过程则要深刻、严肃得多，甚至关乎着社会长幼关系、权力结构等传统民族文化要素的传承。

每年始末的标志在具体的民族文化中体现为该民族最重要的年度民族节日。以中华民族的农历春节为例，其中关于"年"的意义，就有着丰富的讨论，考证出它与一系列社会文明、文化要素密切相关：与传统文明尤其是生产相关，记录、庆祝着农业生产的时令周期；与原始宗教相关，含有纪念神灵、趋吉避凶之意；与现实生活中的继往开来相关（总结所得、展望未来）；也与人的整个生存环境相关。注意，人生存环境最大最重要的维度莫过于时空的维度，而"年"这个时间单位记录着生命的刻度，如此等等。除了"年"本身的概念，"过年""除夕""新年""春节"等组成部分各有各的含义，有着悠久的历史传统和丰富的含义，足以使电视台每年过年前用好几期专题节目才能讲解清楚。过年与春节的意义对于中国人的生活如此重要，以至于为了筹备各种庆典，很多人提前数周乃至一个月以上准备年货，一直忙到大年除夕夜才基本结束。而过去几十年，由于快速的现代化、工业化进程，很多人远离家乡外出务工，但过年家庭团聚的传统文化氛围总是能激起外出者心中那份抹不去的乡愁，纷纷从天南海北赶回家乡过年，以至于造成蔚为壮观的中国特色的春运，规模之大相当于全国十多亿人全部远行一次以上的社会性大迁徙。至于各种不同的过年民俗文化，丰富到难以描述的地步。如光是各地过年常用的食物，简直就需要多期《舌尖上的中国》专题电视节目才能介绍概况。家家户户的贴春联、年画，大扫除，每个家庭成员的过年礼品（如新衣裳等），大年除夕夜的年夜饭、炮仗、向老人拜年、老人给后辈压岁钱和红包、近几十年的共赏央视春晚节目、守岁、庆祝新年到来等，简直就是一个民风、民俗、民族文化的万花筒。第二天，正月初一是农历新年的第一天，重要性从一定程度上比除夕夜还要重要，尤其是对于追求好兆头的人来说更是如此，如不能说不吉利的话，或谈论晦气的事。拜年是新年最重要的人际关系维护项目，拜年的次序深刻体现了中国社会人际关系结构的重要梯度。正月初一、初二、初三几天里最重要的家族成员是必须要拜年的,顺序一般由在家族中的亲疏和尊卑程度定。接下来是一般性亲戚和朋友之间的拜年。整个新年的庆祝可能一直持续到正月十五才基本结束。

与西方圣诞节一样,这样的重大民族性节日深刻影响并带动着全社会的生活:往往在这个时期举办的各种文艺晚会代表了文艺界的最高水平;政治、经济界也借此良机,充分发挥本行业特色,为社会服务,同时赢得人们的支持。如各路商家充分利用春节/圣诞节这个概念,刺激消费,提升销售量,往往能够取得平常几个月都难以达到的业绩。不论是哪种行业,也不管其采取的庆祝形式和目的如何,有一点是共通的:充分利用民族文化共性,以娱乐大众为切入点,最终实现市场份额、支持度、满意度的最大化。这也正是后现代社会大众文化大行其道的根本原因:直面生活,反映大众需求,同时又充满了多种社会权力的交织与互动。

  大众文化,首先必须与人们所处的真切的社会现实相关。要成为大众文化作品,文本中必须包含多种要素:体现主流社会要素,同时不失时机地反诘主流;从底层但非全然失势者的角度对主流进行批判的机会。大众文化是人们结合文化工业与日常生活创造出来的作品。所以,大众文化由人民创造,而不是强加给他们的;大众文化生成于社会内部,生成于下层,而非上层。❶

节假日的庆典和大众文化活动正是这样,满足了全民同乐、众生平等、各种生活元素融合等特点。必须注意的是,大众文化的发动、组织和展开虽然必须源于生活,服务于大众,但并非全然是反叛的或代表社会底层的文化,否则也不可能成为全社会共享的文化形式。如结合美国

---

❶ Fiske John. Reading the Popular [M]. London: Unwin Hyman, 1989: 25.

的情况，菲斯克指出：

> 大众文化并不是被压迫者（或底层人）的文化。在白人父权资本主义社会里的下层人也并非让大众文化无望地束缚着。他们经济上和社会地位上的劣势并未抹去其身上的个性，也不能剥夺他们的能力，使之失去抵制或反抗压制他们的势力；相反地，它激发他们在日常的抵抗中采取灵活的策略使权力阶层处于不安状态。❶

这种矛盾的、社会权力交织、角力的特点正是大众文化的魅力所在，使人们在狂欢之中接受或改变观念，因此是消费社会最有效的、最受欢迎的社会文化形式之一。消费社会丰裕的物质使人们热衷于引进、创造各种节庆，以娱乐的形式获取自身想要的社会影响，实现其他形式难以企及的效果。这就是后现代社会狂欢节、体育节、文化节、各类行业节层出不穷的原因。通过人们长期的努力，如今每年有接近半数的时间被节假日化了。相信随着每周"休三天"的想法从热议变成现实，这种生活的全面娱乐化将会成为社会生活的主调。

值得一提的是，各种大型庆典活动中本来严肃的仪式文化，在后现代社会中也娱乐化了。仪式"从狭义上来说是指发生在宗教崇拜过程中的正式的活动……从广义上来看，仪式不但指任何特殊的时间而且指所有人类活动的表现方面"。❷ 仪式这种从庄严到大众化的演化正体现了其娱乐化的发展。实际上，即使是原始文化中庄严的宗教崇拜仪式，虽然过程具有禁锢性，不容忍人们在仪式过程中嬉笑娱乐，但一旦仪式结束，人们分享贡品、祭祀品，甚至举行歌舞活动，娱乐性便如同开闸的洪水漫布开来。实际上，我国许多少数民族的丧葬文化，仍然保留着娱乐庆

---

❶ Fiske John. Reading the Popular [M]. London: Unwin Hyman, 1989: 169.
❷ 李鹏程. 当代西方文化研究新词典 [M]. 长春: 吉林人民出版社, 2003: 352-353.

典的因素，❶ 这也正符合儒家和道家文化中"事死如事生"的传统。这正说明在严肃的仪式中人们累积的压抑情绪需要释放，同时代言人身份的仪式主持、作为权力拥有者的主人（或官员）与处于从属地位的众人之间的张力关系也需要消解，这也正是仪式之后大众文化对极度严肃的氛围的"矫枉"，深层次上体现着多种力量的角力。实际上，大众文化总是尽量利用可能的机会对压制性的社会力量和权力拥有者进行不懈的斗争。

  要达到流行或大众化的效果，文化产品必须满足十分矛盾的多种需求。一方面是处于主导、霸权地位的经济方面的需求……因此，大众文化必须尽量反映人们的共性，抛弃社会差异。资本主义社会的共同性在于占据着支配地位的意识形态和下层人的失权……这些大众化势力通过文化商品转化为一种文化资源，将其中的意义与乐趣传播给大众，规避或抵制社会的管制，突破社会中的霸权和整一性，侵占主流控制的领域。所有的大众文化都是一种斗争，一种意义与社会体验的斗争，一种个人及其与社会秩序之间的斗争，一种资本社会中通过文本与商品进行的斗争。❷

生活之生生不息的流动性在大众文化这种矛盾性、冲突性和不断的斗争中得到了极好的诠释。当然，取得的效果或赢得的社会改进短时间内不一定明显，昭示着这种努力的持续性、长期性和复杂性。

  大众文化始终是权力关系的一部分；它总是充斥着社会统治阶层与下层之间、权力与各种抵抗力量之间、正规的军事策略与有机策略之间的博弈。评判这种斗争中的权力得失并非易事：谁又能在具体某个节点说清哪一方"赢得"了一场游击战争呢？游击战争的

---

❶ 如土家族在祭奠亡灵时，就常常载歌载舞，称为"萨尔嗬"，这种祭奠方式延续至今。

❷ Fiske John. Reading the Popular [M]. London：Unwin Hyman，1989：28.

精髓在于（策略的使用者）立于不败之地，大众文化也是如此。资本主义虽然已经历时近两个世纪，下层人的亚文化依然存在，拒绝被主流文化收编——处在亚文化中的人们总在翻新手法，（撕扯自己的牛仔服）创造新的文化花样。同样地，虽然父权制已经历时千百年，妇女依然发展和维持着女权运动，且单个的女性通过其日常生活不断向父权制发起挑战，取得了些微的短暂的胜利，使敌对力量保持警戒，时而为她们自己赢得（哪怕很小的）阵地。❶

至此，本节综合阐释了后现代消费社会中生活符号化、文化化的特征。无论是微观的个人生活，还是宏观上的作为集体的后现代社会生活如社会组织生活，都具有文化化、娱乐化特征。其中娱乐化实现策略和过程在本书前面的章节已经做了大量的论述，在此不再细述。

第三节　行业符号化：以教育为例

社会生活中，生产无意识最重要的组成部分，体现在各种组织化的行业中。本节以教育行业为例，对其进行深度分析，廓清其中的娱乐化发展趋势。选取教育行业，一方面，教育一直被视为严肃而神圣的文化传承行业，跟娱乐化相去甚远；另一方面，教育不仅是一个行业，而且与人们的日常生活有着密切的关系，除了政府主管部门和作为执行主体的学校，家庭也在教育的全部过程中扮演着极为重要的角色。同时，面对社会文明形态和文化模式的转型，教育也正面临并经历着相应的深刻变革。这些变革的重要特色之一就是包含娱乐化倾向。

教育使人获得知识、开启心智、提升认知与实践水平，在人的生命历程中行使着开发人的智力潜能，从而达到助人发展、自我实现的重要功能，教育的成效又直接影响着社会物质与精神文明的实践与发展水平。

---

❶ Fiske John. Reading the Popular [M]. London: Unwin Hyman, 1989: 19-20.

因为关系到每个社会成员的成长和自我实现，故教育是人类社会重要的公共课题，自人类社会生产力有所发展以来，逐渐成为社会公共事业中越来越重要的大事。

社会文明的发展、人类生产生活水平的提高必然对教育提出相应的新的要求。随着文明形态的演进，文化模式的变迁，教育也需要作出及时恰当的转型，以满足社会现实的需要。从严格的规模意义上的教育来看，人类社会已经经历了从与农耕文明相适应的经验主义模式及相应的教育模式向产业文明文明及与之相适应的理性主义文化模式及相应的教育模式的转型。虽然这种转型并未在全球范围内完成——广大第三世界国家和地区的产业转型尚在进行中，但同时在以第一世界为代表的国家和地区，自20世纪中后叶以来，产业文明正向着后工业化时代的信息文明转型，相应地也向教育模式的转型提出了新的要求。

经过20世纪70年代末以来几十年的持续发展，中国目前正处于两种文明转型同时并存的状态：一方面，中国的现代化或产业化进展迅速，但由于深厚久远的农耕文明基础和复杂的地域、人口因素，社会产业化转型还远未完成；另一方面，沿海及东部先行开放地区已经自20世纪末开始进入后工业化发展阶段。这就使得我国的教育也面临双重转型：从传统教育向现代教育转型和向与信息文明相对应的教育模式转型。

过去十多年，随着对外开放，我国在多个领域内的国际合作广泛、深入展开，教育也是如此。正是在这种双重文明转型和国际化合作深入开展的背景下，本节讨论教育的两重转型面临的任务、问题与对策，旨在分析教育娱乐化的演化趋势及其成因。

人类结成社会以来，依靠社会群体的力量创造了辉煌的文明，强大的集体力量使人类将原本个体难以力敌的动物（如豺狼虎豹等）、难以逾越的崇山峻岭和江河湖海等变为驯服的对象，以至于当代生态批评学者疾呼需要对包括上述诸物在内的自然进行生态保护。❶ 在人的整个生命周

---

❶ 关于生态批评，详见：陈开举，陈伟球. 仰望星空，更要脚踏实地——生态批评的文化批判[J]. 哲学研究，2015（5）：122-126.

期中，教育与生产劳动的其他行业一起成为人类社会生活的支柱，社会越进步，生产越先进，组织越复杂，文化越丰富，越需要丰富、优质的教育支撑生产生活的各个方面。

受文明形态（mode of civilization）转型和相应的文化模式❶（cultural pattern）更替的决定性影响，教育一直经历着发展乃至重大的转型。人类文明已经经历了原始文明、农耕文明、资本文明几个阶段，分别对应着宗教崇拜文化模式、经验主义文化模式、理性主义文化模式、创意与娱乐文化模式。与各个文明形态相对应的教育模式可以简称为教书、教学、教学生学。❷当然，这种划分不是绝对的，后一种总是在综合了前一种的基础上进行，而不是将前一种完全抛弃，是扬弃性的否定，添加了新的适合社会文明和文化模式的内容，体现了时代的要求。"教育转型是教育的一种整体性变革，指不同的教育形态之间发生的质变或同一教育形态内部发生的部分质变或量变过程。如在人类教育的历史演进过程中，从古代教育到近代教育、现代教育，从农业社会教育到工业社会教育、后工业社会教育，从传统型教育到现代型教育等，都属于教育形态之间的质变，前后两种教育是具有显著差异的不同形态。"❸

第一个阶段即教书的教育模式，如原始文明下的巫术、宗教崇拜下的教育及农耕文明下的道义传承教育，表现为在教育过程中围绕经典或教材，向学生传道，熟读、背诵经典，将其中的内容当作知识囫囵吞枣灌输给学生，后者跟着"念经"即可。至于理解多少以及这些知识何以得来、如何运用等主要依赖学生的悟性。这种教育对教学效果基本上是不负责的。第二个阶段即教学阶段，发轫于农耕文明，发展与成熟于产

---

❶ 所谓文化模式，指的是"特定民族或特定时代人们普遍认同的，由内在的民族精神或时代精神、价值取向、习俗、伦理规范等构成的相对稳定的行为方式，或者说是基本的生存方式或样法"。详见：衣俊卿. 论哲学视野中的文化模式［J］. 北方论丛，2001（1）：4.

❷ 沈章明，段冠舟. 角色危机与现代教育转型［J］. 聊城大学学报（社会科学版），2016（1）：122-128.

❸ 冯建军. 教育转型·人的转型·公民教育［J］. 高等教育研究，2012（4）：10.

业文明时期，社会分工的细化，以实践对知识、技术大量而迫切的需要为导向，对教育内容提出了新的要求。教育必须服务于社会实践，体现在教和学的两个环节，其中尤以检验学生学习效果的实习环节最具有说服力。随着知识、技术的累积，学科的分化、发展，第三个阶段即教学生学的阶段应时而生。它对教育提出了更新更高的要求：培养学生的学习能力和处理资料、获取所需知识的能力，保持不被资料、知识淹没的自主主体意识，实现学习的可持续发展。从传统的"教书"教育模式到"教学"和"教学生学"正是从传统农耕文明下的教育模式向与产业文明相适应的现代教育模式的转型。这一转型在西方主要发达资本主义国家和地区已经完成，"以学生为中心""任务型教学""自主学习""过程评估"等教学策略便是这种教育模式的几种具体实践内容。从大量的教育教学研究成果看，我国当代学界对这种转型已经普遍认同，并在实践中逐步实行"教学"与"教学生学"的诸多举措。

与此同时，由于我国社会经济的持续、高速发展，东部和沿海地区作为改革开放的先发地区，在历经了几十年的大发展后，新千年逐步步入后工业化或信息社会的发展阶段。面对特征越来越鲜明的"互联网+"和"文化+"社会生产、生活新局面，文化模式和教育模式必然需要作出相应的转变。这种转变即使是在西方发达国家和地区也还是比较新近的现象，还没有形成固定的模式供我们借鉴。由于我国产业文明形态的未完成性，相应地也就少了成型的条条框框。也就是说，面对新的转型，我们具有后发优势，充分利用新转型的契机，可以避免现代性的某些缺陷，达到后来居上的转型效果。实际上，现实社会发展实践正是如此：充分运用新媒体、新技术，契合创意产业转型，形成新的具有竞争力的产业，我们已经部分做到了。如在新信息、创意产业方面，目前美国和中国都取得了明显的成绩。以企业界为例，美国有脸书（Facebook）、谷歌（Google）、微软、IBM、苹果等新型产业企业巨头，中国有腾讯、阿里巴巴、京东、联想、华为等代表性企业，而其他国家暂时还鲜有可匹敌者。相应地，新的教育转型要以新兴、未来产业为导向，主动变革。但这次转型难以依赖国际合作伙伴，需要我们自己结合社会实践新发展、新需求，主动探索、实验以找出可行之道，这就是教育的第四重境界——"教学生学创"。即迎合知识—信息时代对教育的要求，除了培养学生学习知识、批判判断、整合知识的能力之外，还要培育其才思和生发创意的能力。

当代中国教育转型的二重性，指的就是与我国社会二重转型相适应的教育的二重转型：主体从传统农耕文明向现代产业文明转型，同时沿海及先发地区从现代产业社会向知识—信息后现代社会的转型同时进行；教育同时也经历从适应农耕文明的"教学"转向与产业文明对应的"教学生学"。高度职业化、专门化的社会分工对教育提出新的要求：培养学生学习能力，不被资料、知识淹没的西方教育尤其如此；适应后现代社会的"教学生学创"。"中国教育转型在时空中具有双重转型的内涵，既要完成农业社会到工业社会转型的任务，又要迎接网络化、信息化的挑战，消解工业社会教育的消极因素，将信息社会教育融入教育改革之中，实现双重的转型……当代中国教育形态的转型具有双重性，既要从个人依附性的教育转为个人主体教育，启蒙个人的主体性，培养人的理性主体意识；又要避免个人主体性过分发达所出现的问题，用类的意识、主体间性引导个人主体性的健康发展，因此又要从个人主体教育向类教育过渡。"[1] 具体地说，二重转型又可以细分为四个方面：

（1）从纯粹重视知识向重视解决实际问题的能力转向；

（2）从学生受教育、教师"教学"向学生自主学习、教师"教学生学"转向；

（3）培养学生查找、筛选、获取、整合知识的能力；

（4）从学生正确地分析、解决问题到有个性、有特色地解决问题。

这些宏观的教育转型表现在实践中就是要解决教学过程中常遭遇到

---

[1] 冯建军. 论当代中国教育的双重转型 [J]. 南京师大学报（社会科学版），2011 (3)：106-107.

的实际问题,如因教学目的、目标不明确而产生的教师墨守成规和学生厌学的现象。因为方法不对造成教法不当和学生不会学习。评估手段落后而产生高分低能现象。教学效果不好,最终导致教育的结果不好:一方面,学生所学不能适应社会需求,造成就业困难;另一方面,社会急需的人才教育又不能有效地提供。在后现代文化模式下,还暴露出一个更困惑的问题,即教育的过程不快乐。对于二重转型和转型中的具体问题,下面分别讨论。

1. 国际合作视野中我国教育的现代转型

我国社会经济产业文明转型的顺利推进,使得第一重教育转型即教育的现代转型在相当程度上已经发生,即从培养与农耕文明相应的经验主义文化模式下以德育为主的道义教育转向培养与产业文明相适应的理性主义文化模式下以知识技能等产业文明所需的理性主义教育。"教育目的的核心是培养什么人的问题,教育目的的转型意味着人的转型。因此,教育转型当以人的转型为核心。"[1] 教育的这种现代性转型是社会文明形态转型所决定的,尤其是在高等教育领域。因为毕业生就业对高等教育提出了相应的转型要求:专业设置、知识与技能要符合社会产业对人才的需求。

西方发达国家和地区作为工业文明的先发地区,产业分工细致,与之相适应的现代教育体系也很完备,是现代性教育可资借鉴的对象,通过学习、借鉴、合作,可以使我们较好地实现现代性教育转型。农耕文明向产业文明转型期教育的转型需要解决一系列传统教育中的问题,具体地说,就是前文已经列出的前三类问题:

(1) 从纯粹重视知识向重视解决实际问题的能力转向;

(2) 从学生受教育、教师"教学"向学生自主学习、教师"教学生学"转向;

---

[1] 冯建军. 教育转型·人的转型·公民教育 [J]. 高等教育研究, 2012 (4): 10.

（3）培养学生查找、筛选、获取整合知识的能力。

具体到教育、教学实践，就是要从学科、专业、课程、教材、教师、教法、评估体系、实操能力、问题导向、自主学习与研究性学习等方面进行全方位的变革，解决老生常谈的问题：明确培养目标，以现代产业社会的需求为导向，从宏观上把握教育转型的基本内容或判断指标，涵盖核心理念的变革、培养方式的变革、评价方式的变革、体制机制在内的变革的整体性；❶ 教育核心内容从知识传授型向知识能力并重转型，即从传统的强调 know-what 的基础上加上解决问题即 know-how 的能力培养内容，这样，教师就必然要"从知识传授者向方法指导者转变，从主导者向促进者转变，从实践者向研究者转变，从经师向人师角色转变"；❷ 教学的主要场所课堂也从学生听课、抄笔记的传统单向知识传授型向知识、技能并重转变："课堂教学转型的一大基本标志，就是要从'讲课型'课堂走向'学习型'课堂。为此要实现三大转型：在课程开设上从'学科定位'走向'学本定位'，在教学关系上从'师授生听型'走向'生学师导型'，在教学活动上从'题海训练型'走向'生态发育型'"；❸ 教学效果的评估体系也必须转型，要构建"多维评价内容，锻造学生的创新人格"，❹ 这里的多维，指的就是要在重视知识考核的基础上加上考查学生分析问题、解决问题的能力，当然还包括检索知识、识别有效知识和整合知识的能力。

对上述教育、教学中具体方面的转型，从理论探讨上虽然基本已形成共识，然而，实际变革谈何容易。综观我国教育实践，各种问题尤其是大课堂、大灌输、考试导向的机械模式化教学，与传统教育没有本质上的区别。

---

❶ 孙其华. 关于教育转型的思考 [J]. 江苏教育研究，2011（34）：3.

❷ 郑淑红. 从教育的转型谈高校教师角色的更新 [J]. 莆田学院学报，2004（11）：29.

❸ 林惠生. 关于"学习型"课堂的三大教学转型 [J]. 课程教学研究，2013（10）：11.

❹ 陈文远. 教育转型视角下的高校学生评价 [J]. 教育发展研究，2012（9）：79.

久已习惯于传统教学的既有模式具有体系化特点,彻底的变革涉及教育、教学的方方面面,是一个系统工程,改变起来难免让人无所适从。其实,针对这一问题,正可以借助国际合作尤其是与欧美发达国家高校的合作来解决。现实基础就是我国不断开放的国情,尤其是加入 WTO 以来,我国社会诸多领域已经展开了广泛深入的国际合作,教育领域也不例外。如今几乎所有高校都与国外尤其是西方发达国家的高校展开了各种形式的教育合作;西方的教育理念、学科建设、专业设置、教材教法、评估体系、继续教育与就业等已经颇为我国教育界、特别是高校所熟知。许多方面已经有了充分的经验交流、学习借鉴并付诸教育实践。概括地讲,就是采取教育国际化战略,实现我国教育的现代性转型。通过教育国际化的深入合作,培养教育人才,提升我国教育的国际竞争力,促成教学理念的转变,提高和丰富办学层次。实际上,当前我国许多高校开始重视教学过程(如加大平时成绩在课程总成绩中的比重)、任务/实践运用知识型的作业(作为平时成绩的一部分计入课程成绩)、减少知识记忆类要求和期末课程考试成绩所占比重等具体举措就是这种借鉴国外教学经验、改革自身教学的转型实践。

简言之,我国的现代教育转型可以在充分学习和借鉴西方现代教育成熟经验的基础上快速推进,以实现上述三个方面的转型。随着中外教育、教学更加紧密而广泛深入的合作,如开设平行课,甚至同一门课程中外教师共同讲授,在教材、教法、评估等教学过程的各个方面共同合作,直接学习,改造原有的教育、教学,一定能够快速完成转型,与国际接轨。

当然,这种转型任重道远,尤其是还远未影响到基础教育,促成相应的转型性变革。一方面,要大力推进高等教育更全面的转型,以期带动整个教育的转型;另一方面,必须将我国教育现代性转型的理论研究成果与实践经验向整个教育界推广开来,促成全社会教育的整体转型。同时,西方教育中的小班制、个性化教育意味着比现在高得多的投入,要求社会更综合、全面的投入,以满足高水准的教育资源配置;同样地,高等教育中普遍的学分制意味着要为学生提供丰富多样的选择。仅就这一点，就势必与社会其他行业包括公共服务业之间展开激烈的资源争夺，短期内恐难以取得社会共识。

2. 后现代转型中的主要问题与对策

如前所述，在一系列的教育模式划分和转型中，相邻的两种模式之间并没有绝对明确的界限，而且后一种模式都是对前一种模式的扬弃，去除已经过时、不合理的部分代之以适应社会文明的新内容。即后一种模式以前模式为基础，而非绝对地抛弃。

除了现代性转型外，后现代社会的到来为我们提出了教育的第二重转型即向后现代教育模式的转型，也就是前面提到的第四项转型内容：从学生正确地分析、解决问题到有个性、有特色地解决问题。

后现代社会教育转型的特点由信息社会文明形态的特点决定：在物质生产高度发达、服务渠道多样化、便捷化的消费社会，尤其是近年来人们耳熟能详的"互联网+"和"文化+"时代，新特色和审美取向成了人们新的需求。只有创新能力、审美能力——后现代文化娱乐化趋势对劳动成果、产品的要求——能为产品和服务赋予一定的品位、风格等独特的新意，吸引消费者的注意，实现产品、服务的商品价值和附加性的符号（文化）价值。转型的方向主要集中在两个方面：培养学生的创新能力和审美能力，即前面所述的"教学生学、创"的第四重教育境界。

与后现代文明一样，后现代教育模式的转型对于全世界都是新课题，亟待人们的探索。如果说在现代性教育转型中，我们可以借鉴、学习西方发达国家的先发优势，那么，后现代社会由于还处于形成阶段，并没有构建成熟。一方面，没有现成的后现代教育模式可资借鉴，需要我们自己与身处后现代社会转型的西方发达国家和地区一起探索；另一方面，这也正表明了我们具有同等机会，甚至因为我们尚未完成现代性教育模式转型而少了既定模式的束缚，因而具有后发优势，只要我们抓住契机，就可以在这轮转型中主动规避现代性教育模式本身的缺陷，实现弯道超车，达到后来居上的效果。

如何实现教育的后现代转型？面对这一全新的课题，现在还无法给出完美的答案。只能历史地、现实地、面向未来地对待这个课题，以求找出相应的应对之策。所谓"历史地"看待问题，指的是检视人类社会业已发生的教育转型，借以预测后现代教育转型的范畴、内容、步骤等，当然，传统的知识文化还是教育传承的重要内容；所谓"现实地"对待问题，指的是扎根于不断发展的活生生的社会实践，尤其是我国当代以经济社会为代表的各个方面快速、持续、健康发展的经验以及生产生活中的各种新兴事物（行业、技术、需求），保持教育与社会现实之间的互动关系；所谓"面向未来地"看待问题，指的是教育要以新兴、未来产业为导向，主动变革，以实现教育从服务社会到引领社会，尤其要密切关注新媒体、新技术，契合创意产业转型，紧扣时代新特点，如"互联网+""文化+"、审美化、娱乐化特色等。具体地，主要有以下几个方面。

第一，在现代性教育教学模式转型的基础上，推进后现代模式的转型。尤其是在学习和借鉴西方现代教育、教学之任务型教学、培养学生自主学习能力等成果的基础上，完成基本知识的学习和基本能力的培养，这是后现代教育、教学转型的出发点。离开这个基础，革新无从谈起，反而造成连基本知识、技能都没能掌握的"一代不如一代"的退化现象。这也是前面一再强调的转型是扬弃而非全盘否定。

第二，充分利用新技术，使学生更快捷、便利地获取知识，同时老师、学校也要与时俱进，革新教育、教学手段，提高效率，实现共同提高。这种态度是实现整个教育转型必备的前提。实际上，教育管理的信息化（无纸化办公）、教学手段的多媒体化（电子课件、PPT）、超文本化（教学内容的多文本、超文本链接）、学生学习工具的智能化（从电子词典到电子书目、微媒体学习平台等）已经在教育、教学、学习中部分地使用，可以预见，这种智能化教学平台将会越来越丰富、复杂、便

捷。充分利用微媒体，引导学生将对微媒体高昂的热情转化到教学实践中去，取得良好的教育、教学效果。❶

第三，创新、创意能力的培养。重视教育过程中对现实社会生活、优秀传统文化、艺术的学习，因为它们是意义的来源。如关于艺术的重要性，有学者指出："艺术在中国古人的精神生活中有着特别重要的地位，中国古人将艺术看成主体成就人生的重要途径，把对艺术境界的追求看成是人生境界追求的有机部分，乃至将艺术看成是人生理想的最高境界。"❷ 重视上述方面的教学，有利于营造创新的文化——教育创新的"任务之一就是要营造浓郁的创新文化"。❸

第四，创新、创意必然是微创式的，即渐进的、累积的，不能指望短期内达到脱胎换骨的创新效果。那种"大跃进"式的一夜蜕变既无可能，也无必要，实际上往往还是有害的。当然，在创新的过程中需要建立相应的容错、试错机制，否则，固守传统的以知识记忆为中心、以标准答案为评价依据的过分强调"正确性"的做法是难以培养出学生的创新和创意能力的。

第五，强调学生学习、创新过程中自主性的培育，变传统的"知识传授型"为"师导生学型"。要求教师和学生紧紧围绕教学和学习的中心任务，在传统的知识、技能学习和训练的基础上外加创新、创意能力的培养。因之，后现代教育模式下教与学的任务不是减少了，而是增多了。

第六，向最高也是最难的境界即快乐学习的境界转型。传统的灌输型教育对人追求快乐的天性具有极大的压制性，是导致学生厌学的根本原因。后现代生活中，节奏更快了，包括学习在内的竞争和劳动强度更大了，唯有快乐可以抵消和支撑这种快节奏、高强度的生产、生活给人们带来的压力。"后现代社会中，呈现出生产文化化、消费符号化、文化

---

❶ 陈正辉. 微时代的教育创新初探 [J]. 江苏高教，2014（4）：95-96.
❷ 朱志荣. 中国艺术哲学 [M]. 上海：华东师范大学出版社，2012：216.
❸ 周作宇. 诺贝尔奖获得者的教育创新观 [J]. 国家行政学院学报，2012（5）：3.

娱乐化的显著特征。虽有学者如波兹曼等的尖锐批评，后现代文化娱乐化乃至泛娱乐化的趋势非但没有减缓，反而愈来愈鲜明了。人们越来越自由自在地、随时随地地享受着文化的娱乐性，后现代文化中人性的充分张扬使得'我自由、我快乐'仿佛成了社会文化生活的主旋律。"❶ 后现代教育模式的转型也必须适应后现代社会文化生活娱乐化的特征，"从小培养学生的个性，培养学生的创造性思维，并针对每一个学生提出不同的成长目标，让学生快乐地学习，学习得快乐"。❷ 在创造性、自主性学习的基础上达到快乐的效果，获得的乐趣回馈，支撑高强度的教育和学习。

此外，在全球化不断演进、我国在国际社会中不断凸显的当下，还必须继续加强国际合作，与面临后现代转型的国家和地区的教育界一起面向未来，探索和推进后现代教育模式的转型。实际上，这方面已经取得较好的成果。❸

经济社会现代化和后现代转型的宏观背景下，当代中国正经历着教育模式的现代性和后现代性双重转型，其中每一种转型都涉及教育理念、教育目标、学科和专业设置、教材教法、教与学关系、教育教学效果评估等一系列环节，是一项真正的系统工程。我国教育的现代性转型正在迅速演进，其中的诸多问题可以通过学习西方发达国家和地区的现代性教育模式、深化教育的国际合作解决；同时，与西方发达国家和地区一样，我国先发地区正面临社会的后现代转型，教育模式也是如此，但这一重转型没有成型的模式可资借鉴，需要我们自己主动面对问题，积极探索，在国际合作中一起找出相应的解决之道。

教育的现代性转型要求我们从传统的专重知识型向知识、技能并重

---

❶ 陈开举，张进. 后现代文化娱乐化批判 [J]. 哲学研究，2016 (7).

❷ 程换弟. 奈斯比特的教育理论对中国教育发展的启示 [J]. 廊坊师范学院学报（社会科学版），2015 (3): 128.

❸ 关于这方面成果的文献有很多，如 Eric Roland, Peter Merrill. 中美四校创新项目的开展及其成效——对 BASK 项目的分析 [J]. 创新人才教育，2015 (2): 92-95.

转变，培养学生的自主学习能力；后现代教育模式尚无成型的模式，但充分利用新媒体、信息技术，培养学生的审美意识和能力，利用后现代文化娱乐化精神以及"互联网+""文化+"等，应该是这种转型迄今为止可以确定的转型特点和方向。而创意、创新乃是使教育者或受教育者得到充分的成就感和高级精神享受的旨趣所在。

第六章　文化娱乐化批判

第五章按照传播类型分别对后现代文化代表性样态的娱乐性及其实现策略结合具体案例进行了剖析。本章将回归到本课题要解决的问题本身，即娱乐性问题及其评价、文化模式后现代转型带来的娱乐化的必然性。对这几个方面探讨的展开，首先从批判本身开始，厘清什么是批判，批判的内容和目的；然后就后现代文化娱乐性展开分析，弄清其形成的社会文化原因；在此基础上，做出评判并预测未来的发展方向。只有这样，才能综合、全面地回答由波兹曼提出并被社会学、文化学等相关学界论述过的后现代文化娱乐化问题。

第一节　关于批判本身

《辞海》认为，批判指评论是非和对某种思想或言行（多指错误的）进行系统的分析。根据维基百科，"批判"这一术语从古希腊文 κριτική（kritikē）演化而来，意思是"判断的官能"，也就是发觉人、事、物之价值的能力。批判是一个方法论，指关于纪律化、系统化地对于写作或口述的论说进行分析。❶虽然批判通常被理解为找出错误和否定性的论断，但它可以包含优点的辨认，在哲学传统中它同时代表一种力行怀疑的方法。当代关于批判的概念很大程度受启蒙时代的影响，透过他们对偏见和权威的批判，厘清他们拥护在宗教和政治权威等方面的自主与解

---

❶　http://zh.wikipedia.org/wiki/%E6%89%B9%E5%88%A4.

脱。经过康德、黑格尔等哲学家的发展，"批判"指某种系统性的审问，且能够探询教条、指示的边界。

现实文化生活中的泛用、滥用造成对"批判"一词很大的误解：如同"检讨""反省"等词，认为如果某个理论或观点受到批判，那么，它基本上是谬误的。这种误解来源于二元对立的思维模式，非对即错，非黑即白，容易对准确的认识造成相当大的误导。实际上，批判的对象应该具有这样的特点：它本身具有相当的价值，否则就成就不了其作为批判对象的资格，因为纯粹谬误的观点通过证伪即可被抛弃或纠正，不会有人过多地耗时与之纠缠。学术意义上的批判对象也是如此，它必须具有相当的价值，其中必然包含许多合理的内容，这样，批判的目的就是厘清其中合理的内容并进一步发展，同时剔除有可能谬误的地方，以达到正本清源，实现在既有理论或观点基础上的发展。

新生事物或现象出现之初，往往由于特点尚不鲜明或本质性的特征不一定已经显现出来，从而极易沦为被批判的对象。受其影响，作为对新生事物进行阐释、研判、指导的新发理论，往往可能具有许多"看走眼"的地方：这既是由于新生事物或现象本身的本质特点表现得尚且不全；也是因为新生事物或现象往往体现了一些与过去不同的特征，从而对既有的秩序造成冲击，引起解释者对于某些新特点有可能冲击既有秩序合理性或优势的焦虑；还可能出于解释者自身的限制，如作为既有秩序的获益者担忧有可能引起的变化、解释者本身的视角、知识的广度和深度的限制等，因此对新生理论或观点的批判就尤显重要。通过批判去粗取精，去伪存真，在合理的基础上结合现实发展的新情况将既有理论作进一步发展，以厘清人们对这些现象的认识，贴近现实发展得出合理的阐释，指导人们对于该类文化活动的实践，这既是理论研究与批判的旨趣所在，也是对批判者学术使命的要求。

批判的路径。对于全新的、尚无系统性解释的现象，需要从现象本身出发进行解释。合理、充分的解释要求揭示出引发该类现象的深层原因，从而把握其本质；不能满足于停留在现象层面的诠释，因为挖不出深层次的原因就会导致不得要领，往往只起到发牢骚的作用，难以治标，更治不了本。对于已经有了一定的解释或理论的现象，可以站在既有理论的基础上，结合现象本身及其现实中的发展，检视既有理论的合理之处，剔除谬误之处，加上新的理解，实现在前人基础上的发展。

本研究对于后现代文化娱乐性的批判，始于波兹曼以"娱乐至死"理论提出针对后现代文化娱乐化进行的判断与批评，旨在评判该理论，结合已经发生的文化娱乐化在现实文化生活中深刻的纵深演进，深度解析这种文化特质及其背后的原因，对后现代文化特性的这一重要变化做出全面的、符合现实发展的、面向未来的评价。

笔者认为，波兹曼只看到了娱乐化问题的表象，但他既没有对娱乐性本身做足够深入的探讨，也没能清晰地揭示后现代文化娱乐化转型的生成机制和根本动因，这就使得他的理论路数囿于以传统文化严肃、禁欲的基调对处于文化模式转型带来的表象性特征进行的评判。纵使他对娱乐性充满失望并大加挞伐，却既不能阻止后现代文化娱乐性的演进，也不能对人们应该如何面对这个问题进行足够深入的分析和指导，反倒是现实文化生活中，娱乐化的发展与他的期望愈行愈远。波兹曼已于2003年不幸去世，然而他提出的问题不仅仍然存在，而且有了很大的发展，他留下的这个问题自然落在了后来的学者身上，这也正是我们的研究承前启后之处。

第二节　文化模式的转型

文化模式是社会学、文化研究、文化哲学与文化人类学研究的重要课题。本尼迪克特在其《文化模式》中将文化模式定义为一个综合的有机体，融合了特定的民族心理和思维方式。博厄斯将文化模式界定为：（1）组成一个特定文化的文化丛和文化特质的体制；（2）一种文化的总方向和本质；（3）一种出现极端化的独特的文化体系。❶ 相比起来，最全面的是衣俊卿的定义：

> 文化模式是特定民族或特定时代人们普遍认同的，由内在的民族精神或时代精神、价值取向、习俗、伦理规范等构成的相对稳定的行为方式，或者说是基本的生存方式或样法……文化模式以内在的、不知不觉的、潜移默化的方式制约和规范着每一个体的行为，赋予人的行为以根据和意义。虽然文化的影响力不像政治经济那样直接和强烈，但更为持久和稳定，它往往能够跨越时代、超越政治经济体制而左右人的行为，进而影响政治经济活动和历史的进程。因而，文化模式是人的生存的深层维度。❷

文化模式有多种分类方式，最粗略地可以分为特殊的文化模式和普遍的文化模式两类。特殊的文化模式是指各民族或国家独特的文化体系。如以农业为主的经济，众多的农村人口，浓厚的家族观念，重人伦，对祖宗及传统权威的崇拜等互相联系形成中国传统的文化模式；工商业发达的资本主义经济，以城市生活为主导，个人主义，总统制等互相联系而形成美国的文化模式。多数学者认为，形成这种一致性的原因是统一的社会价值标准，也有学者认为是一个社会中人们共有的潜在意愿。这是对文化模式一种横向综观的理解。

历史地纵观，文化模式还有层次之别。与相应的文明形态相关，人类历史经历了原始的自然主义文化模式、传统农耕文明下的经验主义文化模式、现代资本文明下的理性主义文化模式以及当代的后现代主义文化模式。这就说明，文化模式不是一成不变的，随着社会文明形态的演进，会做出相应的改变。❸ 对于人类社会文明形态的演进，马克思从人的

---

❶ 李善荣．文化学引论［M］．西安：西北大学出版社，1996：317-318．
❷ 衣俊卿．论哲学视野中的文化模式［J］．北方论丛，2001（1）：4．
❸ 衣俊卿．论哲学视野中的文化模式［J］．北方论丛，2001（1）：4-10．

发展角度进行了三个阶段的划分:

> 人的依赖关系(起初完全是自然发生的),是最初的社会形态,在这种形态下,人的生产能力只是在狭窄的范围内和鼓励的地点上发生着。以物的依赖性为基础的人的独立性,是第二大形态,在这种形态下,才形成普遍的社会物质变换,全面的关系,多方面的需求以及全面的能力的体系。建立在个人全面发展和他们共同的社会生产能力成为他们的社会财富这一基础上的自由个性,是第三阶段。❶

在最初的社会形态即原始社会的文化模式中,人们尚未形成对人的类本质的认识和自我存在的自觉,原始初民主要的生产、生活对象乃是对自然的各种反应,故组成其基本的文化内容(应对自然的生产生活及人们相互之间的交往)以自然主义的模式自发地指引着、支配着人的行为,这就是所谓的自然主义文化模式。原始的观念世界基本由原始巫术、图腾崇拜、原始神话和原始宗教构成。彼时的人类精神出于对自然的自发反应,未形成自觉而明晰的自我意识和类意识,其思想活动具有混沌不分、先验的自在性特征,包含"天人感应""万物有灵""物我不分"、万物相互作用、相互交感等核心信念。❷

传统农耕文明的文化模式属于经验主义的文化模式。农耕文明时代,人们基本摸清了自然现象重复出现的时间规律,掌握了一定的耕作技术,以家庭为社会生产的基本单位,以自然经济为基础进行小规模单位的生产。与这种文明形态相适应,对自然规律和基本生产技术的经验性把握及以家庭为基本生产单位的宗法关系为经验主义文化模式奠定了基调。系统的科学知识及以此衍发的应用技术尚处于较低级的阶段,当然更不可能构建起自由、平等、自觉、开放的人的社会交往准则。相对不发达

---

❶ 马克思恩格斯全集(第46卷)[M].北京:人民出版社,1972:104.
❷ 衣俊卿.论哲学视野中的文化模式[J].北方论丛,2001(1):7.

的精神生产领域由少数人独占,体现了本书前面提到过的小众文化特征。大多数人凭借经验、常识、传统、习惯、宗法教条,循着以时间维度展开的自然秩序重复自在地生活即可,即所谓的靠天吃饭或成事在天。

现代工业文明引起了社会生产生活的重大变革:以资本即物的形式调节出社会化大生产,商品交换成为社会生活的主旋律,与大生产、大市场、大社会配套的政治体制、经济组织、社会管理系统及各类交往活动将社会文化生活的空间空前扩大了。资本调配了大量的智力资源,推动了资本生产所需的各种科学技术,而科技的应用又几何量级地提高了生产率,社会财富急剧膨胀,人类一直纠结的物质财富问题仿佛找到了立竿见影的解决之道。科技实用性的快速确证使之很快便确立了在社会文化中的主导乃至霸权地位,即理性至上的科学主义文化。这种文化模式与原始的自然主义文化模式和传统农业文明的经验主义文化模式之间有着本质的差别。商品的市场自由交换要求社会成员之间从根本上必须是理性的、契约的、自由的和平等的交往关系。社会化大生产要求的人的自由(以保障劳动力的自由调配)、大市场要求的平等(以保证以契约精神为基础的商品交换)、大科技要求的人的思想解放(由此而成的不断创新)造就的理性主义—人文主义文化模式与受制于天(自然)人(宗法)的传统文化模式有着本质的不同,其根本体现在空前的自由、自觉和创造性。

随着欧美发达资本主义国家二次工业革命的完成,后工业化时代渐次到来。工业文明之依赖于物(资本)的社会调节机制虽然已经取得人本主义的巨大进步,但本质上也有着诸多令人失望之处:生产力的大幅度提高使得物质财富急剧增加,然而空前的物质财富没能真正消除人们对于物质匮乏的担忧,反而,资本逻辑鼓吹的对财富的攫取引发了两次旨在为资本服务(以夺取市场、原材料、劳动力和财富等资本生产要素为目的)的世界大战;资本逻辑、物化、拜金主义严重异化了社会生产生活的各个方面:剧烈的市场竞争、高度细化的分工导致人的能力的碎片化和人际关系的冷漠;只顾经济利益,过度开发、利用自然导致日益严重的环境问题；科技至上的工具理性湮没了人作为目的的终极价值等。如果说农耕文明及以前人类争夺的最高形式——战争是赤裸裸的大屠杀（如攻陷城池之后的屠城），那么两次世界大战及大大小小的殖民战争只是换了一种说辞和形式，根本的掠夺性并未改变。正是基于对工业文明理性主义的一系列弊端做出的广泛、深入批判，20世纪六七十年代以来，在二次工业革命基本完成、渐次步入后现代社会的西方发达国家逐渐形成后现代主义的文化模式。后现代主义和文化研究诸流派系统地批判了资本逻辑对生产、生活、文化的异化，将人从各种桎梏中解脱出来。

思想的桎梏一旦解开，文化娱人的本真在后现代时代就自由地显露无遗。不过，在讨论娱乐性问题之前，我们先要从各文化特性的角度对各文化模式呈现的主要特征进行梳理，以弥补以上将文化比附于文明形态之梳理方式的不足。

原始文明下的自然主义文化模式和崇拜鬼神的原始宗教的规定性使得文化呈现出混沌僵化的状态，让人噤若寒蝉，既缺乏创造性，更无娱乐性可言，连"吃人"文化都不如，因为人和人性根本就没有出场，这一点我们可以从反映原始文明的舞蹈中舞者动辄以面具等道具装扮成各种动物看出。那种将原始文明下的自然主义文化模式膜拜视为人间乐土的看法，如同将童年当作最美好的人生片段一样属于想当然的愚昧可笑的臆想。农耕文明下的经验主义模式虽然加上了家长可能的慈爱，但其中的规定性也严重地压抑着人的个性、创造性和娱乐性，是一种不折不扣的"吃人"文化，吃掉的是人的个性、创造性和娱乐性，使人不可能自在、自由、自为、自乐。现代工业文明下的理性主义文化模式重物轻人，结果是为了对物的争夺，可以草菅人命，做出血腥的、赤裸裸的剥削、掠夺行径（如殖民史）。但总体说来，正如前文所引用的马克思的那段话所说，文化模式的演进体现了向人性靠拢的发展方向。在后现代文化中，物质资料的丰富给了人们物质上的安全感，对各类压制性的意识形态的批判从思想上给予了人们身份上的安全感。如后殖民批判使得殖民罪恶昭然于天下，消除了曾经的殖民罪行死灰复燃、大规模复辟的可能性，所以虽然当今世界虽然霸权主义如美国自 20 世纪 90 年代以来就发动了多次对外战争，但战后均不可能行使 18~19 世纪那种殖民式的赤裸裸的占领和掠夺；在女性主义研究、传播得较好的国家和地区，再回到传统上的男尊女卑格局亦不太可能，这就好像 20 世纪初的中国，辛亥民主革命一旦发动，民主思想一旦深入人心，帝制复辟虽时有发生，但历史已不可逆转。上述社会进步通过社会制度和社会保障制度的确立给人们带来了相应的社会制度上的安全感。这种物质上、思想上、社会制度上安全性的保障使得人们真正体验到前所未有的自由、平等、安全和对自身权利追求的合理性。

后现代思潮的洗礼带来的思想解放可谓在社会发展的新阶段又产生了一次思想启蒙。放逐诸神或曰上帝已死，现实的、此岸世界的幸福不能到上帝的、彼岸世界的天国去寻找，必须在活生生的现实生活世界实现，不能寄望于来世；驱逐权威，君权、父权及种族和性别中的等级观念皆受到了批判，强调真理的相对性即对理性主义、科技至上进行批判，这样就对原始的自然主义模式、农业文明的经验主义文化模式和工业文明的理性主义文化模式进行了较为全面、彻底的清算。强调边缘中心化和中心边缘化，个体和群体空前地平等，依着这样的逻辑：每个人的平等地位是全人类平等地位的保障，每个人的自由是全人类自由的保障，每个人的解放是全人类解放的保障，同理，每个人的快乐幸福是全人类快乐幸福的保障。从这种意义上说，后现代文化模式较以前的几种文化模式具有了无可比拟的先进性，是人类文化发展的梦寐以求的高度和阶段，也是迄今为止人类文化发展的巅峰。

后现代文化模式扎根于现实生活，寻求人类幸福的实现，在平凡的日常生活中践行个人和群体的幸福同时实现，这就是后现代文化模式的基调，也是后现代文化之大众文化繁盛的社会背景。快乐或愉悦作为生活和文化的共通性使得后现代大众文化得到全面的发展，同时，娱乐性也成为后现代文化的重要特质。

一方面，琐碎的、日常的、大众的生活的本质特性在于愉悦。这一点可以由如下几个方面佐证。首先，从时间维度看，人们总是设法将愉悦嵌入平淡的生活中，制造享受快乐的机会。即使是在最艰苦的环境下，借着对神灵的祭祀也要娱乐，通过舞蹈、饮食等形式表现出来，这在很大程度上也是节日的意义所在；稍有空闲的可能，便设计、发展出各种假日，用种种娱乐性的活动代替紧张的劳作，用快乐的文化生活享受难得的闲暇；各种婚娶、寿辰、迁居、重要农事的庆祝活动，一方面记录着生命演进的重要轨迹，另一方面也为人们忙里偷闲、苦中作乐提供了一场场名正言顺的文化生活娱乐盛会。其次，从人们对事件的处理方式看，如庄子丧妻却鼓盆而歌，土家族丧事当作喜事办，究其原因，乃是因为生活、文化（人对生活的记录和诠释）的本真在于对快乐的追求，即使是面对难以逃避的苦难也要从中寻求快乐的开脱；而对于本来就令人愉快的事件，人们便会扎堆、围观、制造狂欢效果（婚庆中的闹洞房可见一斑）。最后，从对生活经历的态度看，人们普遍有一种倾向，认为童年和古时候是最美好、最幸福的个人和社会的发展时期。其实，儿童未必如想象中那么快乐：总要受制于成人的各种指令，自我防护能力、生存能力较弱，饿了渴了都难以自主解决，就拿成人喜欢的逛街购物来说，当成人流连忘返于各种琳琅满目的服装时，儿童可能看到的是一片粗壮的腿脚，任何一只都可能对他/她构成安全上的威胁。人之内在的能量本能地需要表达、外显，以各种娱乐的、创造性的方式表现出来。而古时候，明确地说在莽荒时代，由于食物安全、人身安全缺乏保障，更不要说对于大的自然灾害、疾病和外敌入侵等不可抗因素低下的抵御能力，人的寿命普遍不长，实在算不得是人类的快乐时代。当然，由考古所知的古人对快乐的追求广泛存在，如酒神精神、酒文化的存在即可佐证其对快乐的执着。成人对童年、后人对古代浪漫化的表征本身也体现了人性对快乐的追求。当痛苦的经历终于过去，留下来的主要是快乐的片段，一如对于过去的忆苦正是为了对当下的思甜。

在平凡中求快乐，快乐中求狂欢，而狂欢中实现对现实生活压抑机制的解构，点滴的快乐聚合起来便能成就人生的幸福。这么看来，快乐、娱乐、幸福本来是人性直观的、自发的驱向，娱乐化也应该是人类文化发展到后现代高度的必然，故没有恐慌的必要。那么，波兹曼担心的普遍存在的娱乐会导致严肃文化的缺失、思考能力的遮蔽等问题是否真的存在呢？如果懵懵懂懂地只知道豪饮狂吸、醉生梦死或狂舞滥踏至楼毁人灭等恶果，娱乐当然就成了问题，应当祭起福柯所说的规训与惩治（discipline and punishment）手段，对其当头棒喝"人无远虑必有近忧啊"。

实际上，经历了工业文明下理性主义文化的长期统辖，当代社会文化中的后现代文化还处于开始阶段，真正的文化模式还远没有达到转型的阶段。需要担心的是，理性主义的影响过于强大而不是不足的问题。社会化大生产，信息爆炸，生活节奏加快使得人们在生产生活过程中充满了理性的管约，不可能轻易地失去理性、失去思考能力。

如此，下面再来考察娱乐之快乐体验与幸福的关系。人的目的性或曰人性的本质在于追求幸福，意味着生发、自由、创造性，体现在日常文化生活中对快乐的追求。当这一切都顺利实现时，人就以其更本真的面目出场了，而最能说明人性的乃是人的文化，因为文化乃是人的生活的表达：物质的、精神的和生产生活方式的表达。文化以人性的本真面貌出场表示着人性经过一系列的祛魅，以其本应具有的面目展现出来。由此可以得出我们对后现代文化娱乐性应有的基本态度和看法：既没有惶恐的必要，也不可能阻挡。

现代及以后，后现代社会的演进还会进一步深入展开，社会思想文化的进一步解放、传播科技的进一步发展和广泛应用，文化娱乐化特色势必更加鲜明。对此，我们应当以相当的文化自觉研究之、引导之，对可能存在的问题主动分析、规避，充分认识文化发展的前进性和上升性，认清文化模式的发展规律，明确自身的文化定位及前进方向，理性地看待文化转型，❶ 而不应螳臂当车，自寻烦恼，人为地制造混乱。

---

❶ 孙卫卫，秦继茂. 文化模式的历史变迁与当代中国的文化自觉［J］. 兰州大学学报（社会科学版），2012（5）：82-86.

本节对文化模式的特性和文化模式的转换进行了综合梳理。文化模式具有整合性、趋向性、规范性、稳定性等特点。❶ 文化模式转换的类型有内生型、回应型、同化型等。文化模式转换过程中呈现几个特点：分化、骚动、整合、均衡。

人类文化经历了原始文明下的自然主义文明模式，体现了原始的自然崇拜和宗教信仰特征；农耕文明下对应着经验主义文化模式，体现了天人合一的文化特色：所谓天，指的是宗教特色，人指的是宗法制；工业文明对应的是理性主义文化模式，以资本为主导、理性至上的科学主义为文化主旋律；后现代社会的大众文化模式，娱乐性是主要特征。

虽然招致了有关学者的激烈批判，但后现代文化的娱乐化既来之不易，又具有深刻的必然性。说它来之不易，一方面是因为它是经历了漫长的社会发展尤其是文明形态的演进才具备了物质基础和技术基础；另一方面又经历了后现代各种思潮、文化研究的洗礼才具备了足够的思想解放；只有当这两方面成为可能，后现代文化才充分彰显出人性和文化的本真：对娱乐、愉悦、幸福的追求与表达。后现代文化的娱乐化深刻的必然性来自于社会文明的转型，即后工业社会的来临必然要求作为反映社会文明的文化模式做出相应的转型。社会文明是社会文化的物质基础，这种转型也充分反映了物质基础的决定性作用。而娱乐化作为后现代文化的重要特征，之所以能够发生，既是因为娱乐性是人性、文化的根本属性，也是因为社会文化已经经过了种种思想批判，而这一切源于社会文化发展的规律，是不以人的意志为转移的。

对后现代文化娱乐化的深刻理解有助于理解文化转型带来的困惑，积极主动应对和享受文化生活，同时保有批判思维，对现实文化生活的演进保持恰当的认识，避免进退失据，甚至逆潮流而动。

---

❶ 何星亮. 文化模式：传统模式向现代模式的转换 [J]. 中南民族大学学报（人文社会科学版），2014（3）：7-14.

第三节　后现代文化娱乐化中的策略

至此,本书已经清晰地阐述了娱乐化成为后现代文化的典型特征,而娱乐性又是通过一系列的策略实现的,这些策略不但保证了娱乐性的实现,还能将这种特色发扬光大,制造出人们最喜闻乐见的狂欢效果,推动了后现代文化娱乐性的纵深发展。可以说,愈行愈远的后现代文化娱乐化已经成了时代潮流,难以回头。这些策略包括幽默、粉丝文化、青春亚文化等。本节将先简述狂欢理论和常用的后两种策略,再以幽默为代表进行比较详细的阐述。

娱乐、愉悦最直接的表现就是欢笑,关于笑文化研究得最深入、影响最广的就是巴赫金的狂欢理论。巴赫金指出,狂欢之时没有边界,不受限制,全民皆可参加,统治者也好,草民也罢,在狂欢时节一律平等。狂欢节将一切压抑性的社会等级机制如特权、禁令抛在一边,采取的是非官方、非教会的角度和立场,让所有的参与者暂时超越官方或教会的思想观念与生活制度。即解除了种种束缚,祛除了异化,回到了自身,以自由的形式展现自身的存在。这样,人的乌托邦式的理想与暂时的现实融为一体,人与人之间不分彼此,众生平等,不拘形式,自由交往,形成人的一种暂时的、特殊的、理想的存在形态,即狂欢的感受。公共空间中的狂欢呈现出节日的感受,而民间的节日总是表现着生活的不断更新、生死交替,凸显着一定的生成,因而总是面向未来、予人以期望,总是快乐的。如春节的每一项活动,从包饺子到放鞭炮,从贴春联到给压岁钱或利是钱等,都包含对未来的期盼与祝愿。相比之下,官方的节日就不一定具有全民狂欢的特征,如一方欢庆胜利,至少被其战胜的那一方就很难有同样的欢庆感受。制造狂欢气氛是大众文化实现娱乐性,刺激大众热情参与的重要手段:

狂欢节仿佛是庆贺暂时摆脱占统治地位的真理和现有的制度,

庆贺暂时取消一切等级关系、特权、规范和禁令……在狂欢节期间，取消一切等级关系具有特别重要的意义……在狂欢节上大家一律平等。在这里，在狂欢节广场上，支配一切的是人们之间不拘形迹地自由接触的特殊形式，而在日常的，即非狂欢节的生活中，人们被不可逾越的等级、财产、职位、家庭和年龄差异的屏障所分割开来。❶

如此，狂欢当然欢迎大众的参与，为了激发大众的热情，狂欢活动会采取多种策略，引导大众自觉不自觉地参与进来，进而随着狂欢活动的深入，越陷越深，以达到忘我的地步：有的借助酒精作用消除人们的戒心，如啤酒节、酒吧里的迪斯科舞池等；有的开展有奖参与活动，如各种竞猜、幸运观众抽奖等；有的随着音乐舞蹈的节律邀请观众参与演唱和跳舞；在形形色色的电视造星选秀节目中，现场内外观众的投票往往还能左右最终的结果，增添观众的成就感、参与感和竞猜中奖的机会等。正如前文对《非诚勿扰》的分析，大众文化舞台的现场内外还充满了元素的混搭、环节的丰富多样，形成意义的多层次生成。大众文化的狂欢效应最理想的效果莫过于广大的受众成为节目和其中参与者忠实的支持者或"粉丝"，即对"粉丝文化"的充分利用。

粉丝文化目前还处于活跃的动态发展中，不断有新现象出现，因此很难给出明确的定义。但粗略说来，指一个个体或者群体由于对自己内心虚拟的对象或者现实存在的一个对象的崇拜和追捧进行的文化消费，并由此生发的为了自己喜爱的对象过度消费和付出无偿劳动时间的一种综合性文化传媒及社会文化现象的总和。所谓"粉丝"（英文 fans 音译名），指的是这样一群平凡人，他们爱偶像胜过爱亲人、爱自己，他们为了心中喜爱的明星而疯狂，花费金钱、精力甚至搭上性命也在所不惜，这些人统称"粉丝"。粉丝通常围绕相关的"粉都"（粉丝崇拜的对象、

---

❶ [苏联] 巴赫金. 拉伯雷研究 [M]. 李兆林, 等译. 石家庄: 河北教育出版社, 1998: 11-12.

客体），并通过有组织的传播行为参与粉都客体的建构和群体标签的建构来满足心理需求。粉丝是一种立场，一种态度，一种对偶像"一往情深"和不计成本的付出。以文化研究的相关理论为支点和考察视点，可以发现粉丝文化具有大众文化、后现代文化、视觉文化等文化特征。对粉丝文化形态的认识不能局限于某一种文化形态，粉丝文化是一种复合型的文化形态。

作为后现代文化娱乐化的重要表现方式之一，粉丝文化充分制造从众效应，直观地表现出受众对所表现的文化的认同，故而也成为各类后现代大众文化纷纷采用的一种策略，如各种造星、选秀节目中的海选、观众投票、掌声、呐喊、尖叫、举手投票、短信投票等，有的甚至不惜雇"托儿"制造现场的热烈气氛，感染场外观众，制造文化节目和活动的品牌效应。

另外必须注意的是，后现代文化娱乐化的背后推力其实源自一种深刻的文化模式转型，而这种转型中的娱乐化表象必然受到各种传统的、精英的、既得利益者的激烈反驳。那么，作为新的文化模式，必然首先求诸青春力量的认同、支持、推进。也就是说，新的文化形式往往首先以青春亚文化的面目出现，随后向社会扩张，同时也因为年轻人的成长和下一代的更加前卫，逐步占有文化领域的一席之地，最终改变文化模式，形成新的格局。相比前几次文化模式的转型，后现代文化模式转换历经的时段要短得多，波兹曼先生仙逝十余年的今天，社会对娱乐化的态度总体上已经基本上接受。如今的电影、电视、报纸、流行音乐、网络、智能手机、都市报等大众文化形式或媒介均呈现了愈演愈烈的文化娱乐化态势：谁放得开，谁更娱乐，谁就成为赢家，赢得更大的受众市场份额，进而赢得各种利益。

作为新兴的文化样态，后现代文化的生发需要突破旧有文化重重窠臼的束缚，娱乐化是后现代文化得以在社会文化生活中快速赢得受众、取得重要影响的法宝。而娱乐性的实现又借用了大量的社会文化策略：如以最容易接受新文化的青年人为目标受众的亚文化策略、充分体现文化自主自觉的粉丝文化策略、以制造快乐和狂欢效果的幽默文化策略。这里我们选取粉丝文化策略和幽默文化策略作较为详细的分析，因为亚文化策略在第五章第四节已经做了较多的分析。

1. 粉丝文化*

粉丝，英文 fans 的音译，又称"迷"，指个体或群体出于对某个对象某方面的折服而产生的对他/她的整体崇拜心理。粉丝文化指这种崇拜引起追随者的相关文化消费。这种消费，往往体现出粉丝们非理性的特征，即为了崇拜对象而过度消费和过度付出。

粉丝文化其实可以追溯到很早以前，有道是，但凡领袖必有其追随者，可见粉丝文化有着悠久的历史。但真正大行其道，并能真正成为一种现象级的广泛存在的"文化"，还是到了消费时代大众文化盛行时候的事。可以说，粉丝文化乃消费时代大众文化刻意培养出来的，故自然是后现代社会大众文化的突出特点之一。

在粉丝文化现象中，被粉丝崇拜的对象称作粉都，媒体的传播行为强化着粉都被崇拜的程度与广度，而粉丝们则在这种传播中不断得到欣赏和支持其粉都的机会，满足着其心理需求，享受着由此带来的快乐。大众文化研究中，粉丝文化占据着十分重要的地位。作为大众文化中明星坚定而数量庞大的支持者，各种粉丝迅速形成形大众文化的消费群体，彰显着大众文化之文化工业的资本文化逐利性，形成大众文化的繁荣景象，同时也为整个消费社会相对过剩的各种产品制造和扩大了需求。可以说，正是这种市场性为大众文化赢得了存在的合理性，使之轻易地冲破传统的、高雅的、严肃的文化的统治，将一切批评抛之身后，改写了后现代社会的文化格局。

粉丝文化创造了一种新的偶像崇拜现象，使各种明星本身成为消费对象成为可能。后现代社会彻底告别了前现代社会的诸神，在人们彷徨"诸神已死""真理不再"时，大众文化的拥趸者却展开了一种新的"树

---

* 关于粉丝文化的定义和总体特征等，详见：陶东风. 大众文化教程［M］. 桂林：广西师范大学出版社，2008：285-304.

神"运动：将各种大众文化明星树立成各种"天王""影帝""歌后""金像奖主""男神""女神""国民老公"等，为之疯狂，因之不惜时间、金钱、精力甚至生命的付出。对粉丝而言，种种付出仿佛具备了某种神性。只有理解了粉丝们心中的这份"神性"，才能理解看似非理性的各种追星现象：风雪中等待某明星走出机场，深圳某签名售书现场拥挤的粉丝高呼"康熙来了"只为一睹影星陈道明的"尊容"，包机飞越半个地球前往某足球赛场去支持自己的球队和球星，网上不惜恶语相向的C罗和梅西球迷，各种疯狂猎奇的狗仔队，马拉多纳宅前枪打不散的追星族等。

随着时代的发展，粉丝文化产生了许多新的特点。按粉丝群体最集中的年龄看，现在的粉丝基本都是20世纪八九十年代出生的年轻人，即他们出生和成长的宏观社会背景是后现代社会、全球化、信息技术快速演进。与前辈相比，他们的生活有物质丰裕、教育水平高、思想更自由开放、资讯发达、生活时尚流行等特点。他们数量众多，遍布各个行业和阶层，在社会生活中地位重要，且随着互联网技术的发展和普及，金融、文艺等行业的成功有创意化、年轻化的趋势。粉丝文化群体的这些变化已经使之成为社会经济、文化、教育等方面不容忽视的力量。

粉丝文化本身是一种娱乐文化。必须看到，随着社会物质、文化的发展，各阶层、各年龄层的生活出现了娱乐化倾向，即生活文化化、文化娱乐化的倾向。一些严肃、正统的媒体也在充分利用粉丝文化：体现在极力与受众形成互动关系，如电视、广播、报纸等媒体常常在多种节目或栏目中欢迎受众来电、发短信、发微信、扫二维码等支持所喜爱的选手、球队或持某种观点的一方等，并以奖金、奖品或某明星签名的器材或相关用品为刺激手段。长期传播的粉丝文化对整个社会文化生活也产生了深远的影响，出现粉丝文化泛化的趋势：向一直以严肃性著称的社会其他领域延伸，如政治生活中，近年来喜爱我国国家主席习近平的群众将之称为"习大大"，仿佛他们跟自己喜爱的体育、文艺明星一样亲切可及，充分体现出大众文化的粉丝精神。

综合起来，粉丝文化经过几十年的发展，广泛体现在多种文化形态之中，它本身也已经发展成为一种复合型文化形态。粉丝文化特点很多，总体来说有以下几个方面。

第一，大众文化性。粉丝现象可以回溯到很久以前的偶像崇拜现象，但真正成熟、蔓延为社会文化现象则在后现代大众文化时代。大众文化/流行文化本来就完全依赖大众成为受众，故对受众接受度的培育是大众文化成败的标准，而粉丝作为大众文化坚定的支持者，是大众文化的市场性功能追求的最佳效果。

第二，偶像崇拜。粉丝文化是大众文化市场化运作的结果。大众文化通过培养、包装、宣传、"捧红"自己的明星，为其具体文化作品和产品的代言人；进而策划与各类受众的互动活动，培养大众对追星的认同、追随乃至崇拜，使之成为其产品坚定的支持者、消费者、传播者。培养粉丝对粉都狂热的近乎宗教信仰般的情感，使之成为最可靠的客户是大众文化营销的理想效果。也正因为造成了坚定粉丝们的盲目崇拜、非理性消费，所以也常常使粉丝文化受到社会学、文化学、教育学等学界的批判。

第三，消费文化。大众文化本质上是以赢得市场、实现利益为宗旨的消费社会的文化现象，而粉丝文化作为大众文化培育的结果，也属于消费文化的一部分。对明星包装推介，各种造星活动（尤其是另类明星的造星活动如芙蓉姐姐、凤姐），明星自己的各种花絮绯闻等爆料现象，只有认清这些活动背后的文化产品促销本质，才能清晰地认识和把握其中的成因与操控过程。而粉丝文化是这种消费文化外显的、直接的表现形式。

第四，粉丝文化中的团队精神。粉丝们一切为了粉都，甘愿为粉都的各种成功不惜付出任何代价。同一个粉都的粉丝们可能来自五湖四海，互不认识，但因为喜爱和支持着共同的偶像，通过网络、QQ群、现场等方式，能够迅速地团结成为一个群体，为了偶像的成功，分工合作，做啦啦队、宣传队、拉票者，很有一种革命年代"同志们"的团队精神。

活动之后，或成为朋友，或回归陌生，但如果共同的粉都再有相关的表演、竞赛、推广活动，他们往往又能迅速地团结起来，支持粉都达成自己的目标。

第五，粉丝充分的主体精神。虽然在外人看来，粉丝们的行为往往显得盲目、缺乏理性，甚至难以理解，然而，对于粉丝们，喜欢谁、喜欢什么、偶像的成长过程、所取得的成果、近期活动、标志性产品，等等，皆能如数家珍，对偶像的投入也早有打算，一切全凭着自己的喜爱从事。面对他人的质疑，他们要么不屑一顾，要么简单地回答："我喜欢！"其中的积极主动性就是粉丝文化的主体精神。

第六，奉献精神。粉丝们对于支持的粉都毫无保留的付出，报纸、网络常有报道。如为了自己喜爱的明星，有的粉丝不顾学业、工作、家庭，长途奔波，只求一见，而当梦想得不到实现时，甚至出现寻死觅活的极端行为。由于粉丝们往往对心目中的偶像表现出宗教式的狂热追崇，吓得某些明星因为害怕"伤害"粉丝们的感情，到四五十岁还不敢承认已经结婚生子，怕的就是有些粉丝可能做出极端行为如殉情。这种奋不顾身、义无反顾的奉献精神包含的非理性因素也是粉丝文化常受诟病之处。

第七，直面挑战的奋斗精神。粉都们常常出于所从事的专业需要，参加各种竞赛性的活动。同时，粉丝们团结起来竭诚相助。将自己的梦想寄托在所支持的偶像身上，直面压力和困难，迎接共同的挑战。近年来，以电视为主的媒体纷纷推出各种艺术竞赛类节目，使明星们同台竞技，部分草根观众也可以参加，大大提高了以往难得一见的偶像的曝光率，而粉丝们也有了多种深度参与并亲近偶像的机会。忠实的粉丝们支持其粉都积极迎接挑战，常常是即使失败了，也会出现粉丝们高举和高呼着"×××，我们永远爱你"之类的感人场面。

第八，非理性。这一点在前面已经多次提及。细观粉丝文化，其中的关键要素"粉都崇拜"中的"崇拜"就已经将粉丝文化中的非理性特点揭示出来：有的粉丝崇拜的是偶像的外表、名誉、地位，而非偶像真正的专业技能水平；有的崇拜某个歌星并非因为他的歌声动听，而是因为他高超的舞蹈技能；有的粉丝追随某部电视连续剧（如《武媚娘传奇》）并非因为剧中男女主角的演技，而可能是被女主角的各种靓丽服装所吸引……如果说这种似是而非的亮点让人费解的话，那么，粉丝们动辄倾囊高价购买粉都的文化产品或相同的品牌服饰，卖血买票，抢手机发短信投票，甚至抛弃学业、工作，克服长距离舟车之苦之贵，只为了现场支持偶像的演出或比赛，更说明部分粉丝的追星、偶像崇拜实在过于非理性了。

粉丝文化作为大众文化的重要策略，通过各种活动环节的设置在受众中培养和扩大忠实的粉丝群体，并创造机会让他们多方位地参与其中，强化其主体感受和娱乐体验，将越来越多的民众吸引成为大众文化的消费群体，实现强大的票房、发行量、收视率等市场营销指标业绩。

成功的大众文化产品往往充分利用这种策略实现市场业绩，并使其自身获得传统主流文化的认可和收编。以《星光大道》为例，本来是由中央电视台综艺频道于2004年10月9日推出的一档大型综艺节目，时长90分钟。该节目秉承着"百姓舞台"的宗旨，突出大众的参与性、娱乐性，将自己打造成为普通劳动者展现自我、放声歌唱的平台。节目设计了周冠军、月冠军和年度总冠军三个大的标志性竞赛节点，这样就能够常年抓住某个或某些选手支持者的注意力；比赛过程中的选手出场、歌唱表演、才艺展示、获奖（离场）感言等各个环节都精心设计，充满娱乐性。尤其是主持人的台词，往往看似即兴的、轻描淡写的玩笑，但结合具体的一整场节目看，其实早就妥善准备，只不过主持人演绎得十分自然罢了。充分体现时代人文气息的复活赛、PK等环节比以往正规的文艺大赛多了份温馨的人情味儿。亲友团的到场、现场观众的呐喊助威、电视观众的短信或微信支持等将粉丝的参与最大化，同时也吸引着更多的观众。《星光大道》出色的收视率（在中央电视台全台的节目中名列前茅）为节目本身赢得了主流地位更强的平台：2013年始，强势登上央视综合频道（以新闻为主的全台最"严肃"的频道）周六黄金档。可以说，粉丝文化策略保障了受众市场份额，实现了大众文化的市场效益，在消费社会中为大众文化赢得了"合法性"，促进了大众文化的普及、泛化并使社会文化生活从高雅到大众文化转型。

2. 幽默

大众文化的娱乐性制造着种种狂欢效果，而幽默无疑是达成这种效果最有效的手段。因此，这里选取幽默作为后现代文化娱乐性最常用的策略之一，结合具体案例，集中讨论娱乐性是如何通过幽默实现的。

幽默由于涉及言语的、行为的多种表达形式，一般对它的定义是描述性的，指可笑的而且意味深长的，故有别于滑稽、郁剔、讥讽、揶揄。幽默引人发笑，并使人在笑了之后还能悟出许多道理。

> 幽默有广义与狭义之分，在西文用法，常包括一切使人发笑的文字，连鄙俗的笑话在内……在狭义上，幽默是与郁剔、讥讽、揶揄区别的，这三四种风调，都含有笑的成分。不过笑本有苦笑、狂笑、淡笑、傻笑各种的不同，又笑之立意态度，也各有不同。有的是酸辣，有的是和缓，有的是鄙薄，有的是同情，有的是片语解颐，有的是基于整个人生观，有思想的寄托。最上乘的幽默，自然是表示"心灵的光辉与智慧的丰富"……各种风调之中，幽默最富于情感。❶

幽默需要智慧的投入，通过对逻辑性的适当调控实现对现实的加工、调整或者破坏以达到某种情感、意义的巧妙表达。理解者运用智慧理解其中的多层含义，在发笑的同时愉悦身心，改变态度、看法，收到寓教于乐之功效。幽默给人带来欢乐的同时，改变乃至颠覆人的固有的思想观点，故是一种较为理想的表达策略，有助于消除疲劳以提高生产效率，直指对方深层次的弱点以达到快速说服对方，自谑以求得对方由衷的谅

---

❶ 林语堂经典作品选 [M]. 北京：当代世界出版社，2002：39.

解，等等。这些特点使得幽默成为娱乐性策略中最常用的高招。正因为此，幽默引起了多学科的研究兴趣，如语言学、心理学、哲学、管理学等。对幽默的综述性研究较全面的要数徐立新的《幽默语篇研究》。幽默具有五个本质特性：与性相关、快乐特性、突然性、娱乐性和智慧性。❶ 这些特性使得幽默成为大众文化最理想的策略：大众文化是各种欲望的交织表达，受众耗费脑力理解了幽默中裹挟的多重含义，获得愉悦的感受，在享受欢乐的同时其脑中固有的观念受到冲击、得到改变，这就是幽默研究中常说的特洛伊木马现象，以快乐的形式让人接受，然后其中包含的颠覆性力量出动，从而智慧地攻击接受者脑中被锁定的、既有的、顽固的错误观念，收到游击制胜之奇功。限于篇幅和笔者的学术路径，这里重点、集中讨论话语幽默及其实现策略。但在进入这个具体的讨论之前，还要先讨论一下大众文化与幽默之间的关联性。

本节一开始讨论了大众文化的狂欢性，它为弱势者创造了抒发自己、颠覆既有偏见、实现与强势者暂时平等的机会。但要真正实现这种暂时的平等，谈何容易。权力博弈过程中没有巧妙的策略是难以想象的。正如菲斯克所说的："……（大众文化）始终包含社会主流与从属者之间、强势者与各种抵抗和颠覆性力量之间、正规战术与游击战术之间相互斗争的踪迹"。❷ 于是幽默成了弱势者的最佳游击战术，借以巧胜强势者，通过幽默带来的众生的欢笑破除彼此之间的防范心理，解构强弱之间身份、地位的差异，取得正面交锋难以达到的效果。愉悦性、解构性形成大众文化和幽默之间理想的契合点，使二者联手实现共同的目标即娱乐受众、寓教于乐。

话语幽默通常利用语音、语调、声调、双关语、语词挪用等语言及附着的符号束来表达"异于寻常"的含义，激发受众的智慧求得多重理解，享受幽默带来的快乐。话语幽默研究还有三种理论：优越性、不对称性和释放性。简要地说，优越性指的是通过嘲讽他人可以使说话人体

---

❶ 徐立新. 幽默语篇研究［M］. 开封：河南大学出版社，2003：19-20.
❷ Fiske John. Understanding Popular Culture［M］. London：Unwin Hyman, 1989：19.

会到优胜感或优越感;❶ 不对称性指的是幽默话语中包含几个不对称的语境，在不同的语境中同样的话语有着不同的含义，而言听双方可能因为指涉的语境不同对同样的话语有着不同的理解。释放论指幽默话语具有隐含意义，理解过程需要耗费比一般话语更多的智慧，通过思索完成语境的选择，达到对幽默话语暗含意义的顿悟，在理解幽默的智慧含义的快乐中达到顿时放松的效果。同样的，在狂欢中颠覆主流的、严肃的、正统的意识形态在大众文化中也比比皆是。

下面以具体的实例说明话语幽默在大众文化中的实现过程。先用两例说明话语幽默的操作过程，再具体分析一例大众文化作品中话语幽默的使用。由于话语含义总是与语境相关的，在每个例子前都以括号的形式简要说明幽默话语出现的语境。

（1）（语境：弱势的寡妇与强势的法官互为邻居。一日，寡妇见两家的耕牛打架，寡妇家的牛打死了法官家的牛，于是诚惶诚恐地来见高朋满座的法官。）

（a1）寡妇：论说来咱们是邻居，凡事应当相互体谅，是吧？

（b1）法官：那是当然啰。

（a2）寡妇：那要是咱两家的牲口打架，比如说你家的牛打死了我家的牛，也应该体谅，不用赔了算啰？

（b2）法官：啊？那是当然嘛，畜生之间嘛，也不是有意的。

（a3）寡妇：哎，那要是以后我家的牛打死了你家的牛也不用赔了吧？

（b3）法官：那是当然，一样的嘛。

（a4）寡妇：那对不起啰，是我家的牛打死了你家的牛。

（b4）法官：……

在座法官的亲朋好友无异于偶遇了一场短小的轻喜剧：地位悬殊的法官和寡妇两家之间的一场中小型财产纠纷就这样被寡妇以轻描淡写的

---

❶ 徐立新．幽默语篇研究［M］．开封：河南大学出版社，2003：24.

方式谈笑间解决了。本例幽默效果形成的过程和原理：寡妇通过对话（当然，寡妇一定还透露出了有误导性的不同表情）诱导法官构建起来与她所知道的真实情况相悖的语境，即让法官先构建起自己的牛打死了寡妇家的牛的非真实语境。这样就为这组对话构建了两个不对称的语境；语境是话语含义推理理解的前提，正当法官由假设的话语语境导出一套推理模式和结论之际，寡妇突然换回了真实语境，也就是更换了话语推理的大前提，充分利用对方占便宜的心理反过来占了对方的便宜。可笑之处在于几个方面：作为财富、地位、智慧均应处于强者地位的法官更富有却贪便宜，应有严密的逻辑思维能力却因私心跌入自己的推理模式陷阱，本应公正却徇私害理，想占便宜却被占便宜，沦为失败者和被嘲笑的对象。这个案例之所以幽默，是因为包含了智慧，设想寡妇如果是通过武力（少数情况下女性也勇猛过人）胜出，或是通过撒泼大骂让法官高姿态地认输，那便算不得幽默了，人们也不会因此感到好笑或有趣，反而会反感而兴致索然。这则故事的幽默实际上是宏观层面上的，使人在读到或听到时感到好笑，受到娱乐，颠覆了法官与寡妇之间的强弱对比。

（2）（语境：兄弟俩相依为命。哥哥壮硕而勤劳，弟弟小巧而机智。一日，哥哥逼住弟弟。）

（a1）哥哥：都说你聪明，我看你是又懒又小聪明。今天我倒要看看，我坐在这里，你要是有办法让我站起来，我就认为你比我聪明，我叫你哥哥，也不管你干活；否则，你就收起你的小聪明，老老实实跟我干活去。

（b1）弟弟（环顾左右，做为难状）：坐着多舒服啊，你怎么会舍得站起来呢？这样，你站起来，我就有办法让你坐下。

（a2）哥哥（边站起来边说）：依你的，看你怎么能让我坐下。

（b2）弟弟（边说便跳着跑开去）：哈哈，我已经让你站起来了，我赢了，你叫我哥哥。

（a3）哥哥：……

与上一例一样，处于弱势地位的弟弟通过修改游戏规则，更改了语境，导致哥哥中计而智慧地取胜。这则幽默包含的以弱胜强的智慧给人的启发式的愉悦性足以使之成为经典的话语幽默段子之一。此外，我们还要重点分析这则故事幽默话语的强弱关系。如同战争，游击策略总是处于弱势的一方理想的以弱胜强的策略，而强势的一方则会采用阵地战，即单刀直入的方式直攻对方要害而获胜。本例中的情形正是这样。设若哥哥直接难住了弟弟，这种获胜平淡如水，不足为奇，没什么可乐的；又设若这个幽默策略出自哥哥之口智胜了弟弟，虽然有乐，但不够强烈，因为强势方取胜不足为奇；还有一点值得指出的是，哥哥不服弟弟的聪明，主动挑战而落败，使得结果更显得可笑；最后，幽默还必须符合以小见大的原则，如哥哥在这个例子中受损，太大就没有幽默效果了。如一个对酒精没有反应但从不露声色的人因被逼着赌酒结果导致挑战者直接醉死就不幽默了，因为事件激发的受众的同情心和悲伤会大大冲掉其中的快乐成分。同样地，设若在上例中寡妇的牛打死的是法官家的某个人而不是动物，那么结果也不幽默了。

通过以上两个案例，已经将话语幽默的娱乐性及实现过程基本分析透彻，接下来以赵本山的小品《拜年》❶（1998）作为大众文化作品的具体案例展开解析。

（语境：农妇［高秀敏饰］自我介绍将近尾声，赵老蔫［赵本山饰］猛地起身接过话头。）

（3）赵老蔫（突然起身，高声道）：外号高大毛子！

主人——乡长（范伟饰）——被养鱼者赵老蔫突然从身后传来的大声吓了一跳，此情景立马产生了幽默效果：渔夫急切地参与谈话但说得又不得体，毛里毛躁、急切讨好的话语给对方实际上带来了小小的非愉悦性冲击。这里的幽默源自渔夫不得体地急切努力要讨好乡长，而他的实际话语行为又只能是将对方吓了一跳，何况"高大毛子"也不是什么

---

❶ 关于《拜年》中的话语幽默分析，详见：陈开举. 话语权的文化学研究［M］. 广州：中山大学出版社，2012：244-248.

雅号。之所以有趣，一来由于渔夫的憨厚，二来也揭露了渔夫夫妇作为弱势者不得不讨好权势者的无奈现实。当然，老渔夫冒冒失失的行为也让人感到忍俊不禁。

（语境：农妇简述了他们老两口与乡长之间的亲戚关系，最后说明了乡长该叫渔夫"姑父"，并将藏在身后的老渔夫拽到身前与乡长打招呼。）

（4）赵老蔫（鞠躬，张口就叫）：老姑父，过年好！

这里的幽默在于赵老蔫将辈分弄颠倒了，本来自己该被称为"老姑父"，他却反过来称对方为"老姑父"。须知，在中国漫长的农业文化模式中，长辈身份体现着一种地位上的优越性。这个语误虽然可笑，但农民在官员前的诚惶诚恐本身具有文化意义和意识形态上的幽默成分，一种苦涩的幽默。将农民的自卑暴露出来具有幽默效果的同时也起到了游击制胜的颠覆性效果：急于讨好强者使得自己慌不择言，在言语表达中吃了亏。这样，暴露弱势者的困境本身具有为之赋权的功效，换言之，暴露不平等的社会层级关系可能引发受众的关注和共鸣，并为问题的解决提供了可能。因此，这种幽默的高超之处在于它具有寓教于乐的深意——为弱势者赋权。

（语境：由于语言能力有限，农妇想讨好乡长的即兴打油诗编到后面断了词。）

（5）赵老蔫：hm-hm-hm-hm-hhm-hm-hhm.

为了帮老婆解围，老渔夫（注意在中国渔夫属于农民序列）按照韵律哼了一串毫无意义的音韵勉强作为渔妇打油诗的结尾。这串毫无意义的哼声凸显了一种不对称：原本想讨好对方，却因有限的语言能力将这种无奈地讨好强势者的本意暴露无遗。这里，语言上的无力暴露了弱势者必须违心地讨好强势者才能办成事的潜规则，从而赢得观众的认同、共鸣乃至公愤，揭露了"公仆"非仆的社会问题。这首充满讽刺意味的打油诗暴露了农民不得不讨好当权者以获得自身应得的基本利益（注意在中国现当代文化中，按照各种宣传，政府官员/公务员本应是人民的公

235

仆，而人民才是主人和被服务的对象）。

（语境：接过其妻对乡长歌功颂德的话头，为她的打油诗凑上最后一句话。）

（6）赵老蔫：还给寡妇挑过水。

本意在拍马屁（替乡长歌功颂德），却拍上了马蹄，由此产生幽默效果。这句台词既表现了农民不善言辞的率真（与诚实的正面形象相关），又从更深层面揭示了农民作为弱势者必须讨好权贵的社会现实。所以，老农的话实乃揭露了对方的短处，这种常识意义上的上冒犯性话语反倒间接地使作为弱势者的农民实现了话语权上的赋权：将其弱势性昭然于众有助于获得公众的了解，为这种状况的改善带来希望。

（语境：谈到过去一年乡长所做的大事。）

（7）赵老蔫：大事也有啊：香港回归，三峡治水，十五大召开，江主席访美。这一年把你忙的……（转向其妻）这也不他干的呀！

赵老蔫所说的最后一句话暴露了他之前在撒谎。这个暴露具有极强的幽默效果：因为必须讨好对方而要为之歌功颂德，而实际上据他所知，对方的政绩乏善可陈。在彰显农民憨厚之余，文化含义与上例相仿。故意错误的挪用将弱势者必须阿谀奉承强势者显现无遗。

（语境：接过其妻对乡长新春祝福的话语。）

（8）赵老蔫：永远活在我们心中！

赵老蔫饱含幽默的这句话大出人们所料，而出乎意料也正是幽默的重要特点之一：虽然这是句表示敬意的话，但只能用于悼念亡者。在新年期间，人们普遍以吉言互贺以求有个好兆头之际，赵老蔫的这句话实在令人难以接受，但由于有了渔妇前面对乡长过于歌功颂德以至于观众反感的三句话，以及渔夫与乡长间的强弱关系对比，这种"恶毒"的恭维话在狂欢气氛的春晚上说出来就显得可以接受，甚至只留下可笑的娱乐效果。这句台词虽然在表面上暴露了赵老蔫粗糙的语言表达能力，但其中所含的弱势者必须违心地讨好强势者的社会现实发人深省。同上例一样，故意错误的挪用暴露了弱势者奉承强势者之迫切程度，导致慌不择言。

（语境：误将对方不再做乡长理解为被免职了。）

（9）赵老蔫（恢复到常态，放松下来，整整衣裳，开始在屋子里来回踱步，在一张沙发上不请自坐了）：下来了……那咱们就一样了，我也不用怕你了……（坐下）有烟没？……因为啥？腐败了？

这串台词是该小品最精彩的部分，显示出渔夫夫妇回归常态的表现：因为对方的失势，弱势者成为与对方平等的人，放松下来，尽显自然的常态。坐着腰板也直了，言行举止也放松了，反剪着手在屋里踱上几步，还要水要烟的（其实这正是普通中国家庭主人本来就该主动行使的待客之道），如此等等：把自己当成平等的客人，还是辈分更高的客人，没再把自己当作求人的弱者。更为有趣的是，老农夫妇开始掌控谈话的话语权，开始向"原乡长"发问，虽然透着关心，但更有训导之味。还毫无顾忌地打断对方的话语（也正因为打断对方导致自己没弄清对方现在身份其实更加显赫，为后来的戏剧性结尾埋下伏笔）。其中塑造的农民形象也很重要：与此前主人是乡长身份时农夫夫妇的唯唯诺诺相比较，以为对方被免职以后，老农夫妇马上回归正常，自由、流利、得体地说话。这些正面形象稍后更得到确证：养龟好手赵老蔫开始安慰"被免职的"乡长（乐观、心善）、开导对方不要沉沦（生活哲学、智慧）、主动教授对方如何养鳖（慷慨）。这种看似冒犯的行为暴露了弱势者与强势者之间不正常的人际关系，深刻揭示了其实弱势者并非天生如此，而是社会和强势者压服所致。

（语境：赵老蔫主动向对方传授养鳖经。）

（10）赵老蔫：我这一年五六万呢……（其妻咳嗽以警告赵老蔫不要泄露秘密）你咳嗽它也是五六万！

此处幽默效果源于赵老蔫对其妻警示性咳嗽的反应。暴露承包鱼塘丰厚的利益只有可能使对方更坚定地剥夺赵老蔫夫妇下一期的承包权，转而自行承包。然而，赵老蔫不顾这种对自己潜在的不利，坚持毫无保留地将实情告知对方。这就不禁让人肃然起敬：面对"失官失意"的主

237

人，赵老蔫选择了"己欲立而立人，己欲达而达人"的毫不利己、专门利人的做法。故这里通过暴露隐私（商业秘密？）彰显了农民的宽厚、仁德。

（语境：得知主人提升为县长，赵老蔫惊吓得从炕上摔了下来，提搂提搂裤子，夺门而出，鞋也忘了穿。）

（11）赵老蔫：我的鞋呢？……产房传喜讯——人家生（升）了……来，来，不让你来偏来。你是耗子给猫当三陪——你赚钱不要命了！……（主人送鞋出来，赵老蔫慌得顾不上看，以为送出来的是那筐作为礼品的甲鱼）给你炖了吃了吧，这玩意儿不是很好……

一连串的表演加上富含幽默的台词使得小品达到了高潮：得知主人家现在身份、地位更加显赫，老农夫妇愈发变得不自在了。其卑微之感又因为早先的放肆言行（而正如前例所示，他们之前只不过以为与对方平等了，正常地说了些话）而加重。这部分剧情包含了多重幽默：农夫夫妇的"失敬"言行（尤其是农妇得知对方"被免职"时对其加以指责，这就使"有眼不识泰山"的后果变得更加严重），先前渔夫自然而然的言行本来无可厚非：以其成功的养鳖经验、丰富的人生阅历说出那些话本来很正常，只是在权贵面前才显得鲁莽。联系到"公仆"之仆，不平等—平等—不平等这几起几落的表演对其弱势性揭露无遗。这样，通过幽默，让人在大笑之余，不禁会苦涩地反思其中的问题，从而为这种不平等的强弱关系的改善提供了声援，达到了幽默高超甚至崇高的意义。

（语境：告别之时，农民夫妇意外获知自己获得了下届鱼塘的承包权而倍加感激。）

（12）赵老蔫：再见，老姑父！

剧末老渔夫再度出现剧头曾犯过的称谓上的失误，这别有一种幽默效果。表面上，这种颠倒辈分的错误表达着农民夫妇对主人家发自肺腑的感激（并由此恢复了对对方的敬畏式的尊重）——由于对方的大恩大德，赵老蔫不在乎在辈分上吃亏。这种对官员的感激透着一丝苦涩的幽默（这里绕不过去的是弱势者与弱势性的形成和在社会文化生活中的表现）：对于官员正常的行使公权力的行政行为，老百姓却表现的感恩戴德。这种感激本身揭露了官员与弱势老百姓之间缺少真正意义上的平等。

除了上述台词，这则小品种还有许多幽默之处。从宏观上，似是而非的拜年，即农民夫妇对乡长表面上是友好的拜年串门儿，实则是为了维护自身利益不得已的拉关系；从副语言的多个方面，如赵老蔫的腔调、方言、面部表情、身势语等，拉关系时的装腔作势与回归正常状态时的自然表现之间的反差；从舞台道具上，赵老蔫的那顶歪帽子、松松垮垮的肥裤子、黑色腰带、日用竹篮、土布鞋、东北大炕等，组成合理可信的舞台环境，而一旦出现问题（因为拜年的非真实性）又能传递出娱乐的信息，如赵老蔫最后误将乡长送出门来的土布鞋当成甲鱼；从展示演技的动作上，如渔夫一开始老是躲藏在老婆身后、背手踱步、爽快地喝酒、左撇子持筷、从炕上掉下来、随手接电话、夺门而逃的慌不择路、变幻的眼神，等等，一方面表现出应有的真实，另一方面这些要素适时的活用又让人捧腹。对于这些非语言因素形成的幽默效果，限于篇幅，此处不赘。

第四节 积极意义

前面的论述清楚地表明，娱乐化不是偶然出现的文化现象或表面特征，而是后现代文化的本质特征，是文化从传统模式向后现代模式转型带来的必然的、本质的变化。所谓传统，指的是原始文化模式之自然主义宗教信仰、农耕文明之经验主义和宗法制（注意，当今世界同时还有相当多的国家和民族仍然处于农耕文明社会发展阶段）、发展成为工业文明理性主义的文化模式。后现代文化模式虽然还没有统一的定义，但其特点是很清楚的。首先，它继承了前三种文化模式的影响，尤其是深受理性主义的影响，是由否定理性主义对社会文化过强的掌控力发展而来的。这个否定的过程，正如前面所说，是复杂而艰辛的，其中光是思想解放性的批判就有后现代主义、后殖民研究、女性主义研究、弱势群体研究、生态批评等，旨在批判社会文化生活中显性的各种不平等；同时，该否定过程之所以能成功还要归功于在理论与技术取得重大发展的影视研究和传媒研究以及科学技术的巨大发展。这些因素均为后现代文化转型提供了重要的资源和动力。可以说，后现代文化转型是社会文化历史性发展的结果，同时体现了思想、文化理论和实践发展的高度。这个时代，物质生产高度发达，与以往时代相比，人类的物质安全感大大增强；思想高度解放，自由度空前提高，人本真性的方面得以全面敞开、发展。这就是后现代文化模式转型的社会文化背景，也就是说，这种转型必然要反映出这些影响因素。

经济的发展、思想的解放、人性的自由自在，在具体的文化生活中以空前娱乐化的特征表现出来。同时，如前文所述，娱乐性是人性和文化固有的特性，只是在后现代时代得以揭去压制性、遮蔽性的层层面纱，以逐步开放、越来越少顾忌的姿态全面、深入地展现出来。从这个意义上讲，后现代文化以其娱乐化的特征彰显了文化的本真，表现了人性的本真，体现了人类文化标志性的发展和进步。具体说来，又体现在如下几个方面。

第一，主体性。后现代文化娱乐化体现了大众的主动参与，或曰民众的主体性。娱乐必须通过主体的感受才能实现，而娱乐本身也是人作为主体的内在要求。所以，后现代文化尤其是大众文化作为其主要的表现形式以市场化运作的方式呈献给受众，吸引着受众的消费和参与，但究竟消费或参与与否，大众有着绝对的自主选择权。当然，或许有人质疑，大众文化已经遍布社会生活的各个方面，如何能逃避？然而，设若没有大众长期的眷顾、参与，大众文化何以能够弥漫于社会文化生活？换言之，大众文化当下的无所不在的现状正是大众积极选择与参与的结果，而正因为大众主动地参与才成就了大众文化极大的发展，其中大众的主体性就不言而喻了。

第二，民主属性。大众文化之所以为大众广泛地接受和参与，还在于它体现了空前的民主属性。流行音乐、"山寨"文化、商业电影、电视剧、电视节目、都市报、商业广告、流行小说、网络和手机新媒体等大众文化形态，无不想方设法，投大众之所好，报道、讨论并试图解决民众关心的问题，表达其情感诉求，乃至于造星、选秀、生活类电视节目等，总要设计得好像跟观众的生活密切相关，以吸引受众的参与。这也是因为大众文化的成功与否完全取决于大众的接受程度，或曰市场份额，故纷纷用吸引眼球即注意力的办法赢得大众的认可和参与，可以把是否赢得大众的认可和参与决定了具体的大众文化形态是否成功这一特点称作大众文化的民主属性。

第三，创造性。如同信息时代科学技术一样，大众文化的形态、内容、表现形式、传播方式花样百出，以至于现在的代沟时间已经大大缩短，甚至两三年间大众文化的新内容、新词汇、新时尚、新表现形式都大为不同。通过近几年高校毕业典礼上的校长致辞，就可以看出网络、新文化热词简直是一年一个样。可以说，大众文化日新月异的发展变化让我们有理由相信，它已经成为新文化样态的孵化器和摇篮，充分体现了后现代文化生活中广大受众全面参与下的创造性。

第四，颠覆性。大众文化充满了各种权力的交织与博弈，对各种传统压抑性的文化机制和观念进行揶揄、讽刺、颠覆，也对受众进行着思想上的洗礼。如亚文化新词"偶像"被小学生群体恶搞式地解释为"呕吐的对象"，本身就具有浓厚的解构意味，说明至少"偶像"不只具有传统意义上的"高、大、上"或新的文化意义上的"高富帅、白富美"之类的褒奖意义，还可能成为被解构、被嘲讽的对象。大众文化娱乐性实现的重要途径之一就是颠覆性，同时也体现了思想的创新，给受众以新颖、奇特、创造性的快乐感受。

第五，智慧。大众文化饱含的智慧是它应对批判其低俗的有力反驳。其中尤以幽默的妙用表现得最为淋漓尽致。作为以弱胜强的游击制胜策略和高超的语言能力、话语策略，幽默成了大众文化实现其创新性、颠覆性的理想策略；幽默本身给人带来的智慧享受和愉悦感让人欲罢不能，许多人心甘情愿地成为大众文化的忠实追随者。想想每届春节联欢晚会，多少人熬着等那几出妙趣横生、饱含幽默的小品就能品味到幽默带来的智慧享受。这一策略甚至对传统的文化形式（包括大众性稍弱一些的大众文化样态如歌舞、相声等）形成巨大的冲击。

第六，狂欢性。与传统物质生活匮乏相关的"小孩盼过年"类似，文化生活中的理想状态莫过于毫不歇场的各种文化盛会。如今，各种大众文化通过各种媒体随时随地呈献给人们：从早上醒来智能手机上的各种网络和手机新媒体浏览或上传，到电视、广播中各种频道的文化节目，到娱乐化了的生产、教育、生活环节，可以说，狂欢无处不在，人们可以随时享受文化带来的娱乐性，更有几乎每周一场到几场的各种晚会、大型节目等。受众随时处于永不落幕的文化狂欢的盛宴中。

当然，如同前文所述，对于人们是否只会娱乐，严谨思维是否会消失、传统文化的优秀成分是否会失传等问题，没有过分担心的必要。这是因为现代性的理性主义思维模式的影响还十分强大，甚至过多了，无论是工作、学习还是生活，置身于现代社会基础上的后现代社会，在信息大爆炸、各种选择极为丰富的情况下，对思考力、判断力、决策力、执行力的要求更高了，纯粹娱乐、率性而为地生活是不可能的，这样的生活甚至连一天都是难以想象的，故波兹曼的"娱乐至死"属于杞人忧天式的担心。

第五节　负面效果

至此，我们已经论述了娱乐性作为后现代文化的本质特性是文化转型的必然后果。但这并非意味着它完全没有缺点或值得警惕甚至批评之处，或者说，波兹曼等学者批判和担心的并非完全没有道理。本节将就后现代文化娱乐化可能存在的问题进行梳理，力求在充分看到娱乐化的必然性和时代性的同时，比较全面地厘清其中存在的问题。

反思工业文明下的理性主义文化模式的种种弊端，后现代主义思潮和当代文化研究批判的核心是资本逻辑主导的理性主义。虽然经历了几十年的深刻批判,在后现代社会和文化转型之初,资本逻辑依然主导着社会生活的各个方面,受到批判的各种传统的压制性文化机制和观念仍然存在。最重要和最根本的是,由资本主导的文化工业化生产仍然处于主导性地位。也就是说,我们仍然需要对资本逻辑进行长期的批判,而这种批判仍然应该从资本的本质特性出发。让我们重温马克思关于资本逐利本质的深刻揭露:

> 一旦有适当的利润,资本就大胆起来。如果有10%的利润,它就保证到处被使用;有20%的利润,它就活跃起来;有50%的利润,它就铤而走险;有100%的利润,它就敢践踏一切人间法律;有300%的利润,它就敢犯任何罪行,甚至冒绞首的危险。[1]

资本逐利的根本特性造成拜金主义和商品拜物教在全社会的泛滥,通过对利润的追逐和分配调剂,把控着整个社会生活,文化也不例外,形成由物即金钱和商品把控人的异化的生产、生活和文化。这样,手段和工具性的物反客为主,将目的性的人化为了工具,从而形成全面而深刻的目的与工具颠倒性的社会生产生活文化的全面异化。

> 资本、货币具有史无前例的魔力,如一只无形的巨手,渐渐渗透于生活的各个领域,成为社会的主导性力量,主宰、操纵着人类生活的各个层面,导致全面异化的生活样态。[2]

受主导社会的力量——资本——的导控,后现代文化也充斥着逐利性,这也成了后现代文化最大的"硬伤"。由此衍化出一系列亟待批判和改进之处,体现在文化生产、传播、消费等各个环节。

---

[1] 马克思恩格斯选集(第2卷)[M]. 北京:人民出版社,1995:102.
[2] 杨楹等. 马克思生活哲学引论[M]. 北京:人民出版社,2008:28.

第一，肤浅性。粗制滥造，只要有市场，文化产品本身的质量搁置在一边，文化本应该具有的深度思考让位于获利能力。演绎只注重身体语言或强引观众发笑的几句俏皮话，如某些广受诟病的电影，企图借着大腕导演和演员的明星效应，粗制滥造，匆匆登场，全无思想性、艺术性、教育性可言。近年来奇幻化的抗日剧出现种种雷人的画面，如手撕鬼子、手榴弹炸飞机、绣花针杀倒一片鬼子、子弹转弯、弓箭炸战车等，层出不穷，只要有市场，只要能实现收视率和票房、广告收益，多么粗浅的作品都敢成堆地挤上电影、电视、舞台等文化传播舞台。而且，工业化的大众文化瞄准青少年亚文化群体，以美女、明星、富豪、英雄等符号性要素吸引眼球，制造一批批的盲目跟风者或"粉丝"，使得这种肤浅性更加充分、广泛地弥漫于社会文化生活中。

第二，文化独立性受损。文化产业实体的收益报告、投资人的利润业绩、票房和收视率的高低、广告收益的额度决定着大众文化的成败。因此，资本逻辑植入了工业化的文化生产、销售、传播、消费的各个环节，一如商品走过的流程那样。而且由于分工的细化，完全打破了文化创作过程中所需要的综观性和独立性的思考：上映、播出时间完全受投资收益周期的摆弄，压迫文化工作者程序化、产业化分工合作拼接、组装出各种文化产品，整个文化生产过程中的个人只不过是整个文化工业的一个环节，基本没有独立性可言，更不用说还有来自传统观念等方面的各种干预。

第三，文化传承问题。面对激烈的文化市场竞争，大众文化往往极尽媚俗之能事，对语言文字、传统文化、经典文化、历史事实等各种文化要素肆意篡改、挪用，有的已经达到了相当严重的地步。只因为实现利润、收益乃当务之急，至于文化传承本身，基本不予考虑，如二者出现冲突，基本上只考虑前者。当代大众文化中屡屡出现的对词语的错配、对成语的篡改、对经典文献肆意的改写等，就属于这种类型，只要符合部分受众的胃口，需要怎么改都行。长此以往，文化传承问题将有可能变得十分严重。

第四,过度的逐利性。一切向钱看,明星、名人出场费,对劣质产品的吹捧,为了赚取不菲的广告费、代言费,不惜滥用自己的形象,赤裸裸地成为商品、资本的共谋者。更有甚者,直接生产、兜售"山寨"产品,已经形成现象级的社会问题。"山寨"产品通过快速模仿,盗用品牌产品成功的商业形象快速实现对市场份额的攫取。"山寨"文化则通过模仿成名文化作品赢得受众的眼球,通过逐名,进而牟利。这也正是愈演愈烈的知识产权问题的症结所在。

第五,文化断层。经典的、严肃的、传统文化由于娱乐性的不足,难以赢得文化市场份额,出现传承的危机。当代大众文化本身并不追求连续性,而是十足地践行着后现代思潮所倡导的碎片化、瞬时性和意义的相对主义。至于所用历史、传统文化,也只不过是吸引眼球的工具,至于对其真实性的考证和意义的延续,则基本不予理睬。

第六,思考力缺失。只娱乐不思考的现象确实存在,尤其是对那些没有经过后现代之前的文化洗礼的新生代青少年,潜心思考、分析和批判能力的缺失终究是个大问题。各种游戏、当代影视作品的情节和环节安排得愈来愈紧凑,令人目不暇接,也不需要太多的深度思考,观众理解出其中的些许表层意义,发出笑声,娱乐了,关注了即可。这是因为背后的资本推手关注的只是经济效益而不是启迪观众要做哪些思考,获得哪些启示,抑或产生何种教育意义等。当然,对信息的存储、采集、加工、处理等极耗脑力的智力活动由于有了高度发达的电脑、网络技术,对于个人来说,迫切性似乎已没有以往那么强烈,然而这种对技术的高度依赖本身是否存在隐患,还是个必须思考的问题。

第七,阅读能力缺失。读图时代,人们逐渐对传统的文化表述方式失去耐心,出现印刷形式文化存续的危机。以娱乐为中心的各种花样容易让人满足于表象,沉迷于花哨的视觉表层。甚至在各种课堂上,没有动画效果、图片的超链接和雷人的典型案例的课件演示,都很难连续吸引学习者的注意力,这种冲击不禁惹人担忧。究竟应该如何应对这种变化尚值得思考,问题是极有可能在找到改善办法之前,阅读习惯和能力已然退化，造成难以挽回的损失。

以上只是从文化本身来看泛娱乐化有可能存在的问题。实际上，后现代文化娱乐性的泛化还可能引起诸多其他社会问题。如近年来影响最大的网络、智能手机新媒体文化，可能会加剧青少年（及部分成年人）的网瘾，出现以网络和手机新媒体为手段的诸多骗局，各种才艺比拼中的作弊以及充斥于网络虚拟空间中的谩骂、暴力语言等不文明行为。网民们常发起的各种"人肉搜索"实际上已经濒临侵犯他人隐私、危害他人基本权利等违法、犯罪的边缘。网络、报纸等媒体还充分利用民众参与形成的强大舆情，干预司法独立，以至于在法学、文化学、传播学界已经衍生出一个新的学术词语——"媒体审判"，表示媒体舆情严重损害司法审判独立性的现象，这一点在之前已经详谈，在此不赘。而2011年英国伦敦骚乱事件更是充分体现了手机网络新媒体（尤其是推特等网络交友工具）在青少年群体中的滥用，竟能酿成大规模的恶性犯罪事件。电视、网络等媒体热衷的炒作、造星、选秀等活动引起的偶像崇拜也严重搅乱着年轻人的思想和生活，滋生了一系列的社会生活乱象，如花几千元买一张门票只为一睹偶像的尊容、卖血买票、抢他人的手机以信息的方式投票、流浪追星等，无不令人担忧、痛心，正如朱大可所说："政治崇拜是意识形态煽动的结果，文化崇拜是知识崇拜的延续，而娱乐崇拜是市场策划和操纵的结果。"❶

当然，文化模式的转型不可能一蹴而就，需要经历一个较为长期的过程，对于其中出现的问题，是发展中出现的问题，需要用发展的眼光来看待、研究和解决。不能头痛医头，只看到表象性的问题，妄图通过压制简单地解决。那种试图通过取消娱乐化来拯救和纯净文化的想法实质上没有找到资本操控的深层动因，所以只会违背后现代文化发展的根本方向，不可能真正有效地解决问题。

---

❶ http://news.sina.com.cn/s/2006-10-19/153011281145.shtml.

第七章 结 论

后现代文化模式的转型，充分体现了娱乐化特征，这个特征为既有的文化模式带来了巨大的冲击，也引起了诸多的议论、质疑、批判乃至恐慌。为此，本书以后现代文化娱乐化为专题展开分析、批判，以求达到厘清问题、探索实质、寻找解决之道的目的。

本研究围绕以下三个方面问题展开：第一，后现代文化娱乐化特性已经弥漫在社会文化中，那么在主要的文化类型、文化样态中具体是如何呈现的？换言之，当今各种文化载体或媒体作为文化的主要表达渠道是如何体现文化娱乐化特征的？第二，后现代文化娱乐化特性深层次的社会文化成因，或曰，为什么娱乐性顶着像波兹曼之类的文化学者的尖锐批判未有改变，反而愈演愈烈？第三，后现代文化娱乐化是不是真正的问题，会不会出现"娱乐至死"的恶果？它本身隐藏着什么问题？究竟应该如何看待这种特性？

针对第一个问题，本书按照网络和智能化手机新媒体、电视、电影、广告、报纸、社会文化生活（含商业文化）等文化呈现的主要载体或媒体形式分别进行了典型案例分析，解析文化娱乐化的实现形式和策略，使本研究建立在坚实的文化实践基础上。

网络包罗万象的信息和相互链接功能赋予从玩游戏到看影视剧，从阅读到聊天交友，从发表议论、文字影像作品到网上投票等几乎与现实社会生活对等甚至更为强大的功能，因为网络打破了时间、空间及种种准入资格的限制，网络文化体现了极为强大的娱乐性，以致网瘾成了一个社会性问题。网络与智能手机联姻，再加上后者的一系列功能如照相、电话、信息，且便于携带、低成本，其即时性、立体性、生动感、真实性将这种娱乐性更加普及化。另外，网络创造了巨大的公共领域，让普通网民享受到了参与社会公共事务的机会；当然，同时也带来了许许多多的社会问题。本书以伦敦骚乱为例，剖析了网民们对娱乐性的享受以及同时对社会带来的问题。

对于影响力仅次于网络的电视文化，本书以《非诚勿扰》为例，阐述了电视节目娱乐性的实现之道。强大的团队集成的专业知识和技能、角色分量的巧妙分配、男女嘉宾的遴选和出场、现场观众与舞台布置等无不满足观众的喜好，赚足了眼球。近年来电视中频频出现的造星选秀节目更是充分利用了年轻人的偶像梦、成功梦，大受欢迎，形成一种青春亚文化。对此，本书重点分析了以贝克汉姆、李宇春为代表的审美中性化现象。

电影的娱乐性体现在即时性、普及性、直观性、教育性等方面。针对当代电影，本书选取了两部商业化极为成功的喜剧《人在囧途》和《功夫》，以此为例进行了娱乐性剖析。这两部电影充分体现了挑战性或颠覆性、依附性、奇幻性、平民化、互动性、幽默、解构和深刻的思想主题，故而成为后现代电影的代表作。

广告以诱导说服法、情感说服法、定位说服法、审美说服法、浪漫说服法、性感说服法、时尚说服法、文学说服法、科技说服法、名人说服法等方法实现其劝购功能，形成相应的广告文化。本书以葛优和孙俪代言的广告为例重点分析了名人代言广告的娱乐性，充分利用名人、明星的形象激起受众的成功感、可靠性、主体性、文学文化美感、服务性、主流性和时尚性、浪漫、性感等娱乐要素，获得成功的广告效应。

报纸以阅读的方便性、受众面广等特性首开大众文化的先河。后现代时代又发展出了新的特征，本书以《三秦都市报》为例，与传统的报纸进行比较，指出作为后现代文化形式的都市报在版块选择、版面设计和版位安排、娱乐性和故事性强的软新闻、新闻素材选择等方面娱乐化的变革。

社会文化生活中还有许多泛娱乐化现象,在后现代文化模式形成阶段,我们将这些现象统称为亚文化,其所属群体充分享受着亚文化的自由自在感、创造性、自主性、新奇体验、低投入高回报、时尚易变的风格和草根性。接着我们以"山寨"文化为例,剖析了其中的娱乐性,即颠覆性、主体性、草根性、社会性与创新性。

后现代消费社会中,广义的社会生活,尤其是日常生活也具有显著的符号化、文化化特征。人总是现实社会中的人,人的生活无法脱离自己建构的符号帝国、文化世界和高度信息化、符号化的社会。那些看似司空见惯、自然而然的日常起居、出行活动无不充满了深深的符号化、信息化、文化化的印记。而节假日、各类庆典更是民俗文化的舞台,是大众文化的盛会。行业实践是人们知识、意识投入度最高的社会生活,各种类型的文化作用也最明显,尤其是组织文化、资本文化等。即便是传统行业中严肃的教育事业,在后现代社会的转型中,也向着娱乐化方向发展。

对于第二个问题,关于后现代文化娱乐化特性深层次的原因,本书专题分析了背后的社会文化因素:社会文化主要有生产和生活两个部分,循着这两个组成部分的本质特性及其在后现代社会中的变化揭示这种顺应性的变化。人类社会走过了与各个社会发展阶段的具体文明形态相匹配的文化模式:原始社会的自然主义和宗教崇拜的文化模式;对应于农耕文明的经验主义与宗法制的文化模式;资本主导下的工业文明对应的理性主义文化模式。后工业化社会文化学界深刻批判了理性主义,即后现代主义思潮和文化研究对传统文化展开了一系列批判,为社会文化的后现代文化模式转向做好了思想、理论准备。

具体说来,现代社会在经历了20世纪的两次世界大战以后,科学技术取得了长足的发展,支持着发达国家先后完成了二次工业革命。随着信息技术的发展,整个社会生产实现了自动化、信息化,生产率空前提高。人类生活自古以来的核心问题——物质生产从总体上不再成为问题。同时这些科技在文化传播领域的运用促进了知识经济的到来,信息的表征、传播从形式、内容到方式上都产生了飞跃性的变革，使得文化的普及具有了广泛、深入、多样化的特征，这是后现代文化的物质和技术背景。

后现代主义思潮彻底解构了神性、权威及其他各种社会文化压抑机制和意识形态，通过思想文化的再启蒙和祛魅，社会文化生活中原本处于背景状态的大众第一次从边缘步入中心，成为文化的传播对象和消费主体。同时，与后现代主义思潮有着千丝万缕联系的当代文化研究也对其他宏观和微观的社会文化压抑机制和意识形态进行了广泛、深入、细致的解构和批判：宏观的、跨国界的后殖民研究深刻地反思和批判了种族主义，清算了资本主义、帝国主义的殖民罪恶，对于调适民族或种族间的关系有着极为重要的意义，同时对历史的反思和清算也有助于相关领域思想的解放；既具有宏观意义（对于整个人类社会和具体的每个社会而言）又具有微观意义（涉及每个家庭、每个人）的女性主义研究批判了性别的意识形态歧视和社会文化压制机制，同时也实现了两性间的关系调整和思想解放；弱势群体研究同样从既宏观又微观的角度反思了私有制社会以来的各种社会等级机制，同样起着调整人与人之间关系和思想解放的作用。正是这一连串批判导致的社会变革（愈来愈民主化）和思想解放成就了后现代文化模式的社会文化背景。

社会的发展、科技的进步、思想的解放铸就的后现代文化以大众文化或文化大众化为重要特征表现出来。各种解蔽和思想解放使本真的人性得以毫无顾忌地展现出来，充分反映在文化之中。追求幸福、愉悦的人性体现在文化形式中就是越来越普遍的娱乐性。这就是后现代文化娱乐化的深层成因。

这样，第三组相互关联的问题即后现代文化娱乐化是不是值得忧虑、会不会出现"娱乐至死"的恶果、它本身又蕴藏着什么问题、究竟应该如何看待这种特性等问题就自然而然地得到了答案。娱乐化来之不易，体现了文化对人性本真的反映，本身并不是问题。现代性理性主义文化影响依然巨大，对人的理性化塑造仍然难以撼动，尤其是资本逻辑和社会化大分工的有机结合无时无处不在牢牢地钳制身处其中的人。所以，没有必要担忧人们会只顾娱乐甚至娱乐至死，丧失理性思考的能力。也就是说，娱乐化本身不是后现代文化的问题，只是后现代文化的特征，属于表象性的问题；真正的原因产生自文化转型，而这种转型从社会思想文化上看具有不可逆转性，体现了文化发展的方向和一系列的积极意义如民众的主体性、民主属性、创造性、颠覆性、智慧、狂欢性。

当然，后现代文化模式还处于形成之初级阶段，还没有形成成熟的自我约束机制，尤其是难以摆脱资本逻辑的控制，存在许多消极意义，如造成人们的肤浅性、文化独立性的缺失、传统文化难以传承、过度的逐利性、文化断层、思考力缺失、阅读能力退化，等等。

究竟应该如何应对娱乐性或后现代文化泛娱乐化的问题，是另外一个问题，需要进行专门研究以找到可行的办法。不过，这又属于应该继续研究的另一个课题。

参考文献

[1] Adorno T.W., Horkheimer M. The culture industry: enlightenment as mass deception [M] //Dialectic of Enlightenment. California: Stanford University Press, 2002.

[2] Alden D.L., Hoyer W.D. An examination of cognitive factors related to humorousness in television advertising [J]. Journal of Advertising, 1993, 22 (2): 29-37.

[3] Attardo S., Raskin V. Script theory revis (it) ed: joke similarity and joke representation model [J]. Humor: International Journal of Humor Research, 1991, 4 (3-4): 293-347.

[4] Bakhtin M. The Dialogic Imagination [M]. Austin: University of Texas Press, 1968.

[5] Baldwin Elaine, et al. Introducing Cultural Studies [M]. Beijing: Beijing University Press, 2005.

[6] Baudrillard Jean. The Consumer Society: Myths and Structures [M]. Chris Turner, trans. London: SAGE Publications, 1998.

[7] Bell Hooks. Outlaw Culture: Resisting Representations [M]. New York: Routledge, 1994.

[8] Bell Hooks. Killing Rage: Ending Racism [M]. London: Penguin, 1995.

[9] Bell Hooks. Cultural Criticism and Transformation (video) [CD]. Northampton: Media Education Foundation, 1997.

[10] Carrell A. Joke competence and humor competence [J]. Humor: Inter-

national Journal of Humor Research, 1997, 10 (2): 173-185.

[11] Chen Kaiju, Chen Weiqiu. When speech totally fails, resistance takes place [J]. Cross-Cultural Communication, 2014, 10 (5): 32-38.

[12] Chen Kaiju, Zhang Xinhong. Trial by media: overcorrection of the inadequacy of the right to free speech in contemporary China [J]. Critical Arts, 2011, 25 (1): 46-57.

[13] Chiaro D. The Language of Jokes: Analyzing Verbal Play [M]. London and New York: Routledge, 1992.

[14] Choi K. H. Beckham advertisement the best among Asian Market [N]. Apple Daily [HongKong], 2003-08-08 (2).

[15] Christopher Breward. The Hidden Consumer: Masculinities, Fashion and City Life 1860—1914 [M]. Manchester: Manchester University Press, 1999.

[16] Dant Tim. Knowledge, Ideology, Discourse: A Sociological Perspective [M]. London: Routledge, 1991.

[17] Derrida J. Writing and Difference [M]. Paris: Seuil, 1967.

[18] Dominique Lecourt. Marxism and Epistemology [M]. London: New Left Books, 1975.

[19] Dummett Michael. What do I know when I know a language? [M] // Maria Baghramian. Modern Philosophy of Language. London: J. M. Dent, 1998: 312-324.

[20] Eagleton Terry. The Illusions of Postmodernism [M]. London: Blackwell Publishers, 1998.

[21] Fairclough Norman. Language and Power [M]. London: Longman Group UK Limited, 1989.

[22] Fanon Frantz. Black Skin, White Masks [M]. Charles Lam Markmann, trans. London: Pluto Press, 1967.

[23] Fanon Frantz. Black Skin, White Masks [M]. Charles Lam Markmann,

trans.London: Pluto Press, 1986.

[24] Fanon Frantz.The Wretched of the Earth [M]. 3 rd Ed.Constance Farrington, trans.Harmondsworth: Penguin, 1990.

[25] Fiske John. Reading the Popular [M]. London: Unwin Hyman, 1989.

[26] Fiske John. Understanding Popular Culture [M]. London: Unwin Hyman, 1989.

[27] Foucault Michael.The History of Sexuality [M]. Robert Hurley, trans. New York: Vintage Books, 1978.

[28] Guha R. Subaltern Studies VII [M]. Delhi: Oxford University Press, 1982.

[29] Hall Edward T. Beyond Culture [M]. Garden City, New York: Anchor Press, 1977.

[30] Hall Stuart.Who needs "identity"? [M] //Paul du Gay, Evans Jessica, Redman Peter.Identity: A Reader.London: SAGE Publications, 2000.

[31] Heidegger Martin.The nature of language [M] //On the Way to Language.New York: Harper & Row Publishers, 1982.

[32] Homi Bhabha.The Location of Culture [M]. London: Routledge, 1994.

[33] Ioan Davies.Cultural Studies and Beyond: Fragments of Empire [M]. London: Routledge, 1995.

[34] Kavanagh J.T. Ideology [M] //Lentricchia F., Mclaughlin T. Critical Terms for Literary Study.Chicago: University of Chicago Press, 1995: 306-320.

[35] Kupfer Joseph H. Visions of Virtue in Popular Film [M]. Boulder: Westview Press, 1999.

[36] Lentricchia F., Mclaughlin T.Critical Terms for Literary Study [M]. Chicago: University of Chicago Press, 1995.

[37] Mao Sihui.Technologising the Male Body: British Cinema 1957—1987 [M]. Beijing: Foreign Language Teaching and Research Press, 1999.

[38] Mattelart A., Mattelart M.Theories of Communication [M]. Gruenheck Taponier, James A.Cohen, trans. London: SAGE Publications, 1998.

[39] Messaris Paul.Visual Literacy: Image, Mind, and Reality [M]. Boulder: Westview Press, 1994.

[40] Mike Cormack.Ideology [M]. London: B.T.Batsford Ltd., 1992.

[41] Mitchell W.Representation [M] //Lentricchia F., Mclaughlin T.Critical Terms for Literary Study.Chicago: University of Chicago Press, 1995: 11-22.

[42] Morimoto T. On contextual effect of humorous texts with conversational style [J]. Nagoya Working Papers in Linguistics, 1998, 14: 23-35.

[43] Morley David, Chen Kuan-hsing.Stuart Hall: Critical Dialogues in Cultural Studies [M]. New York: Routledge, 1996.

[44] Muschard J. Jokes and their relation to relevance and cognition or Can relevance theory account for the appreciation of jokes? [J]. Zeitschrift Fur Anglistik Und Amerikanistik, 1999, 47 (1): 12-23.

[45] Newton J. History as usual?: Feminism and the "New Historicism" [M] //Veeser H.A. The New Historicism.New York and London: Routledge, 1989: 152-167.

[46] Newton K. Twentieth-Century Literary Theory: A Reader [M]. 2 nd Ed.Hong Kong: St.Martin's Press, 1997.

[47] Norrick N.Conversational Joking: Humor in Everyday Talk [M]. Bloomington: Indiana University Press, 1993.

[48] Richard Dyer.The Matter of Images: Essays on Representations [M]. London: Routledge, 1993.

[49] Raskin V. Semantic Mechanisms of Humor [M]. Dordrecht: D. Reidel, 1985.

[50] Roland Barthes.Mythologies [M]. Annette Lavers, trans. London: Vintage, 1993.

[51] Robert J.C. Young. Colonial Desire: Hybridity in Theory, Culture and Race [M]. London and New York: Routledge, 1995.

[52] Said E. Orientalism [M]. London: Penguin Books Ltd., 1978.

[53] Said E. Culture & Imperialism [M]. London: Vintage, 1993.

[54] Selden R.A Reader's Guide to Contemporary Literary Theory [M]. London: Prentice Hall, 1997.

[55] Shohat Ella, Stam Robert. Unthinking Eurocentrism: Multicuturalism and Media [M]. London: Routledge, 1994.

[56] Spivak G.C. In Other Worlds: Essays in Cultural Politics [M]. New York: Methuen, 1987.

[57] Spivak G.C. Can the subaltern speak? Speculations on widow sacrifice [M] //Cary Nelson, Lawrence Grossberg. Marxism and the Interpretation of Culture. London: Macmillan, 1988: 271-313.

[58] Staley Rosemary, Derks Peter. Structural incongruity and humor appreciation [J]. Humor: International Journal of Humor Research, 1995, 8(2): 97-134.

[59] Turner Graeme. British Cultural Studies [M]. 2 nd Ed. London: Routledge, 1996.

[60] Walby Sylvia. Theorizing Patriarchy [M]. London: Blackwell Publishers, 1994.

[61] Williams Raymond. Keywords: A Vocabulary of Culture and Society [M]. New York: Oxford University Press, 1985.

[62] Willis Paul. Shop floor culture, masculinity and the wage form [M] // John Clarke, Charles Critcher and Richard Johnson. Working Class Culture: Studies in History and Theory. London: Hutchinson, 1979: 185-198.

[63] Winner E., Brownell H., Happe F., etc. Distinguishing lies from jokes: theory of mind deficits and discourse interpretation in right-hemisphere

brain – damaged patients［J］. Brain & Language, 1998, 62（1）: 89-106.

［64］Xu Lixin. A Study on Humorous Discourse［M］. Kaifeng: Henan University Press, 2003.

［65］［德］阿多诺·辛普森.论流行音乐［J］.李强,译.视听界（上）, 2005（3）: 46-49.

［66］［美］阿尔文·托夫勒.第三次浪潮［M］.黄明坚,译.北京:中信出版社, 2006.

［67］［美］阿尔文·托夫勒.权力的转移［M］.北京:中共中央党校出版社, 1991.

［68］［苏联］巴赫金.巴赫金全集（第四卷）［M］.石家庄:河北教育出版社, 1998.

［69］［苏联］巴赫金.拉伯雷研究［M］.李兆林,等译.石家庄:河北教育出版社, 1998.

［70］［苏联］巴赫金.巴赫金全集（第五卷）［M］.白春仁,顾亚铃,译.石家庄:河北教育出版社, 1998.

［71］［德］布莱希特.布莱希特研究［M］.张黎,选编.北京:中国社会科学出版社, 1984.

［72］蔡荣鑫.国外贫困理论发展述评［J］.经济学家, 2000（2）: 85-90.

［73］曹政.企业成本控制利润最大化之途径［N］.山西经济日报, 2001-09-18（8）.

［74］陈道明."软卖"型广告的"移情"［J］.现代外语, 1991（4）: 33-36.

［75］陈开举.从《红高粱模特队》看大众文化的依附性与颠覆性［J］.江西社会科学, 2004（6）: 181-184.

［76］陈开举.论"水桶现象"的文化成因［J］.江西社会科学, 2005（1）: 187-190.

[77] 陈开举.当代西方文化研究述略[J].西安外国语学院学报,2006,14(1):91-93.

[78] 陈开举.论中国传统文化对农民形象的他者化建构[J].江汉论坛,2007(8):90-92.

[79] 陈开举.重塑中国农民形象——赵本山1995—2000年小品研究[M].广州:中山大学出版社,2007.

[80] 陈开举.英汉骂语的文化心理分析[J].江汉论坛,2008(7):126-129.

[81] 陈开举.论语言的力[J].学术研究,2009(12):154-158.

[82] 陈开举.中国农民有话语权吗[J].文化研究,2009(1):335-345.

[83] 陈开举.话语权的文化学研究[M].广州:中山大学出版社,2010.

[84] 陈开举,陈伟球.文化意象、艺术镜像与自我确认[J].哲学研究,2014(7):119-125.

[85] 陈开举,陈伟球.仰望星空,更要脚踏实地:生态批评的文化批判[J].哲学研究,2015(5):122-126.

[86] 陈开举,张进.后现代文化娱乐化批判[J].哲学研究,2016(7):120-126.

[87] 陈伟球,陈开举."山寨"现象的文化学研究[J].新闻传播,2014(4):289-290.

[88] 陈文远.教育转型视角下的高校学生评价[J].教育发展研究,2012(9):76-80.

[89] 陈雪奇.整合版面视觉语言研究[D].成都:四川大学,2004.

[90] 陈莹.喜剧电影对言语交际基本准则的使用——《人在囧途》的语言艺术[J].电影评介,2010(10):25,39.

[91] 陈正辉.微时代的教育创新初探[J].江苏高教,2014(4):95-96.

[92] 程换弟.奈斯比特的教育理论对中国教育发展的启示[J].廊坊师

范学院学报（社会科学版），2015（3）：126-128.

[93] [美] 迪克·赫伯迪格.亚文化：风格的意义 [M].胡疆锋，等译.北京：北京大学出版社，2009.

[94] 丁柏铨，陈月飞.略论媒介权力 [J].广东外语外贸大学学报，2008, 19（2）：5-9.

[95] 丁玉珍.90年代以来国产电影的方言叙事功能研究 [D].济南：山东师范大学，2010.

[96] [德] 恩斯特·卡西尔.人论 [M].上海：上海译文出版社，1985.

[97] [美] Eric Roland, Peter Merrill.中美四校创新项目的开展及其成效——对BASK项目的分析 [J].创新人才教育，2015（2）：92-95。

[98] 冯建军.论当代中国教育的双重转型 [J].南京师大学报（社会科学版），2011（3）：104-109.

[99] 冯建军.教育转型·人的转型·公民教育 [J].高等教育研究，2012（4）：9-15.

[100] [美] 弗雷德里克·杰姆逊.后现代主义与文化理论 [M].唐小兵，译.北京：北京大学出版社，1997.

[101] 傅莹.当下中国电影"戏仿"美学之思——由周星驰的电影说开去 [J].当代电影，2005（4）：118-121.

[102] 付子英.影视艺术中的葛优文化现象——"贺岁帝"葛优的文化成因初探 [J].青年文学家，2011（21）：101-102, 106.

[103] 高诗拓.论"山寨现象"及其法治意义 [D].长春：吉林大学，2010.

[104] 郭海霞，毛思慧.父权、种族与女性存在——解读汤婷婷的短篇小说《无名女人》[J].外国语文，2001, 17（6）：34-37.

[105] 郭良.网络创世纪：从阿帕网到互联网 [M].北京：中国人民大学出版社，1998.

[106] 郭庆光.传播学教程 [M].北京：中国人民大学出版社，1999.

[107] 何星亮.文化模式：传统模式向现代模式的转换［J］.中南民族大学学报（人文社会科学版），2014（3）：7-14.

[108] 何自然，何雪林.模因论与社会语用［J］.现代外语，2003（2）：201-209.

[109] 何自然.语言中的模因［J］.语言科学，2005（6）：54-63.

[110] 黄英，车滨，沈飞.探索全面防治"弱势群体"现象的途径［J］.经济问题探索，2005（5）：13-17.

[111] 吉银郎.论近代中国社会贫穷与落后的总根源［J］.晋中师范高等专科学校学报，2000，17（4）：11-13.

[112] 蒋原伦等.媒介文化十二讲［M］.北京：北京大学出版社，2010.

[113] ［德］兰德曼.哲学人类学［M］.彭富春，译.北京：工人出版社，1988.

[114] 李蓓.周星驰喜剧电影的悲剧性研究［D］.湘潭：湘潭大学，2014.

[115] 李惠梅，张安录.生态环境保护与福祉［J］.生态学报，2013（3）：825-833.

[116] 李利伟.刍议体育新闻娱乐化［J］.当代电视，2015（1）：108-109.

[117] 李鹏程.当代西方文化研究新词典［M］.长春：吉林人民出版社，2003.

[118] 李启军.中国影视明星的符号学研究［D］.成都：四川大学，2005.

[119] 李善荣.文化学引论［M］.西安：西北大学出版社，1996.

[120] 李武装."文化现代化"研究述评［J］.中共中央党校学报，2010，14（3）：84-87.

[121] 李一敏.《人在囧途》喜剧效果背后的人文思考［J］.电影评介，2012（7）：49，51.

[122] 李银河.女性权力的崛起［M］.北京：中国社会科学出版

社，1997.

[123] 梁岩.媒体奇观：电视媒体造星运动[J].今传媒，2013（8）：55-56.

[124] 林惠生.关于"学习型"课堂的三大教学转型[J].课程教学研究，2013（10）：11-14.

[125] 林语堂.林语堂评说中国文化[M].北京：中共中央党校出版社，2001.

[126] 林语堂.林语堂经典作品选：论读书 论幽默[M].北京：当代世界出版社，2002.

[127] 刘莎.狂欢化视域下的《非诚勿扰》语言[J].大众文艺，2010（23）：133-134.

[128] 刘芝凤.中国土家族民俗与稻作文化[M].北京：人民出版社，2001.

[129] [法] 罗兰·巴尔特.符号学原理[M].李幼蒸，译.北京：中国人民大学出版社，2008.

[130] 吕鑫淼.社会学语境下的"贫穷"概念浅析[J].辽宁省社会主义学院学报，2012（4）：83-85.

[131] 马克思恩格斯选集（第1卷）[M].北京：人民出版社，1995.

[132] 马克思恩格斯选集（第2卷）[M].北京：人民出版社，1995.

[133] 马克思.资本论（第3卷）[M].北京：人民出版社，1975.

[134] 马克思恩格斯全集（第46卷）[M].北京：人民出版社，1972.

[135] 马新文.阿玛蒂亚·森的权利贫困理论与方法述评[J].国外社会科学，2008（2）：69-74.

[136] 马中红.视觉文化：广告女性形象的看与被看[J].深圳大学学报，2004（6）：105-110.

[137] 毛思慧，杨思.种族、发声与文化挪用：从"后殖民"看电影《风中奇缘》对Pocahontas的想象[J].中国比较文学，2002（2）：42-53.

[138] [美] 尼尔·波兹曼.娱乐至死 [M].章艳,译.桂林:广西师范大学出版社,2004.

[139] [美] 尼尔·波兹曼.童年的消逝 [M].吴燕莛,译.桂林:广西师范大学出版社,2004.

[140] 祁丽岩.主旋律电影的狂欢化叙事——以《建国大业》《建党伟业》为例 [J].电影文学,2012(4):89-90.

[141] 钱冠连.汉语文化语用学 [M].北京:清华大学出版社,1997.

[142] 钱冠连.语言:人类最后的家园——人类基本生存状态的哲学与语用学研究 [M].北京:商务印书馆,2005.

[143] 乔健.文化、族群与社会的反思 [M].北京:北京大学出版社,2005.

[144] [法] 让·波德里亚.物体系 [M].林志明,译.上海:上海人民出版社,2001.

[145] 沈小波,林擎国.贫困范式的演变及其理论和政策意义 [J].经济学家,2005(6):90-95.

[146] 沈章明,段冠舟.角色危机与现代教育转型 [J].聊城大学学报(社会科学版),2016(1):122-128.

[147] 盛宁.人文困惑与反思:西方后现代主义思潮批判 [M].北京:生活·读书·新知三联书店,1997.

[148] 孙其华.关于教育转型的思考 [J].江苏教育研究,2011(34):3-6.

[149] 孙卫卫,秦继茂.文化模式的历史变迁与当代中国的文化自觉 [J].兰州大学学报(社会科学版),2012(5):82-86.

[150] 孙亚菲.足球"美男计" [J].新闻周刊,2002(15):47-49.

[151] 陶东风.论对待大众文化的第三种立场 [J].上海文化,1996(3):36-44.

[152] 陶东风.大众文化教程 [M].桂林:广西师范大学出版社,2008.

[153] 王超颖.广告的科技信息卖点研究 [D].长春:吉林大学,2014.

[154] 王金玲等.女性社会学的本土研究与经验［M］.上海：上海人民出版社，2002.

[155] 王宁.后现代主义之后［M］.香港：中国文学出版社，1998.

[156] 王岳川.后现代主义文化研究［M］.北京：北京大学出版社，1992.

[157] 王岳川.后殖民主义与新历史主义文论［M］.济南：山东教育出版社，1999.

[158] 王岳川.后现代后殖民主义在中国［M］.北京：首都师范大学出版社，2002.

[159] 吴高泉.贫穷道德观及其文学话语方式［J］.广州大学学报（社会科学版），2009，8（9）：84-89.

[160] 肖云，孙晓锦，杜毅.农村最低生活保障制度实施中的社会排斥研究［J］.劳动保障世界，2009（7）：75-79.

[161] 谢珂.消费社会背景下的女性身体文化研究［D］.咸阳：西北农林科技大学，2012.

[162] 徐其清，李丽.试论邓小平的贫富观及其理论和现实意义［J］.安徽理工大学学报（社会科学版），2009，11（1）：1-6.

[163] 徐立新.幽默语篇研究［M］.开封：河南大学出版社，2003.

[164] 徐艳莉.周星驰电影的审美特征分析［D］.兰州：西北师范大学，2008.

[165] 薛铃.Lady Gaga与时尚奇观［J］.新闻传播，2012（11）：235-236.

[166] ［古希腊］亚里士多德.诗学［M］.罗念生，译.北京：人民文学出版社，1962.

[167] 杨圭霞.当精英文化遇上草根文化——观电影《人在囧途》有感［J］.北方文学，2011（12）：118.

[168] 杨丽媼.掘金"李宇春品牌"［J］.营销学苑，2006（5）：54-56.

[169] 杨玲.超女粉丝与当代大众文化消费［D］.北京：首都师范大学，2009.

[170] 杨楹.马克思生活哲学引论［M］.北京：人民出版社，2008.

[171] 杨宇勋.宋人传记所载士大夫家贫的思考［J］.学术研究，2014（1）：116-124.

[172] 衣俊卿.论哲学视野中的文化模式［J］.北方论丛，2001（1）：4-10.

[173] 衣俊卿.文化哲学十五讲［M］.北京：北京大学出版社，2004.

[174] 尹鸿.尹鸿自选集［M］.上海：复旦大学出版社，2004.

[175] 尹康庄.无厘头文化探论［J］.暨南学报（哲学社会科学版），2010（1）：20-26.

[176] 喻国明，汤雪梅，苏林森，等.读者阅读中文报纸版面的视觉轨迹及其规律——一项基于眼动仪的实验研究［J］.国际新闻界，2007（8）：5-19.

[177] ［英］约翰·B.汤普森.大众传播与现代文化：对意识形态批判理论的贡献［M］//博伊德-巴雷特等.媒介研究的进路——经典文献读本.汪凯，刘晓红，译.北京：新华出版社，2004：69-71.

[178] ［美］约翰·菲斯克.理解大众文化［M］.王晓珏，宋伟杰，译.北京：中央编译出版社，2001.

[179] ［美］约瑟夫·S.奈.硬权力与软权力［M］.门洪华，译.北京：北京大学出版社，2005.

[180] 张涵.波德里亚关于"消费社会"与"符号社会"的理论［J］.山东社会科学，2009（1）：118-124.

[181] 张巨岩.权力的声音：美国的媒体和战争［M］.北京：生活·读书·新知三联书店，2004.

[182] 张书克.《人在囧途》台词语言艺术分析——对于塑造人物形象的作用［J］.电影评介，2010（19）：59-60.

[183] 张薰以.浅析喜剧电影的观看愉悦［J］.电影文学，2012（4）：146-147.

[184] 张燕."读题时代"报纸新闻标题的语言特色［D］.西安：西北大

学，2008.

[185] 张以文.四书全译［M］.长沙：湖南大学出版社，1989.

[186] 张颐武."山寨"的活力和限度［J］.中关村，2009（1）：80-81.

[187] 赵立爱.冯小刚与大陆贺岁片［D］.济南：山东师范大学，2003.

[188] 郑淑红.从教育的转型谈高校教师角色的更新［J］.莆田学院学报，2004（1）：29-31.

[189] 周作宇.诺贝尔奖获得者的教育创新观［J］.国家教育行政学院学报，2012（5）：3-11.

[190] 朱学东，喻乐.都市报 冰火两重天［J］.传媒，2003（10）：20-27.

[191] 朱志荣.中国艺术哲学［M］.上海：华东师范大学出版社，2012.

[192] http：//android.tgbus.com/news/news/200901/174781.shtml.

[193] http：//baike.baidu.com/view/1.htm.

[194] http：//www.ltaaa.com/wtfy/7392.html.

[195] http：//culture.people.com.cn/n/2015/0208/c22219-26526765.html.

[196] http：//www.madisonboom.com/2013/03/14/the-business-value-of-pop-star-liyunch un/.

[197] http：//en.wikipedia.org.

[198] http：//baike.baidu.com/link？url＝QxyUc62j04ZNJV.

[199] http：//exb.artchn.com/integrate/197001/artchn_ 102104.html.

[200] http：//baike.baidu.com/view/50058.htm.

[201] http：//space.k12.com.cn/？uid-957644-action-viewspace-itemid-35832.

[202] http：//www.chinadaily.com.cn/hqgj/2011-08/13/content_ 13104506.htm.

[203] http：//ent.163.com/14/0325/09/9O62PCNQ00031H0O.html#p=9O62O2FP00B60003.